U0112445

中国文明的历史
【五】

隋唐世界帝国

[日] 外山军治——编著　　卢超平——翻译

后浪出版公司

四川人民出版社

本卷执笔者

外山军治　隋朝南北统一　隋炀帝　隋亡唐立　唐王朝出现　贞观之治
　　　　　世界帝国的实现　则天武后　则天的余波　开元、天宝时代
　　　　　唐玄宗与杨贵妃　安史之乱　唐室中兴的努力　渤海与日本
　　　　　唐朝衰亡
砺 波 护　均田制与府兵制

执笔者介绍

砺波护　1937 年生于东大阪市。1960 年毕业于京都大学文学部史学科
（专攻东洋史）。研究生院博士课程修完后，历任京都大学人文科学研
究所助教、神户大学文学部副教授、京都大学人文科学研究所副教授及
教授，现任京都大学研究生院文学研究科科长、文学部长。文学博士，
著作有《冯道——乱世的宰相》《唐代政治社会史研究》《隋唐的佛教与
国家》《世界历史⑥　隋唐帝国与古代朝鲜》（合著）等。

目　录

第一章　隋朝南北统一

隋与唐

　　隋朝结束了自后汉灭亡后将近三百七十年漫长的分裂时代——魏晋南北朝（220—589 年），恢复了中国的统一。在这一点上，隋朝的功绩堪比结束春秋战国时代、一统天下的秦朝。秦朝仅十五年就被前汉所取代，而隋朝也是短命王朝。它乘着中国统一大势，将周边地区纳入统治之下，却在建设世界帝国的中途灭亡，只维系了三十八年。

　　此处之所以称其为"世界帝国"，是因为以往的王朝大体以中国本土为主要领域，而隋朝将中亚、东南亚的异民族及其居住地也纳入统治，是一个不仅包含中国文化，也包含西方文化的国家。

　　唐朝取代隋朝后，世界帝国的建设事业由唐朝完成。唐朝横跨东亚、中亚、东南亚，还长期实际统治着更为广大的地区。这一时期东西方文化的交流很是活跃，唐文化也吸收了印度、伊朗、阿拉伯地区繁荣兴盛的异种文化。

这一时代的日本

在东亚，以中国为中心建立了亲密的外交关系，形成了包括日本在内的东亚文化圈。诸民族在中国的影响之下进行国家建设，巩固国家基础，这是隋唐时代的显著现象。其中，日本通过律令制完善了国家体制，吸收了以佛教为基调的灿烂文化，而且将其消化后完全形成了日本自己的文化。

隋唐时代，也就是589年隋朝统一中国至907年唐朝灭亡的三百一十八年，相当于日本崇峻天皇二年至醍醐天皇延喜七年这段时期。

其间，日本经历飞鸟时代、奈良时代而到了平安时代中期。在日本历史上，大概再没有哪个时代如此深刻地受到中国文化的影响。而且，在明治以前，也没有哪个时代如此持续地进行中日之间的交流往来。事实上，从600年（推古天皇八年）派遣遣隋使开始，直到838年（仁明天皇承和五年）派遣最后的遣唐使，日本派遣遣隋使、遣唐使的次数将近二十次。

隋继北朝

说到隋朝，很少有人不知道炀帝吧？大部分人知道这个不常见的"炀"字（"好内远礼曰炀，去礼远众曰炀，逆天虐民曰炀"）读作"yo-"，"帝"字读作吴音"dai"，正是因为

隋文帝像

（出自阎立本《历代帝王图》）

隋炀帝这位有名的人物。①

　　隋炀帝虽有名，但他其实是隋朝的第二代皇帝，开创隋
王朝的是其父亲隋文帝杨坚。杨坚结束了中国长达约三百七十
年的分裂状态，完成了统一大业。但相比父亲隋文帝，儿子隋

————————————
① 吴音是日本汉字读音的一种，比汉音早传入日本。一般认为原为中国古
代长江下游地区的语音。——译音

炀帝更为有名是有其理由的。

后汉灭亡后中国持续分裂，从5世纪前半叶开始，形成南北朝对立的形势。南朝先后经历了汉族王朝宋、齐、梁、陈。与此相对，在北朝，从北魏开始，蒙古系游牧民族鲜卑人建立了王朝，又于6世纪中叶分裂为北齐（550—577年，都城邺）与北周（557—581年，都城长安），东西对峙。这一对峙持续了二十余年，以北周胜利而告终。南朝陈定都建康（江苏南京），虽拥有江南的土地，但与北朝之间实力悬殊，北方的优势显著。继承这个北周的正是隋朝。

北周实权人物杨坚

开创隋王朝的杨坚（541—604年在世，581—604年在位）是北周的实权人物。他出生在弘农郡华阴（陕西省），虽自称汉姓"杨"，但较为有力的说法是，他其实是汉化的鲜卑人。

杨坚家族自北魏以来就是以勇武著称的名门，其父亲立下赫赫战功，被列为北周十二将军之一。杨坚成人后，娶了鲜卑族名门独孤信的第七个女儿，两人所生的女儿成为北周武帝的皇太子妃。此后皇太子即位（即宣帝），杨坚的女儿成为皇后。

宣帝之后，年幼的静帝即位，杨坚负责辅佐静帝，由此成为真正的实权人物。之后不久，杨坚以接受九岁的幼帝禅让的形式继承了帝位，实际上相当于夺位。杨坚便是隋高祖文帝。581年改元开皇，隋文帝四十一岁，在日本则是敏达天皇十年。

国号隋

　　杨坚选择了"隋"这个国号，这来自他继承自父亲的"随国公"爵位。开始辅佐静帝之后，杨坚被封为随王，于是他便以这个"随"为国号。不过，"随"字带有"辶"，"辶"有"疾走"也就是"跑"的意思，这一点不太好，因为一个国家必须是十分稳定的。

　　不论是北齐还是北周，都算不上稳定。为了图个吉利，杨坚去掉了"随"（繁体字为"随"）字的"辶"，创造出"隋"这个新字作为国号。隋朝的国号就是这样选定的。

　　然而，隋朝仅三十八年就灭亡了，其国命短暂，但这亦无可奈何，皇帝在远离国都的地方丧了命。虽然去掉了"辶"，似乎并无效果。

对突厥的防备

　　"继承"帝位的隋文帝，想要消灭南朝陈以实现南北统一。不过，对隋文帝而言，更令人担心的是北方突厥的动向。

　　突厥是突厥语系的游牧民国家，原本在位于漠北蒙古与西伯利亚边界的阿尔泰山南麓，归附于同为游牧民国家的柔然，从6世纪中叶左右开始强盛而独立，灭掉柔然，将大本营迁移到蒙古高原北部的于都斤山。接着，其一族向西方发展，与萨珊波斯（226—651年）联合，灭掉了在阿尔泰以西的中亚地区扩张势力的嚈哒（位于中亚阿姆河上游的突厥系游牧民族）。

如此，隋朝建国的时候，突厥实际上已经成为庞大的游牧国家。其东部自蒙古高原东部直至中国东三省的东南部，北部到达西伯利亚的南边，南部威胁中原王朝的北边，西部领有中亚。而且，突厥还统治了中亚的吉尔吉斯诸部，向南压迫萨珊波斯。

其中，以蒙古高原北部为根据地的称为东突厥，向西方发展且灭掉嚈哒后以伊犁河地区（新疆天山北路）为根据地的称为西突厥。与隋朝势力相接的是东突厥。

隋文帝密切留意着突厥的动向。不过他十分幸运，因为在隋朝建立的这一年，东突厥的英雄佗钵可汗去世，四个可汗分立，他成功地使四个可汗之一的沙钵略可汗臣服。因此，他无须顾虑北方而可专注于南方作战。

平定南朝

江南的建康就是今日的南京。自 3 世纪前半叶开始，吴国定都于此地，紧接着，自 4 世纪初开始有东晋，5 世纪前半叶继东晋以后有宋、齐、梁、陈，四个王朝皆定都于此。建康是江南文化的中心，另外就像"南朝四百八十寺"这一诗句所反映的那样，它也是佛教之都。

陈朝皇帝（后主）是个放荡不羁之人，对政治毫无热情。由于坐拥扬子江（中国通常称作长江或江，不过在日本一般称作扬子江，此处依据日本的称法。扬子江本来是江苏省扬子县附近这部分河段的名称）①的天险，陈后主对敌军不屑一顾，未作充分的防备，因而被一心作战、强攻而来的隋军轻松灭掉（589 年）。

进攻建康的最高指挥官是隋文帝的次子晋王杨广（即后来的隋炀帝）。这只是名义上的，实际上是由当时颇有才干的高颎、杨素分别统率水陆两军。不过，不可否认的是，亲自出征讨伐对提升晋王的名气发挥了作用。就这样，隋朝结束了后汉灭亡后持续了将近三百七十年的分裂状态，完成统一。

统一王朝的出现

可以说，隋文帝是中国历史上最轻易夺得天下之人。不过，他并不是仅靠"幸运女神"的眷顾，作为统一王朝的开创者，他兼具创见与热情。

隋文帝首先谋求确立君主权。为此，必须压制原有豪族的势力，这是因为豪族势力往往与君权相对抗。如此一来，中央政府必须掌握强有力的军事力量。隋文帝采用始于北朝西魏（535—556 年，都城长安）的府兵制，掌握了强兵。

其次，隋文帝想到录用有才能的官吏作为手下。他研究出选拔有才能的官吏的方法，也就是科举制度。

魏晋南北朝的各王朝一直根据九品中正制起用官吏。九品中正制是指在地方的州郡设置中正官，命其从掌管的区域内举

---

① 中国无江苏省扬子县这一行政区划，扬子县为唐代旧地名。扬子江为长江下游河段旧称，来华的西方传教士最先接触的是扬子江这段长江，西方便把长江通称为"扬子江"，日本也用此称呼。——译者

荐优秀人物的制度。中正官需将举荐之人从一品到九品划分为九个品级，政府依据中正官的评议来录用。

不过，这个品级未必根据人物的优劣来确定。因为，会被选为中正官的一定是门第高并且有势力者，他们自然会根据门第高低来确定本应根据个人能力评定的品级。这与择英才的目的相去甚远。如果沿袭这个方法，隋文帝的期望肯定无法实现。于是，隋文帝确立了以才能为中心来录用人才的方针。

取代九品中正制的选官制度是科举。其开始实施一般被认为是在开皇年间，秀才、进士、明经等科目似乎也是从这个时候开始存在的。到了唐朝，科举制作为一项制度得以确立。从唐朝开始，分多个科目进行考试，在这个意义上，可以说真正产生了"科举"。后来，科举在宋代达到极盛，一直持续到清末才被废止。

应该说，隋文帝时所实施的不过是萌芽时期的科举制度，从那时开始算起，科举制度几乎接连不断地实行了一千三百余年，而隋文帝作为这项制度的创始者享有盛誉。

隋文帝的内政

即便科举制度对隋朝扩大官吏来源具有效果，但对一般民众造成的影响却并不那么直接。要让一般民众拥护隋朝，使他们生活安定比什么都重要。

对此，隋朝的举措之一是实施并扩充了从北朝传下来的均田制，将官田分配给农民。这也成为政府税收的基础。此外，隋文帝还实施了一些新的措施，例如废除盐税和酒税；统一货币制度；在各地设置义仓（贮藏救济米以备凶年或战乱），于每年收获期，根据老百姓家的贫富，令他们供出谷物，贮藏这些谷物以备歉收。

隋文帝一方面关注民生，另一方面，作为统一王朝的皇帝，他不忘制定法律，并且注意运用法律，努力维持治安。从中国南北分裂开始，制定法律一直是北朝诸王朝所擅长的。隋朝以北齐的法律为基础，于开皇元年（581 年）颁布开皇律，翌年颁布开皇令，要求全国统一遵奉开皇律令。隋文帝为了维护自己的君主权，不免有滥用律法的倾向，不过不管怎样，在这一点上，他充分显示了作为统一王朝之帝王所具有的权威。

周边各国

这一节将概述隋朝周边各国的情况。

首先，突厥整体展现出相当旺盛的活力。西突厥与萨珊波斯联合灭掉嚈哒后，显示出压倒波斯的气势，波斯极力避免与突厥接触。当时的阿拉伯半岛尚未统一。

东突厥因为分裂而向隋朝称臣，不过其势力已经扩展到了中国东北部。

在中国东北部，向西部兴安岭东麓延展的草原地带上，从 5 世纪左右开始，蒙古系游牧民族契丹拥有相当大的势力；由东部连绵至朝鲜半岛北部的森林地带中，居住着靺鞨诸部，从事狩猎与农耕。靺鞨与早就居住于这一地带的肃慎、勿吉等部为同一血统，是通古斯族（Tungus，突厥语意思是"猪的饲养者"。据说这个称呼源自相邻而居的雅库特族这样称呼他们）。突厥的统治甚至已明显延伸到了契丹与靺鞨，他们派遣官吏到契丹与靺鞨征税。而且，由于突厥与契丹、靺鞨时常联合起来威胁中原，因此隋朝需要严加警戒。

高句丽国

隋朝的烦恼并非仅限于此，最令其困扰的是高句丽。或许是由于唐代文献也将高句丽国记载为高丽，因而日本主要将其写作高丽，读作"ko ma"。高句丽拥有从中国东北的东南部直到朝鲜半岛北部的广大地域，与百济、新罗将朝鲜半岛一分为三，百济拥有半岛西南部，新罗拥有半岛东南部，不过高句丽并非像其他两国那样是朝鲜民族国家。

建立高句丽的是貊族的一支，貊族在很早以前就从中国东北地区的东部迁居到朝鲜半岛的东北部。貊也记为貌、狛、貉，与濊连称为"濊貊"，濊这个文字所代表的是一群狩猎民。这个濊与貊是同一种族还是不同种族，有诸多说法，尚未定论。貊族属于通古斯血统，据推测其原居住地更靠向西南方，由于其居住地的关系，貊族被认为与蒙古系游牧民族存在混血关系。

高句丽建国可以追溯到公元前 1 世纪后半叶。它起初以鸭绿江上游区域为中心，3 世纪初（后汉末）定都丸都城（辑安），先后与三国之魏国（220—265 年）、五胡十六国中的前燕（337—370 年）进行对抗，结果在中国东北地区受到这些国家的压迫，向南寻求出路。高句丽从 4 世纪初开始向朝鲜半岛北部发展，427 年迁都平壤，整顿国家体制，接着又占有辽

狩猎的高句丽人

（吉林省集安的古坟壁画）

东地区，与朝鲜半岛的新罗、百济对立，同时与南北朝的各国互通友好，吸收中原文化。4世纪时，高句丽已经接受了佛教，同一时期也引进了中原的学术思想，这为统治阶级提供了文化修养的方向。

其领地内山地较多，高句丽人选择河谷要地，构筑具有独特构造的城郭，并以此为根据地。虽然也有建在平地的城郭，不过山城较多。直到如今，中国东北地区的东南部和朝鲜半岛北部的一些地方还残留着城郭遗迹。

可以认为，高句丽与南北朝各国互通友好，既是为了吸收中原文化，也有在朝鲜半岛的对抗中利用这些国家的企图。

高句丽古都丸都城遗址

（吉林省山城子）

此外，高句丽早就与东北地区的靺鞨诸部和兴安岭东麓的契丹取得联系，与新兴的突厥也取得了联系。所有这些都是为了保卫国家，为了国家的发展。

关于日本

我们在此顺便看一下日本的形势。日本从 4 世纪开始向朝鲜半岛南部发展，与新罗、百济、高句丽三国对抗，同时在任那设立日本府，将其作为殖民地来经营，并以此为跳板与南朝宋互通友好。但是，任那无法抵挡百济以及新罗的攻势，最终在钦明天皇二十三年（562 年）灭亡。不过，此后日本与朝鲜半岛的联系远比今日所想的更为紧密，日本对朝鲜半岛和大陆的形势变化也非常敏感。

已经接受了佛教的日本，由于大陆文化的刺激，即便有些晚了，还是在努力构筑国家基础。587 年，隋朝南北统一前两年，苏我氏与物部氏的斗争变得严重，苏我马子杀了物部守屋。

据推测，推古天皇作为日本首位女皇即位是在 592 年，翌年，圣德太子摄政。圣德太子对新罗采取积极出击的政策，新罗是致使任那灭亡的主导势力。隋开皇二十年（600 年），日本派军讨伐新罗，迫使新罗进贡其吞并的任那地区的"调"。

这一年，日本也向隋朝派遣使者，这是日本第一次向隋朝遣使。此事于《隋书·东夷传》"倭国条"中可见，书中记载了倭国王多利思比孤派遣使者，并根据使者描述详细地记载了日本的情况。

毫无疑问，多利思比孤是指圣德太子。多利思比孤日语发音为"tarashi hiko"，"tarashi"（带、足）这个词意思是天皇，"hiko"（彦）这个词意思是男性。可见派出遣隋使大概是圣德太子的责任。遣使是为了向隋朝说明日本在朝鲜半岛的立场，使隋朝了解日本对新罗采取积极进攻政策之事。这或许是因为新罗对日本表现出依附于隋朝、仰仗隋朝威力的态度。

高句丽的不安

以上所述各国之中，由于隋朝统一而受到最大影响的是高句丽。如果中原地区四分五裂，那么高句丽的武力将超过中原的任何一国，因此大可放心；但是，一旦出现能够统一中原的国家，高句丽自然就无法再安之若素。隋朝取代北周后，高句丽每年入朝献上贡品，隋朝灭掉陈并且统一南北后，高句丽极度恐慌，预想隋朝将远征，因而进行战争准备。这一消息传到了隋朝。

隋文帝于开皇十年（590年）向高句丽王高汤传书（《隋书·东夷传》"高丽条"），严厉诘问高句丽王。信中罗列了高句丽的种种过错：妨碍靺鞨和契丹与隋朝互通友好；收买隋朝的技师并且将其带回国，令其从事武器的制作；将隋朝的使者关押在空屋内，严加监视并禁止外出；骑兵屡次侵犯国境，杀伤国民；派出间谍来侦查隋朝的情况，等等。隋文帝告诫高句丽王必须悔改，否则将讨伐高句丽。

高句丽王大为恐慌，欲上表谢罪，却一病而亡，其子高元立。隋文帝派遣使者封高元为辽东郡公，随后又按照其希望改封其为辽东王。

然而，开皇十八年（598年），高句丽率靺鞨族一万余骑兵进攻隋朝领有的辽西郡，但被隋朝的驻屯军击退。隋文帝得知此事后勃然大怒，他命皇子汉王杨谅率水陆三十万大军讨伐高句丽。

陆军出长城向东北前进，由于河川涨水，军粮输送不畅，士兵忍饥挨饿，而且不断有人患上时疫。水军从山东半岛的东莱出发，渡过黄海向平壤进发，遇上了暴风，多数船只沉没或随波漂流，士兵百分之八九十战死。

隋朝似乎并没有抱着要彻底打败高句丽的决心，而只是打算威吓高句丽而已，因此几乎没有对敌情进行调查。源自北朝体系的隋朝应该不具备充足的水军，恐怕是征发了江南的船只与船夫，将陆军培养成水军后派出的。假如是这样，那么这次失败也是注定的。

不过，由于高句丽派来使者谢罪，隋朝最终得以保全体面。但此后高句丽仅入朝一次，东北问题一直悬而未决。六年之后，隋文帝驾崩，这个棘手的对外关系问题遗留到了隋炀帝时代。

第二章　隋炀帝

次子成为皇太子

隋文帝去世是在开创隋王朝后第二十四年、统一南北后第十六年。作为四十一岁才即位的初代皇帝，其在位时间并不算短，但是隋文帝的死不寻常。据说提前结束隋文帝寿命的是其皇太子杨广，也就是隋炀帝，这点令人震惊。

隋炀帝是隋文帝与独孤皇后所生的次子。其同母的胞兄杨勇被立为皇太子，但杨勇是个花花公子，诸事讲排场，过着奢侈的生活，因此被独孤皇后厌恶。晋王杨广深知这一点，不仅注意男女关系，生活上也力行节俭。

晋王生来头脑灵活，既有学问，文章写得好，又相貌堂堂。其母后已对皇太子失望，在她的眼里，晋王实在是个可靠之人，正如世间所说："母亲心慈善，有求必给钱，虽说不落忍，实在容易骗。"此后，不知不觉中，晋王也成功地欺骗了父亲。

隋王朝世系简谱

（　）内为在位时期

文帝（高祖杨坚）①
（581—604 年）

炀帝（世祖杨广）②
（604—618 年）

杨昭

恭帝杨侑（代王）
（617—618 年）

恭帝杨侗（越王、皇泰主）
（618—619 年）

　　晋王将重臣杨素拉拢到自己的阵营。杨素是隋文帝即位以及平定江南时的功臣，与高颎相当，享有极大的声望。杨素对隋文帝说了一些皇太子的坏话，皇太子的声誉越发下滑，晋王被看好。晋王趁势收买皇太子的亲信，通过此人之手，向隋文帝上书，控诉皇太子企图谋反。

　　创建王朝并且日夜只想着确立君主权的隋文帝，猜疑心重，具有冷酷的一面。这一点可以说是他的缺点。开创镰仓幕府的源赖朝也是如此，对于会威胁自身地位的所有势力都绷紧神经。隋文帝轻易地就相信了这项诬告，不久就废掉了皇太子，将他连同他的孩子贬为庶民。此事发生在开皇二十年（600年）十月，次月，隋文帝立晋王杨广为皇太子，杨广时年三十二岁。

不过，新皇太子杨广仍然不安。父皇的心意会不会改变？废太子会不会重新获得父皇的信任？在获得帝位之前，他始终无法放心。

杨广成为皇太子的第二年，独孤皇后逝去。独孤皇后嫉妒心强，隋文帝也受其折磨，但是她从年轻时开始就是隋文帝的知心人。隋文帝失去了皇后，生活变得十分荒唐，猜疑心进一步加剧，有时还会对臣下吹毛求疵甚至处以严刑。当朝廷被压抑沉闷的气氛所笼罩时，隋文帝倒在了仁寿宫的病床上。仁寿宫是一座雄伟壮丽的离宫，建造于长安西北方的岐州，文帝对其十分中意。仁寿四年（604年），隋文帝于仁寿宫暴毙，享年六十四岁。其间，皇太子杨广与自杨素以下的重臣均片刻不离地看护。不久之后，皇太子杨广继承帝位，时年三十六岁。

继承帝位后的隋炀帝

隋炀帝一继承帝位，就表现出十分放纵的样子，变得非常奢侈。不过，他依然具有很强的行动力，这一点倒是十分不易。

隋文帝踏实、朴素，是一个具有创见的人，凡事不会硬干。隋炀帝像其父亲一样有创见，并且具有不断实现创见的热情与力量。实际上，在隋炀帝所实施的事业中，有很多从隋文

隋炀帝像

（出自阎立本《历代帝王图》）

帝时就已经在酝酿了。或许是由于隋文帝认为时机尚未成熟，或许是由于已经到了其统治末期，这些想法并未实施。正是隋炀帝将其陆续实施了起来。而且，隋炀帝所筹划的雄图伟业规模庞大，甚至对后世造成了巨大影响。正因如此，一说到隋朝，就会让人想到隋炀帝这个代表人物。

　　一说到隋炀帝的雄图伟业，和秦始皇的万里长城一样，运河的开凿也是尽人皆知。

中国长时间南北分裂，好不容易才处于统一政权下。然而，其经济中心位于长江下游区域的江浙地区。由此人们自然想到了利用江南的经济实力来发展国力，于是贯通南北的运河开凿事业被提上了日程。

隋的都城长安大兴城位于关中（陕西省渭水盆地一带称为关中。有说法认为关中位于函谷关与陇关之间；也有说法认为关中是东边函谷关、南边武关、西边散关、北边萧关所包围的地域）。关中为要害之地，作为统一南北的隋帝国的都城，靠向西北，而华北的农产品恐怕无法完全满足这个都城的需求。隋文帝是周密之人，考虑了各种对策以避免长安陷入粮食短缺。运输上，他认为利用黄河与渭水的水流乃上策，早在开皇三年（583 年）便想出了这样的方法，于黄河、渭水沿岸三个地点设置仓库，平日贮藏稻米，连续不断地进行接力式运输。翌年，他还开通了广通渠，此渠与水运不便的渭水并行，粮食可从黄河经此运输至大兴城。

如此这般，隋文帝时便已为有效运输粮食制定了计划，还开凿了部分运河。但是，隋文帝尚未想到开凿能够作为帝国大动脉的运河。

四段运河

隋炀帝在即位翌年，即大业元年（605 年），动员河南、淮北诸郡的百余万民，成功开凿了从汴州（河南开封）东，经由东南流向的汴河，连通淮水的一段运河，称为通济渠（汴

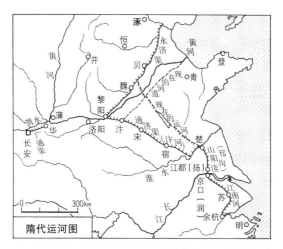

（本书插图系原书插图）

河、汴渠）。

　　同年，隋炀帝又下令开通邗沟，连接淮水与长江。邗沟也称为山阳渎，相传为春秋时代吴国最早开凿。隋文帝时曾在扬州（江苏江都）与长江之间挖掘沟渠，为攻击陈做准备工作，隋炀帝时又在原有基础上进一步拓宽、加深。据说那个时候隋炀帝动员了淮南（淮水以南）十余万民。淮南可以说是江南物资通往北方的咽喉地带，位置很重要。

　　接着，大业四年（608年），隋炀帝下令修建了从黄河通往北方涿郡的水路，称为永济渠。涿郡相当于今日的北京，是向东北行进的根据地。这次修渠仅丁男远远不够，因此也征用了丁女。在中国没有强制女性劳动的先例，因此，隋炀帝受到后世的非难。实际上，隋炀帝对此工事非常着急，因为他希望在远征高句丽时利用这一工事。

最后，隋炀帝下令挖掘从长江南岸的京口（江苏镇江）到余杭（浙江杭州）的江南河，完成了运河开凿事业。这一年是大业六年（610年），从最初挖掘通济渠开始算起，耗时不到五年。大运河全长约一千五百公里，尽管并非全部都是新挖掘的，但是在短时间内完成了如此大的工事，实在值得惊叹。

运河开通的意义

由于运河的开通，从长安、洛阳，南到扬州、余杭地区，北到涿郡地区，可通过水路进行联络。江南的物资，尤其是谷物，能够以过去无法匹敌的效率，安全无误地运送到长安、洛阳。隋炀帝实现了隋文帝的梦想。由此，可以说南北统一事业完成了。

此后，运河在中国历朝历代被广泛利用。（唐代皮日休在

隋朝通济渠
（今安徽省宿县）

《汴河怀古》中写道："尽道隋亡为此河，至今千里赖通波。"）尤其是唐朝，继隋朝之后定都长安，往往利用运河向国都运输粮食以及其他抵作租税的物品（此称为漕运）。从江南到洛阳、长安旅行时也利用运河。日本的遣唐使和入唐僧大多也通过运河从登陆地点往返长安。

宋代以后运河还在被继续使用，在以北京为都城的元明清时代，运河的利用率尤其高。13 世纪，隋朝运河中的通济渠（汴河）被从黄河流出的泥土埋没而无法再利用，元朝放弃通济渠，转而在更靠东的位置修建沟通淮水与黄河的运河，连接到永济渠（也称为御河）。明代略加变更，大抵保持原样存续至今，直到现在中国人仍然利用运河，享受极大便利。隋炀帝的功绩被高度评价。

话虽如此，但隋炀帝过于将运河视为专用，而且将运河用于其头等奢华的游幸，因此虽然他煞费苦心完成了大事业，但其功绩得不到承认。甚至有人认为，运河只不过是隋炀帝的暴政，如此说来，着实有些遗憾。

奢华的游幸

隋炀帝并未久居长安，而是在即位那一年就立马前往洛阳。翌年，他修筑了东京洛阳城。洛阳城完工后，他命令全国数万户富商移居到此以充实这个都城。过去秦始皇也曾使全国富豪十二万户迁移到都城咸阳（陕西西安的西北部，渭水的北岸），隋炀帝好像是在仿效秦始皇。

此外，隋炀帝还在长安大兴城与东京洛阳城之间建造多

《炀帝夜游图》
（元代任仁发所画）

个别馆，供巡幸时使用。长安与洛阳之间的距离为八百三十五
唐里，大抵相当于三百七十公里，与日本东京到名古屋的距离
相近。

接着，他在洛阳西郊建造显仁宫，从国内搜集珍木、珍
石、奇石、鸟兽来打造气派的庭园。仅此还不够，他还命人在

洛阳城的西侧筑造了宏大的御苑，方圆达九十公里，其豪华程度惊人。

隋炀帝早就想着在连接黄河与淮水的通济渠、从淮水南下经由扬州到达长江的邗沟（山阳渎）完工后，立即由自己来完成运河的"首次通航"。运河宽度有六十米左右，两侧建有步道，栽植柳树。此道称为"御道"，意思是皇帝专用的步道。从长安到扬州，隋炀帝命人建造了四十余处离宫，建于扬州的离宫尤其壮丽。

说到运河上游行的船只，隋炀帝乘坐的船称为龙舟，有四层，又高又长；皇后乘坐的船仅在形态上比龙舟小，结构相同；随行的船多种多样，达数千艘，据说船队长达九十公里。这些船只的构造和规模都远远超出了人们的想象。大业元年（605年）八月，隋炀帝从洛阳出发来到扬州，此举目的是向昔日南朝陈的属地淮南地区炫耀皇帝的威风，因此诸事铺张也是理所当然。翌年，隋炀帝返回洛阳。

隋炀帝打算一旦江南河完工，便进一步从扬州南下，过长江直到终点余杭，并且从余杭向东南巡幸会稽山。相传夏朝的禹王也曾巡幸会稽并且在那里去世，而秦始皇则确实巡幸过会稽山并且留下刻石（秦始皇的颂德碑）。隋炀帝或许认为巡幸南方会稽是作为统一王朝皇帝应该举行的隆重仪式吧。然而，他的这些愿望并未实现。

万里长城

隋炀帝可能有与秦始皇较量的心思。隋文帝废除郡并且使县直属于州，但隋炀帝又将州改为郡，这难道不是仿效秦始皇将全国划分为三十六个郡吗！秦始皇修筑万里长城以防备北方匈奴入侵，而隋炀帝也毫不示弱。秦朝有匈奴，隋朝有突厥，隋文帝时代已经在一定程度上压制了突厥，隋炀帝则将其进一步推进，坚定不移地实行防御北方的政策。

幸运的是，与隋朝直接冲突的东突厥，从隋朝建国那时开始，一直未形成统一势力。隋文帝巧妙地采取离间政策，操纵东突厥的实权人物，对他们中的突利可汗授予"启民可汗"的称号，使他们移居到内蒙古五原地区。隋炀帝继承这个方针，支持启民可汗统治北方民族，以维持北方国境线的和平。

启民可汗不负隋炀帝的期待。大业元年（605 年），居于兴安岭东麓的游牧民族契丹侵入位于他们大本营南方的要冲之地营州（辽宁朝阳），启民可汗率领突厥骑兵两万人，协助隋军袭击契丹，俘获契丹士兵四万人。最后，隋炀帝将俘虏的男子全部杀死，将女子收为奴隶，并将其中一半给予突厥。翌年，启民可汗入朝，隋炀帝隆重款待，并向其炫耀中华文物的丰富多彩、璀璨奢华。

作为对启民可汗入朝的回礼，大业三年（607 年），隋炀帝亲自巡视长城，于其行宫内招待启民可汗。而且，隋炀帝还到访了启民可汗的"蒙古包"（帐篷式的房屋）。

此次巡幸，主要目的在于炫耀隋朝的威势。隋炀帝还想在进入东突厥的大本营后，转而绕道涿郡，向以高句丽为首的契丹、靺鞨等民族示威。

这个时候，隋炀帝还在进行紧急工事，征发丁男百余万

突厥人的文字

（作为亚洲的游牧民族，突厥人最早使用文字。
这是 8 世纪的阙特勤纪功碑的一部分）

人修筑长城，要求二十日内完成。这里所说的长城与秦始皇时的长城位置不同。据说北魏和北齐时代，为了防御柔然和契丹，在当前的位置修筑了长城，隋长城是在此基础上形成的，全长三千余公里，西起榆林（陕西），东至紫河（山西大同西北），大致位于秦长城的中间。隋炀帝完成了秦始皇的长城修筑事业。

高句丽曾派使者前来觐见启民可汗，从那以后便密切关注着隋朝的态度。启民可汗觉察到高句丽与突厥互通友好是为了共同对付隋朝，毫不隐瞒地向隋炀帝汇报。隋炀帝命令近臣传达皇帝的旨意，这样告诉高句丽的使者："尔还日，语高丽王知，宜早来朝，勿自疑惧，存育之礼，当同于启民。如或不朝，必将启民巡行彼土。"

他已经在心中决定远征高句丽。

西域诸国入朝

此外，隋炀帝成功地将势力扩展到西域地区。对于这一点，裴矩的功劳很大。裴矩这个人文化修养高，对诸事具有创见，很受隋炀帝信赖。他看到了与西域诸国贸易的重要性，屡次去往位于中国西北角的张掖（甘肃），致力于促进贸易。西域也有狭义和广义之分，狭义上的西域是指今日新疆维吾尔自治区天山南路地区；广义上的西域范围更广，是指中亚全域，或直至更西边的地区。此处所说的西域可理解为狭义的西域。

这一时期，有一个称为"吐谷浑"（从五胡十六国时代存续到唐初）的国家，以青海为中心急速强大起来。其统治者是鲜卑人，他们以游牧为主，似乎也从事农耕。这个国家向北方扩展势力，威胁到从中原通往西域地区的交通道路。知道此事进行报告的也是裴矩。大业五年（609年），隋炀帝亲自率军讨伐吐谷浑，成功地削弱了其势力。

吐谷浑的妨碍消除后，裴矩的联络取得了成效。在隋炀帝亲征吐谷浑归来，从张掖向更西方巡幸的途中，位于天山南路地区的高昌、伊吾等二十七国的使者前来谒见，呈现出空前之盛况。西域诸国以及更西方的各国商人从陆路来到隋朝洛阳，受到隋炀帝的款待，此事也相当有名。就像这样，隋朝与西域的交流往来变得兴盛，西域诸国，甚至更西方的中亚人都来往于隋朝，其中还出现了定居隋朝的人。

向东南亚发展

隋朝的势力还扩展到东南亚。隋炀帝即位翌年，也就是大业元年（605 年），毅然远征林邑。林邑位于今日越南的南部，以广南为都城，是一个独立国。隋朝海陆联军占领了其国都，进行大肆掠夺后撤回。隋军撤回后，暂时出逃到海上的国王返回林邑，并且向隋朝派遣使者，成为朝贡国。

随后，大业三年（607 年），隋炀帝派遣使者到流求国，要求其朝贡。流求国在隋朝、唐朝、宋朝，以流求、瑠求、琉球等名称相传，至于其位于何处，没有定论。有说是今日的台湾，也有说是冲绳，还有人说是更南方的菲律宾一带，并不能认为流求一定是冲绳。事实上，将冲绳称为琉球是在 14 世纪，明太祖赐予冲绳"琉球"之名以后的事情。而且，据说那时台湾称为小琉球，从此产生了名称的混乱。

因流求对隋朝提出的朝贡要求没有回应，大业六年（610年），隋朝派军远征流求国，斩杀其国王，俘虏一万七千人后撤回。

此外，隋朝还向赤土国派遣使者，催促其朝贡。关于赤土国的所在地也有诸多说法，有说法认为是暹罗，有说法认为是苏门答腊岛的占碑附近，有说法认为是以巨港为中心的室利佛逝国，有说法认为其国都为新加坡，等等。总之，大业四年（608 年），赤土国的王子作为答礼使随同隋炀帝的使者回访。

隋代的武将
（黄釉土偶）

来自日出国的使者

大业三年（607年），倭王多利思比孤的使者携国书访问隋朝，《隋书·东夷传》"倭国条"记载："大业三年，其王多利思比孤遣使朝贡。"《日本书纪》中，相当于大业三年的"推古天皇十五年秋七月戊申朔庚戌（三日）条"也记载了日本派臣子小野妹子为大使，派鞍作福利为通事（翻译），出访隋朝一事。中方与日方的记录一致。此次遣使距离开皇二十年（600年）遣使已经过去七年。

根据《日本书纪》记载，日本的使者，也就是小野妹子，在隋朝被称为"苏因高"。可知"因高"是"妹子"的训读，"苏"可以说是"小野"的"小"字的讹音。宫崎市定先生则有不同的见解，他解释说"苏"是"苏我"的略称，小野妹子随意使用了隋朝也曾听闻的日本豪族名。

《隋书·东夷传》中记载了大业三年日本遣使之事，《隋书·炀帝纪》的"大业四年三月条"则记载了倭国与百济、赤土国及其他国家一起派遣使者进贡方物一事。《炀帝纪》与《东夷传》上的记载有一年之差，日本使者大概是大业四年三月来到的洛阳。

此时小野妹子所递交的国书是一个问题。根据《东夷传》记载，其国书中写道："日出处天子致书日没处天子无恙云云。"隋炀帝看了之后很不高兴，吩咐鸿胪卿（鸿胪寺的长官，负责与异国的交涉）："蛮夷书有无礼者，勿复以闻。"意思是如果来自蛮夷的书信中有这样无礼的，今后无须报告。

国书内容

关于这封国书，日本倾向于认为其中体现出了圣德太子对隋这个大国不卑不亢、坦然以对的平等姿态，因而对此颇为重视。据说隋炀帝看了此国书后很不高兴，但具体原因好像没有人进行过深刻的诠释。人们通常只会想到，明知对方是大国，小国却以平等的态度对待，对方当然会不高兴。

对此，本人抱有疑问。究竟能不能认为这封国书的内容体现出了一种平等的态度呢？之所以这么说，是因为在向对等的另一方递送的书函中，一般会包含类似敬语的内容，但是在此国书中完全没有找到。

现在再看此国书的内容，令人联想到《史记·匈奴列传》中匈奴单于给汉文帝的书函，其中写道："天所立匈奴大单于敬问皇帝无恙。"

汉文帝在回函中也写道："皇帝敬问匈奴大单于无恙。"汉朝与匈奴缔结了兄弟之约，总之他们互相使用了"敬问"一词。而若以汉与匈奴之间的书函为规范，那么日本给隋炀帝的国书中丝毫看不到敬语性质的内容。即便不参照中国的先例，看日本此后对新罗、渤海（指渤海国。698—926年，是中国古代历史上一个以靺鞨族为主体的政权，拥有包括中国东北地区东部、俄罗斯沿海州、朝鲜半岛北部在内的领土，奈良、平安时代也与日本交流往来）递交的国书也能发现，其中也使用了"敬问"这个词。

而且，"日出处天子致书日没处天子"中"致书"这个词是最可疑的。所谓"致书"，意思是"写书函"，客观表达甲给乙写书函这件事，通常不会用于表达"我奉上书信给你"这个意思。此处用这个词实在奇妙，以前都说对等或不对等，事实上这封国书甚至没有按照书函的文章体例书写。

如果《隋书·东夷传》的记载无误，那么可以说此国书的内容糟糕透了，是偏离常识的。隋炀帝之所以不高兴，也许正因如此。

关于十七条宪法和《三经义疏》（《胜鬘》《维摩》《法华》三经的注释书），如今也有越来越多的学者怀疑其并非圣德太子所作，此国书内容如此幼稚，似乎暗示了些什么。总之这封国书充满了谜团。我认为，相较于对大国隋朝采取对等立场这一点，以下情况更值得关注，即圣德太子强烈希望通过与隋朝互通友好，避免失去在朝鲜半岛南部的立足点。

与隋朝开始建交

隋炀帝对日本国书的无礼感到不悦，认为有必要先侦查一下这个十分狂妄的岛国的情况。他毅然决定远征高句丽。小野妹子回国之际，隋炀帝命裴世清同行。关于裴世清的官职，《隋书》中为文林郎，《日本书纪》中为鸿胪寺的掌客。小野妹子在裴世清的陪同下回国是在出使隋朝的第二年，即推古天皇十六年（608 年，大业四年）。

这个消息在日本引起轰动，小野妹子一行被迎入难波京加以款待。然而，小野妹子因一件事情而惹了麻烦，他上奏称在回国途中经过百济国时，被百济人盗取了隋炀帝赐予的国书。有人认为应对小野妹子处以流刑，但是，如果这样的话，遗失国书一事就会被隋朝使者知道，因为这个理由，小野妹子最终被免罪。

于是，只有裴世清带来的国书被递交给天皇，其开头的字句是"皇帝问倭皇"。隋朝对日本的君主使用"皇"字，这一点很可疑。有一种说法认为，原本写作"倭王"，是小野妹子恳求裴世清在"王"字上添写"白"字才成了"皇"字，不过真伪难辨。不用"敬问"，而是"问"这一个字，显然是不对等的。《延喜式》中务省的诏书格式中对大藩国使用"天皇

敬问"，对小藩国仅使用"天皇问"，以此公文格式来考虑，
也可见隋朝将日本当小藩国对待。

裴世清回国时，小野妹子随同。日本朝廷让小野妹子携带
的国书开头写道"东天皇敬白西皇帝"。不过，这封国书未出
现在隋朝的记录中。

随同裴世清的小野妹子还带领着一些学生、学问僧，他
们都是归化人，其中就有高向玄理、南渊请安等人。众所周
知，他们留学数十年后回国，对日本政治与文化的发展做出了
贡献。

此后，日本又在推古天皇二十二年（614年），第四次派
遣遣隋使，翌年回国。遣隋使就此终结。

远征高句丽

大业六年（610年），隋炀帝逗留扬州的离宫，翌年二月
离开扬州，前往位于运河北端的涿郡。大业七年五月，隋炀帝
在到达涿郡前下诏远征高句丽。

远征高句丽的作战策略大抵总是相同，陆兵向北越过长
城，从辽西前往辽东；水军则从山东半岛的东莱地区穿过黄
海，直指大同江。此举的目标是直接攻击高句丽都城平壤。隋
炀帝还命令东莱赶造三百艘兵船，由官吏负责监督。工匠们被
迫不分昼夜地劳作，由于是水中作业，很多人腰部以下生了
蛆，身体受损而死。

朝廷开始向涿州集聚兵粮及其他资财。由于隋炀帝计划亲
征，因此这回准备得极其慎重。江淮（江指长江，淮指淮水。

所谓江淮地区是指位于长江、淮水之间的江苏、安徽地区）以南的人民，与船一同被征发，负责运输。不巧的是，山东、河南发生大水灾，传来报告称三十余郡被淹。不仅如此，更不妙的是，随着战争准备的进行，不满朝廷者越来越多，蜂拥而起。不过另一方面，也出现了一些比较乐观的情况，长时间不顺从隋朝的西突厥处罗可汗谒见了正滞留涿州的隋炀帝。

大业八年（612年）正月，大军离开涿州。辽西地区处于隋朝的统治下，因此一路毫无障碍。行军的目标是高句丽的前方根据地辽东城。辽东城即今日辽阳，早在战国时代就已经有汉人进入这个城市。要攻占辽东城，必须渡过辽河。在辽河的对岸，高句丽军严阵以待。隋军伤亡惨重，最终决然渡河击破了高句丽军。到此为止形势还好，但由于高句丽军据守辽东城，两军在此形成了持久战。

隋炀帝也到达了辽东城南。但是，他无法随心所欲地指挥将军，只是一再下达严令，这反而使士气大减。

在探兵驱马前来，报告城中提出投降后，隋军便停止进攻以待后命，但此时城中却加固了守备，突然出击，给隋军造成了严重打击。隋炀帝被高句丽军所擅长的诈降之术愚弄，高句丽军的确是难以对付的对手。辽东城以外的各地城池也同样有高句丽军固守，他们就好像将脖子缩在甲壳中的乌龟，难以攻破。这便是大业八年三月至六月辽东战线的概况。

率领水军从山东出发的是来护儿。其主力是江淮水军。他们进入浿水（大同江），在距平壤二十六公里左右的地方，与高句丽军遭遇并将其击退。来护儿未等到全军到达，便乘胜攻入平壤，却中了计谋而惨败，险些丧命，最后乘船败退。

隋炀帝听闻此消息后失去冷静。他命令自宇文述以下数名将军，离开高句丽军固守的城池，奔赴平壤。隋军渡过鸭绿江，来到距平壤城十二三公里之处时，高句丽王的使者提出投降。宇文述知道这是骗术，却同意了并且开始撤退。强行军实在是精疲力尽了。

开始撤退后，高句丽的游击战又让隋军烦恼不已，他们从四方猛扑过来。宇文述一路驱赶、躲避高句丽军队，一路败走，终于狼狈不堪地逃了回来，出发时的三十万五千兵员这时仅剩两千七百人。统率水军的来护儿听闻宇文述败北后也撤退了。

隋炀帝暴跳如雷，却也无计可施，于是命全军撤退。这便是七月发生的事情。九月，隋炀帝自涿州返回洛阳。

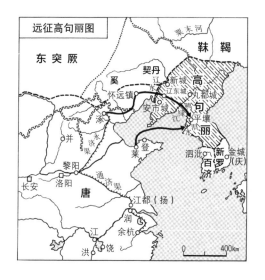

第二次亲征

此次战败使隋炀帝失去冷静。他决心即使赌上皇帝的威严，也必须使高句丽屈服。翌年，即大业九年（613 年），他再次发动远征军。

隋炀帝赦免了因战败被问责、被削去了官爵而贬为庶民的宇文述，恢复其官爵，再次任命其为军队的总指挥。这是因为上一次失败是由于兵粮输送不畅，并非宇文述的责任。不过，据说这只是表面上的理由，此次赦免的原因另有其他，那就是隋炀帝的女儿华阳公主嫁给了宇文述的儿子宇文士及，这一层关系也起到了作用。

四月，隋炀帝再次亲征辽东。上一次隋炀帝认为只要攻克敌国都城平壤即可，这是其失败的原因。这一次他决定采取逐个击破固守城池的高句丽军的方针，令宇文述前往平壤，自己则亲自率军进攻辽东城。此次隋军准备了攻城器械，变换各种策略，二十余日不分昼夜反复进攻，双方死伤人数不断激增。然而，辽东城内的高句丽军并不投降。就在攻城过程中，传来消息称兵粮输送总管——居于黎阳（河南省浚县东北）的杨玄感发动了叛乱，隋炀帝勃然大怒。

杨玄感是仕于隋文帝、隋炀帝的两朝重臣杨素之子。隋炀帝的即位也得到了杨素的大力协助。此后，杨素掌握朝廷实权，满门荣华富贵，他自身也倚仗功劳态度变得尤其傲慢。隋炀帝的猜疑心很重，丝毫不逊色于隋文帝，遂转而重用与其结有姻亲的宇文述，授予其很高的地位，以削弱杨素的实权。杨素失意而死。（杨素在隋炀帝即位的第三年，即大业二年被封为司徒后开始患病，七月死亡。也有说法称他实际是被隋炀帝毒杀的。）

杨素的长子杨玄感作为名门之子登上高位。但是，他对隋炀帝的行为是持批判态度的。由于杨玄感有才能、好宾客，因此国中名士纷纷集聚到他门下。大业九年（613 年），隋炀帝第二次毅然远征高句丽时，命杨玄感于黎阳监督漕运，其任务是将通过运河从江南运送而来的物资于此处重新装载，再通过永济渠运送到涿郡。杨玄感故意拖延中转事宜，经常不输送物资，他想让辽东的军队苦于粮食不足，难以应付战事。隋炀帝再三催促，杨玄感闪烁其词，就是不输送。

杨玄感怨恨隋炀帝对父亲的态度，不仅如此，他还暗中怀有夺取隋王朝的野心。第一次战败以后，厌战气氛弥漫国内，各地盗贼横行。

杨玄感于是找来李密商量。李密的家族本是军阀出身的贵族，自北周以来权势显赫，而李密本人则继承了蒲山公爵位。虽然李密具有很高的文化修养，但他并不想仕于隋王朝。他与杨玄感从年轻时开始就是肝胆相照的朋友。

杨玄感未采用李密的建言而进攻洛阳（李密建议：从背后进攻远征高句丽的隋炀帝是上策，直接进入长安是中策，进攻洛阳是下策）。然而，洛阳守备坚固，未被攻陷。于是杨急忙改变计划，决定进攻长安。但是，他在行军途中耗费了时间，遭受从战线上折回的宇文述、来护儿等率领的军队追击而大败，最后被迫自尽。大业九年八月，杨玄感叛乱潦草落幕，李密被捕，但在被押送至洛阳的途中逃亡。

第三次失败

隋炀帝并未进行深刻反思。如果不打败高句丽，则有损皇帝的体面。于是在大业十年（614年）二月，他第三次派遣军队远征高句丽。其时天下已是群盗激增，称王者众多，足见隋王朝的权威已不在。而从军途中逃亡的士卒也在增多。隋炀帝越过长城来到辽西的怀远镇（辽宁朝阳附近），征集的士兵却未如期集合。

来护儿率领水军，如往常般进入浿水（大同江），当他击破高句丽军正要进入平壤时，因连年战争而疲敝的高句丽王遣使请降。收到报告后，隋炀帝大喜，命来护儿撤退，七月，隋炀帝自己也从怀远镇踏上归途。隋军虽最终获得了撤兵的机会，但是皇帝的威信却一落千丈。（通过以下事件也可知晓这一点：军队在撤退的途中，于涿州之南受到八千名左右的邯郸乱贼袭击，隋炀帝的马匹被夺走四十二匹。）

隋炀帝回到长安后，催促高句丽王高元入朝，但高元并未前来。隋炀帝不得不扬言要再一次进行远征，当然，并未付诸实施。此后仅四年，隋朝灭亡。

恰好是隋朝灭亡的这一年，也就是日本推古天皇二十六年，高句丽的使者来到日本，报告了隋炀帝以三十万兵力前来进攻，却被高句丽击破一事，并献上隋朝的两名俘虏。（参见《日本书纪》卷二十二。高句丽使者到来是在八月，此时隋朝已经灭亡。）这也许是高句丽在向日本炫耀击败隋朝一事。

就这样，尽管隋文帝时便对高句丽有过一次征讨，隋炀帝更是连续三次亲征高句丽，这些军事行动却都未取得成功。隋朝反而丧失了大量人员与资财，隋文帝时代通过紧缩政策积累的国力被消耗殆尽。不仅如此，征伐高句丽还使得隋王朝的威信全失，就连一度对隋朝表现出恭顺的东突厥也开始反抗了。

第一次远征高句丽后仅四五年间，隋炀帝从得意的巅峰跌落到失意的深渊。他的亲人中也没有可靠之人，其长子，也就是已经立为皇太子的晋王杨昭不久就夭折了，杨昭的弟弟们不可信赖，杨昭的子嗣则太年幼。隋炀帝原本生性多疑，杨玄感之乱以来则变得尤其不信任臣下。他已然被一种深深的孤独感所侵袭。

而且，此时各地均传来叛乱的消息。臣下尽量避免不利的消息传入隋炀帝的耳中，但即便如此，隋炀帝也不可能全然感受不到。大业十二年（616年），隋炀帝逃到扬州的离宫。

扬州瘦西湖与五亭桥

　　隋炀帝喜欢扬州，对于生于北方的他来说，长江下游这片温暖、物产富足的土地比任何地方都令人心驰神往。也许他想的是，即使万一失去北方，仍可据扬州来统治江南。

　　隋炀帝行幸扬州的离宫时，将两个孙子留在长安与洛阳，留在长安的是代王杨侑，留在洛阳的是燕王杨倓。他身边则有越王杨侗陪伴。这应该是出于分散危险的考虑。他还命其他亲戚都同行至扬州，此举意在监视他们。

　　然而，一直辅佐隋炀帝的宇文述在行幸扬州的途中死亡，隋炀帝终究陷入了孤立无援的状态。

第三章　隋亡唐立

李密崛起

轻视隋王朝、想要取而代之的豪杰一个接一个地出现。此时隋朝建立才三十年左右，政权尚未十分稳固。

在奋起的群雄中，有一些只是地方土豪，但也有很多在当地为官者。今日河北、山东、河南地区的群雄尤为活跃，而洛阳附近成为群盗争夺之地。

杨玄感失败后，李密（582—618年）四处逃亡，隐匿行踪，此后为寻求出世的机会，四处辗转，寄身于东郡（河南省滑县内）翟襄门下。翟襄与同乡青年徐世勣（594？—669年）等人一起袭击从运河通行之船，掠夺货物，以此为业。李密以翟襄为台阶，图谋扩张势力，不知不觉间主客颠倒，翟襄开始处于下风。

大业十三年（617年），李密、翟襄军占领了设置在东都洛阳之东、黄河与洛水交汇处的洛口仓。洛口仓是米仓，但并非只是米仓，其周围筑有方圆十几公里的城郭，称为仓城。洛口仓内部设有三千窖，以储藏米粮，一个窖可容纳八千石。当地驻守的监督官和护卫兵有一千人，可谓警备森严。

李密等人率精兵七千，从近道发起突袭，占领了洛口仓，接着打开仓城之门，让附近居民自由地取米粮。由此，李密的威望一下子上涨，投奔他麾下的人也越来越多。隋炀帝从洛阳派遣来讨伐军，李密大败讨伐军，随后又回收了隋兵逃走时丢弃的武器，使得兵力大涨。于是，李密接受翟襄等人的奉劝，成为他们的主君，号魏公。

李密以洛口仓为老营，占领东南之地，并且将河南诸郡多数纳入统治下。他进一步又占领了位于洛阳之北的回洛仓，借此从北方威胁洛阳。回洛仓方圆五公里，窖数三百。

李密开始暗自相信自己的运势。因为那个时候民间流行的民谣中有一首歌叫《桃李章》，大意说的是隋朝将灭亡，李氏当取而代之成为天子。有人对李密说，歌中"桃李子"即是逃亡中的李氏之子，指的正是李密。

王世充发迹

在洛阳的隋炀帝之孙——越王杨侗派遣使者到扬州离宫请求救援。但是，救援军并未急速赶到。隋炀帝之后好不容易才将此时已受命讨伐洛阳东面地区叛军的王世充派遣至洛阳，任命其为全军指挥，对付李密军。

王世充是胡人。所谓胡人，就是索格底亚那（Sogdiana，以撒马尔罕为中心的泽拉夫尚河流域的古称。也叫作粟特）地区的伊朗人种。他具备汉人的文化修养，也深通兵法。他于扬州离宫中任监事，接近隋炀帝的机会很多，深得隋炀帝的欢心，其才能得到认可后，开始被指派重要任务。

大业十三年（617年），王世充被派遣至河北地区。当时，洛阳东面地区的豪杰相继独立，各自扩张领土，其中有一大人物名为窦建德。此人秉性侠义，远征高句丽时，他曾任招募兵二百人之长，但由于被怀疑与成为贼匪的饥民、逃亡士兵勾结，家人被官吏所杀，因此背叛隋朝。他奔走于同样背叛隋朝的人之间，逐渐变得强大，在乐寿（河北省献县）自立称长寿王后，转移到了西南方洺州。

另一方面，李密越来越有威望，有才能的人物纷纷集聚到他的身边，后来为唐太宗效力并且被称为直谏之士的魏徵（580—643年）也加入他的麾下。李密与王世充的军队战斗，屡次将王世充击退，可他对于占领洛阳过于执着。有人向他谏言，进入长安并且将其占领才是取代隋朝、号令天下之道，可他怎么也不听。

李密控制了仓城，确保了兵粮，并不一定非要放弃洛阳，前往西边长安等地。俗话说饿着肚子打不了仗，但李密对此未免过于执着，而无法控制大局。不久，翟襄的部下与李密的部下产生严重对立，最终李密先发制人，杀了翟襄。接着，李密与王世充之间反复展开血战。

闭目塞听的皇帝

这个时候，隋炀帝已经重度神经衰弱。大业八年（612 年）以来，他几乎彻夜无法安眠。

来到扬州离宫以后，隋炀帝的精神状态也完全没有好转。自从宇文述死后，他的身边不再有可信赖的人。宇文述的儿子宇文化及、宇文智及、宇文士及三人虽然跟随其左右，但是他们为人粗暴，兄弟关系也不好。

隋炀帝有胆小的一面，最害怕听到叛乱的消息，对坏消息充耳不闻。内史侍郎虞世基（？—618 年，内史侍郎是中书侍郎在隋代的称呼）是个精明之人，得到了隋炀帝的信任。派遣军和地方机关表奏告败求救，虞世基总是不据实报告，把损失往低了说，并且不忘补充说"鼠窃狗盗，郡县捕逐，行当殄尽"等。

隋炀帝居然相信了这种一下子就能被识破的谎言。当使者前来据实报告时，隋炀帝大怒，认为使者夸大事实，而杖责使者。因为他信了错误的报告，反而认为真实的报告全都是谎言。天资聪颖的隋炀帝是怎么了？也许是因为耽溺酒色，他早早就变得昏聩不堪了。

隋炀帝逐渐不了解天下的形势了。被截断情报网的当权者理应受到怜悯，而他则是自己横下心来不看、不听，因此毫无办法。他真的孤立无援了。

李渊举兵

就在这样的状况下，有消息传入扬州离宫，称太原留守李渊（565—635年）趁长安守备薄弱，率兵攻入长安。跟随隋炀帝来到扬州的骁果卫（隋炀帝募集志愿兵而新组建的近卫兵团的别动队）的将士中，很多人来自长安附近，听闻李渊占领了首都，这些人产生了动摇。这也难怪，因为他们的家人都留在了故乡。大家愕然，"桃李子"的"李"，是不是就是此人呢？

据说李渊祖上是陇西李氏，是汉化的鲜卑族。其祖父是北周贵族八柱国之一，父亲娶独孤信第四女而生李渊。独孤氏的第七女是隋文帝的皇后，因此李渊与隋炀帝是姨表兄弟的关系。由于这种关系，李渊深得隋文帝信赖。

李渊年轻时便继承父亲的封号成为唐国公，他曾跟随隋炀帝远征高句丽，在怀远镇负责监督兵粮输送，大业十二年（616年）成为太原留守。

李渊的任务之一是设法维持当地治安，另一个任务是防备有可能从西北地区入侵的东突厥。因为东突厥早已不再对隋朝采取恭顺的态度。

当时的太原郡治大概位于河东（山西省）中央、汾水之西的太原镇。于东方的井陉口（土门、娘子关）越过太行山脉，则来到河北平原；北边通过雁门关（山西省代县北）可至大同；南边向西南渡过黄河则可至关中（陕西省），向东南则可至洛阳地区。而且，河北地区位于远征高句丽时的粮食输送路线上，即使化为暴乱之地，河东也很少直接受到战争的影响。

李渊与妻窦氏生四男一女，第三子夭折，窦氏也已去世。李建成（二十九岁）、李世民（二十岁）、李元吉（十五岁）三人之中，次子李世民是个出类拔萃的杰出人物。李世民看出隋王朝已时日无多，暗中抱有推举父亲李渊取代隋帝的想法。他认为最重要的是集聚人才，因而广撒钱财，拉拢其认为有前途的人物。

结果，汇集到李世民门下的这些人经过合谋，得出这样的结论：如今天下有数以万计的群盗横行，隋炀帝一去扬州不复返，李密与王世充则继续拼死战斗，若是举兵进入长安，则夺取天下易如反掌。而且，此时举兵自然不必担心兵源问题，其他方面的条件也十分完善，确保了举事能成功。

目标长安

但是，关键是要让李渊答应举兵，这是个难题。恰好那个时候东突厥侵入马邑，李渊派遣部将进行防御，但是失败了。他知道可能会受到隋炀帝的严厉处罚，为此感到害怕、苦恼。李世民认为这是一个好机会，试着劝说："今主上无道，百姓困穷，晋阳城外皆为战场；大人若守小节，下有寇盗，上有严刑，危亡无日。不若顺民心，兴义兵，转祸为福，此天授之时也。"但李渊只顾着担心，并未理会。这个时候，裴寂（569—629年）想出一条计策。裴寂之前就曾与李世民合谋过举兵之事，他在位于太原的离宫晋阳宫任副监，与李渊也关系亲密。

据说，某夜，裴寂私下挑选晋阳宫宫人（侍奉于宫廷的女性）服侍李渊。接着，裴寂趁着醉意，对李渊这样说道："二郎阴养士马，欲举大事，正为寂以宫人侍公，恐事觉而诛，为此急计耳。众情已协，公意如何？"这让李渊有些害怕，他想到一旦如此则将束手无策，从而听从了李世民的计划。

晋祠圣母殿，李渊与李世民到此祈求神灵保佑后举兵

　　果不其然，李渊因败给突厥被问责，有消息传来说，隋炀帝已派遣使者前来要把李渊带到扬州。事已至此，李渊终于下定了决心。他吩咐参与计划的晋阳令刘文静（568—619年）下了一份伪造的敕书，称朝廷要命令太原以北的诸郡征召所有年龄二十岁以上、五十岁以下者为兵，最晚在年底将士兵集中到涿郡，讨伐高句丽。此举甚有效果，社会上人心动摇，人们纷纷期待英雄的出现，谁会是那个能够推翻隋王朝的强者呢？

　　此时，马邑的土豪刘武周（？—620年）夺取了汾阳宫。他借助突厥的支援，据马邑，称定杨可汗。汾阳宫是建于汾水沿岸的离宫，位于马邑西南、太原西北。李世民煽动父亲："大人为留守，而盗贼窃据离宫，不早建大计，祸今至矣！"事到如今，优柔寡断的李渊也开始行动起来。

　　李渊、李世民父子的目标是长安。在洛阳，王世充与李密正激烈争战，自然不会妨碍他们在太原起兵，他们只是担心突厥会从背后袭击。

李渊听取了刘文静的建议，给突厥始毕可汗写信，表明愿意与其携手合作。刘文静亲自前往，从始毕可汗处获得五百名士兵、两千匹马用于救援，李渊军士气大涨。只是，此时相互的约定，成了日后麻烦的根源，因为双方约定李渊进入长安之际，土地和人民归李渊所有，金玉缯帛（缯帛就是丝绸）归突厥所有。

于是，大业十三年（617 年）七月，李渊军从晋阳出发，攻入长安，宣告立代王杨侑为皇帝。

志在长安的李渊，以攻入秦朝都城咸阳的汉高祖刘邦自居，而诸事模仿汉高祖。说志在咸阳，应比说志在长安更容易被民众所接受，因为这样一说，对手就成了暴虐的秦。

隋王朝一分为三，分别以长安、洛阳、扬州为中心，不再是统一的国家。民众中支持李渊者不断涌现，拥护李渊的呼

唐太宗亲笔书写的晋祠碑

声不断高涨。大业十三年十一月，固守长安的隋军也败退下来，李渊军最终进入长安，代王杨侑继承皇帝之位，遥尊隋炀帝为太上皇。接着，李渊成为假黄钺（"黄钺"是以黄金为饰的斧，是天子仪式用的兵器；"假"是"授予"之意。意思是赋予其代替天子制裁所有人的权力）、使持节、大都督内外诸军事、尚书令、大丞相，又被封为唐王。这意味着，如同隋文帝即位前受北周静帝所委任的那样，李渊在政治上被赋予全权。

其时长安政权改元为义宁，因此于唐朝成书的《隋书》等书中记载大业于十三年结束，但实际上大业还持续到次年十四年。

隋炀帝丧命

让我们将目光转向扬州离宫。洛阳、长安陆续传来消息，隋炀帝完全失去了挽救危局的能力。不仅如此，他还越发荒淫，总是令妃嫔陪侍左右，且酒不离口。他好像已经对自己的命运大彻大悟。不过，他似乎还想过定都丹阳，尽可能保住江南之地。丹阳就是现在的南京。

骁果卫的将士们听闻长安的消息后，感到十分不安，陷入犹疑不决的状态。当他们知道隋炀帝无意返回北方时，就想要违抗皇帝的命令北归，于是出现逃亡者。隋炀帝遣人追捕，对出逃者赶尽杀绝，然而逃亡并未就此停止。由于骁果卫担当着护卫皇帝的职责，因此事态越发严重。

当没有办法留住准备逃跑的将士时，其管理者就开始忧

晋州瓯城
（今山西临汾，李渊、李世民前往长安的途中，
与隋朝将领宋老生于霍邑激战，进入此城）

心忡忡了。报告实情，又可能会惹怒皇帝而被杀。既然大家都
逃跑，那不如一起逃吧！最终众人决定在义宁二年，即大业
十四年（618 年）三月的月圆之夜逃亡，并推举宇文述三个儿
子中的宇文化及为主谋。

宇文化及胆小如鼠，听闻此事后脸色大变、冷汗直流，
不过最终还是答应了。随后有人私下对骁果卫的将士说"陛下
闻骁果欲叛，多酝毒酒，欲因享会，尽鸩杀之，独与南人留
此"，煽动起他们的谋反之意。

隋炀帝身边部署了精挑细选出来的数名护卫。然而，宇
文化及等人买通了亲信，向护卫下发伪诏，许可其外出。三月
十日夜，比预定计划早了一些，这些谋叛者决定实行计划。他
们已使离宫内外取得联系，宇文化及的一队人马只受到些许抵

抗，就成功进入离宫。虽然隋炀帝进行了紧急呼救，但护卫并未集合。之后叛军查明了隋炀帝的住所，隋炀帝已无计可施，于十一日凌晨在其寝宫遭缢杀，享年五十岁。

隋臣之种种

隋炀帝的末子赵王杨杲已成牺牲品。隋炀帝被杀后，其已来到扬州的弟弟蜀王杨秀（隋代有名的书法作品《美人董氏墓志》乃此人所撰写。美人董氏乃其侍女，十九岁时因病而死，杨秀感伤而创作了此作品）、次子齐王杨暕、孙子燕王杨倓及其他同族之人也相继被杀。隋朝皇族中只有隋炀帝之侄秦王杨浩保住了性命。由于此人与宇文化及的弟弟宇文智及关系甚好，因此才得以免死。杨浩随后被叛乱部队推举为皇帝，不得不与他们共命运。

宠臣虞世基和远征高句丽时担任水军大将的来护儿等人也被杀。不过，黄门侍郎（服侍于天子左右，充当顾问）裴矩、纳言（即侍中）苏威得以幸免。因为裴矩预知会发生叛乱，事先已讨好护卫将士。宇文化及带着骑兵来到，裴矩上前跪拜迎接。苏威则因为未参与政务，没有责任，因此保住性命。也许是因为宇文化及有利用他的心思。

朝廷上也并非全部都是精明之人，还有许善心这样的人。百官皆来到朝堂，向宇文化及称贺，唯独身为给事郎（于门下省审查上奏文书）的他没有前来。其外甥许弘仁劝其前去，许善心很是不满，丝毫没有动身之意。宇文化及认为事关威信，命人将其五花大绑带至朝堂。松了绑后，许善心没有拜谢就出去了。宇文化及很生气，说"此人大负气"，于是再一次将其抓捕并杀害。许善心的母亲范氏九十二岁，在治丧事时没有哭泣，抚着灵柩说道："能死国难，吾有子矣！"之后便卧床不进食，十多天后也去世了。

隋王朝之作为

随着隋炀帝死亡，隋朝名副其实灭亡了。自开皇元年（581年）杨坚取代北周算起，隋朝历经了两代三十八年。

三十八年虽短，隋王朝完成的事业却很伟大。它统一了中原，抑制了北方突厥势力，恢复了与西域诸国的交流往来，同时引进了西方文化。另外，它还使东南亚诸国臣服，实现了对高句丽的远征（虽说失败了）。其结果是，隋在某种程度上完成了建设世界帝国的伟业。

在国内，隋王朝整顿官制，实施均田制、府兵制，制定律令，开始实行发端于九品中正制的科举制。隋王朝还开凿了运河，沟通南北，这是令后世获益的一项大事业。另外，隋文帝、隋炀帝都奖励学术、文学创作，对佛教加以保护。隋朝留下了诸多佛教美术作品，对日本也产生了不少影响。

唐王朝取代隋朝是幸运的，隋朝为唐朝留下了丰富的遗产。官制、典章制度的整备自不必说，律令的制定以及其他形成国内政治基础的诸项事宜也自不待言，就连国都的经营、宫殿和离宫的建造，隋朝也留下了宏伟壮丽之遗产。并且，宫殿、离宫等都刚建成不久。

唐王朝还直接拥有了运河。因为隋文帝、隋炀帝的诸多贡献，唐王朝只要不做坏名声之事即可，耗费钱财之事，隋朝大抵已完成。

隋朝的两个皇帝都多疑，对臣下授予官职是出了名的小气，唐朝只要避免吝啬即可。汉朝于秦朝之后出现，对秦朝的政治加以修正而取得成功，唐朝恰好与此极其相似。

不过，在高句丽问题上，就连唐太宗也失败了，重蹈了隋朝的覆辙。直到唐高宗时，趁着高句丽内乱，唐朝才最终成功消灭了高句丽。

第四章　唐王朝出现

创业的艰辛

隋炀帝的死讯传到长安应该是在大业十四年（义宁二年、618年）四月中旬。五月二十日，由唐王李渊所立的隋炀帝之孙恭帝（代王杨侑）采取禅让的形式引退，李渊继承了帝位。李渊即唐高祖，时年五十四岁，他将国号改为唐，年号改为武德。

隋炀帝的死亡，代表隋王朝实际上已灭亡，随着李渊的即位，唐王朝这个维持了二十代二百九十年的长命王朝就此诞生。

洛阳政府具备能够与唐朝对抗的实力，隋炀帝驾崩的消息传到洛阳后，其孙越王杨侗继承帝位，改元为皇泰，继承隋朝的命脉。杨侗称为皇泰主。

创业果然是相当艰辛的，但李渊却是幸运的。之所以这么说，是因为并非一切重担都落在年逾五十的李渊肩上，他还有已经弱冠、时年二十二岁的秦王李世民，李世民不仅是他的得力参谋，更能代其行事。

唐朝取代隋朝，要恢复统一，此后需要将近十年岁月，其建立当初，不过是以关中（陕西省）为中心的地方政权。

唐高祖李渊像
（南熏殿历代帝王像）

在洛阳，李密占据了靠近运河咽喉的洛口仓城，与拥护皇泰主的隋朝势力敌对，虎视眈眈欲夺其城。宇文化及也率领部队从扬州西上，欲加入中原争夺战。窦建德则占据了山东、河北、河南三省的交界地带。其他的群雄也具备分割中国、称霸一方的实力。

唐王朝建立后首先应该做的是平定群雄，统一全国，同时整顿官制以及各项典章制度。秦王在这些方面都显示出非凡的才能。

在群雄之中，秦王先是逐个平定了占据西北地区者，然后又驱马前往洛阳战线。在占据西北地区的群雄之中，秦王平定薛举、薛仁杲父子最为艰辛。薛举占据今日甘肃兰州。他异常勇武，拥有万贯家财，与豪杰结交建构势力，并在逐渐强大之后试图袭击长安。唐军屡次败北。

秦王于扶风（陕西省）大破薛举，还切断了他所指望的突厥的援助。但是，薛举也不寻常，他趁秦王部将草率行动之际大破秦王军，占领了高墌城（陕西省长武县北），还准备向东南方攻击长安，不过却不幸病死了。薛仁杲继承父业，于武德元年（618年）十一月，在高墌城与秦王军形成对峙。秦王采取持久战，以截断粮道之法困住薛仁杲，最终使其降服。薛仁杲被押送到长安斩首。

李密脱离

李密以洛口仓城为根据地，与洛阳的实权人物王世充持续战斗。隋炀帝死之前，李密声威大震，有压倒当地群雄之势。这时，杀掉隋炀帝的宇文化及西上直指洛阳。宇文化及必须击败占据洛口仓的李密，否则无法前进。

李密采取了以下作战策略：将部将徐世勣安置在洛口仓城东北方的黎阳（河南省浚县东北），固守当地的仓城，阻挡宇文军的攻击，李密自己则绕到宇文军的后方进行牵制。黎阳是此前杨玄感叛乱之地，是运河输送的要地。徐世勣转为反攻，宇文军大败。宇文化及北行，费尽周折终于到达魏县（河北省大名县西南），杀了此前拥立的秦王杨浩，自己继承帝位，国号为许。

李密唯恐防御宇文化及时遭洛阳军袭击后方，恰好洛阳也有人认为与李密合作击退宇文化及乃良策，因此双方互相让步，并且很快地就有了结果，李密决定向洛阳的皇泰主投诚，以讨伐宇文化及来赎罪。这么一来，李密被任命为洛阳最高军事指挥官，率领精兵讨伐宇文化及，而宇文化及的阵营中出现了投敌者，李密的势力压倒了宇文化及。

在这种情况下，洛阳实权人物王世充也坐不住了。事实上，洛阳方面与李密合作，似乎也有摆脱王世充的企图。结果，王世充发动政变，胁迫皇泰主，成功掌握了洛阳的军事权。战胜宇文军的李密有些骄傲自大，王世充的袭击对其造成很大打击。他在与王世充的战斗中失去了精锐部下，而且还遭到据守洛口仓城的部将背叛，失去了依靠，最终落魄地投靠长安的唐朝。

唐高祖热烈欢迎李密，身为李密部下的魏徵也一同降服于唐朝。在魏徵的劝说下，留在李密的旧领地上的徐世勣也决定为唐朝效力。徐世勣被赐李姓（即李世勣，之后为了避讳唐太宗名字中的"世"字，改为李勣。为避免复杂，以下称李勣），他接受命令，运用其经验，与魏徵等人一起开始经略唐朝势力未波及的山东之地。所谓山东是指位于陕西省东部的华山以东地区，即唐朝根据地关中（陕西省）以东，今日河南、山东、河北，以及山西诸省的总称。

问题出在这个李密身上，他自负心强，对新授予的光禄卿（光禄寺长官，光禄寺掌管宫廷酒膳）的职位不满足；作为落败者，他还讨厌朝臣们轻视自己的态度。李密向唐高祖提出申请，希望收拾残留在山东的旧部下，去讨伐王世充。唐高祖认为让李密与王世充交战，使双方疲惫，也很有趣，因而同意了此事。

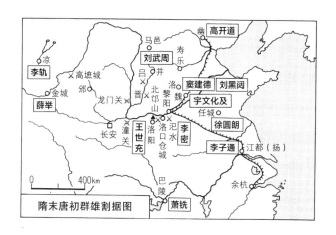

隋末唐初群雄割据图

这样一来，李密已完全在唐高祖的掌控之中，他的行动由与他同行之人向唐高祖报告。唐高祖派遣使者传达旨意，要李密只身返回接受新的命令。李密于是打定主意，打算佯装返回长安，实则夺取桃林县（河南灵宝），越过南山而东行，与身处黎阳的李勣会合。但是，其计划没能实现。唐军已等候多时，李密遭到追击，最终战败而死。就这样，李密脱离了洛阳战线。

王世充、窦建德、刘武周

洛阳的王世充攀附皇泰主，日益扩张势力，依然视唐王朝为敌。武德二年（619年）四月，王世充幽禁皇泰主，宣称奉皇泰主的命令继承帝位，定国号为郑。

另一方面，宇文化及于魏县（河北省大名县西南）自立为帝，处于气息奄奄的状态，最终在聊城（山东省）大败给窦建德，被捕获斩首。从扬州同行的裴矩、虞世基的弟弟——有名的画家虞世南等人都归顺了窦建德，窦建德就像是继承了隋王朝的传统。由此，他的威信一下子提高了。

窦建德乃群盗出身，但有与众不同之处。每夺取一个城市后，他就将到手的资财全部分给部下，自己则分文不拿。他过着朴素的生活，吃蔬菜、脱皮粟米饭，不食肉，他的妻子也不穿华丽的衣裳，小妾、婢女的数量则只有十个。他笼络多个原隋朝朝臣，任命裴矩为宰相，安排好政府首脑的人员配置，对政权进行了整顿。

刘武周占据河东（山西省）北部，与突厥取得联系。对此，唐高祖任命第四子齐王李元吉为并州总督，进行防备。并州乃唐高祖李渊曾任留守之太原郡治，是唐王朝的发祥地。齐王虽然刚勇〔李元吉自负于使用马稍（在马上使用的长矛），曾与尉迟敬德比试却落败〕，但是尚且年少，这个任务对他来说未免过于沉重。当时，刘武周将原来易州（河北省）盗贼头领宋金刚招至麾下，气势大涨，欲攻占并州而南下，与唐朝一争天下。齐王害怕敌军的气势，待刘武周的军队一逼近并州，就趁着深夜放弃了并州而逃回长安。

并州归于刘武周，河东的州县多数被攻陷。唐高祖气馁，准备放弃河东、守住关中时，秦王李世民主动请缨，夺回了河东。

尉迟敬德像

（南熏殿历代名臣像）

秦王李世民率领精兵，从龙门关（陕西韩城东北）渡过结冰的黄河，前往河东的西南部。河东几乎全域被刘武周、宋金刚占领。两军在各地展开激战，秦王逐渐取得优势，于武德三年（620年）四月，夺回以并州为首的河东全域。在夺取河东的过程中，秦王将宋金刚的部下尉迟敬德〔585—658年。名恭，字敬德，朔州善阳人，先祖为于阗（西域）人。武德三年降服于秦王，此后在玄武门之变中大显身手〕这个勇士拉进了自己的阵营。

汜水之战

不久，窦建德于河北一带扩张势力，王世充占据洛阳，逐渐将领地扩展至河南南部地区。武德三年七月，秦王李世民从河东凯旋，奉命讨伐王世充。对此，王世充集结精锐部队，布阵固守洛阳城。

秦王向洛阳攻来，与王世充展开了极其激烈的交战。唐军想要瓦解敌人的守备，进行突然袭击，但因王世充的军队坐拥地利，反而多次被其包围而濒临危险。

洛阳北郊有一座山叫北邙山，秦王率五百骑登上此山，侦察地形，没想到王世充率领步兵、骑兵总共一万兵力，进行突袭，包围了唐军。王世充这一方的勇士以单骑向秦王猛扑过来，在此危急时刻，尉迟敬德及时跃马大呼，横刺敌方勇士落马，趁机护卫秦王杀出重围。

王世充向暂时与其断绝关系的窦建德求救。窦建德也因为担心一旦王世充溃败则自己不得不与唐军直接对抗，答应救援。洛阳还不会沦陷，但是处于王世充统治下的州中，甚至出现了数州乃至十余州一起降唐的情况。鉴于这种状态，王世充逐渐意识到自己在洛阳被孤立了，因而陷入不安。而且，由于唐军包围了洛阳城，城中的粮食已见不足。

此时，窦建德率领大军从洺州出发，途中攻克诸城，来到汜水之东，与西方洛阳的王世充军呼应，摆出威压唐军之势。秦王断然决定迎击，他留下一军围攻洛阳，率领精兵向东前进，布阵于汜水之西，与窦建德军对峙数十日。汜水之地有虎牢关（又名成皋关，自春秋战国时代以来，作为进入洛阳的门户而闻名）的遗迹，自古以来作为要害之地而闻名。此处的的黄土地上到处都是高深的断崖或龟裂，道路通过地势低凹处时，人们就如同行走在夹缝中，无法展望左右。

　　秦王看准敌方斗志有些衰退，率领轻骑渡过汜水，奇袭窦建德的本营。窦建德也是身经百战的强者，他鼓舞已处于败势的己方战士，努力进行防御。惨烈的骑马战到处上演，以致尘埃漫天，遮住了人们的视线。秦王率领一队人马冲入敌阵，并从中穿过绕到其背后，高高举起唐军的旗帜。此举发挥了效果，窦建德军全线崩溃，窦建德也最终被唐军抓获。此战役发生在武德四年（621 年）五月，称为汜水之战。

装饰唐太宗昭陵的名马石刻，昭陵六骏之一，讨伐
洛阳时唐太宗的坐骑

王世充看到窦建德的惨败而丧失了斗志，率同族、群臣两千余人，降服于秦王。两人被带到长安，窦建德被处斩，王世充申诉说秦王曾答应饶他全家性命，因而与同族之人被流放到蜀地（四川省）。但是，出发前，王世充被仇人杀害。

刘黑闼侵犯河北

平定了王世充与窦建德，国内似乎就要统一了。为此，唐王朝大赦天下，对百姓免税一年。然而，这时候安心还是太早了。对窦建德的处刑使他的部下群情激愤，他们将原来隶属于窦建德的刘黑闼从其闲居的漳南请出来，尊其为首领而起事。投奔刘黑闼军队者逐渐增多，唐朝任命的地方官难以抵挡刘黑闼的猛烈攻击。紧接着，守卫黎阳的李勣也被击破，唐王朝势力相继被驱逐。武德四年十二月，刘黑闼进入此前窦建德占据的洺州。如此，举兵以后不到半年，刘黑闼便收复了窦建德的旧领地。接着，他又与突厥联手，获得其援兵，由此越发强盛。

秦王再次出阵。这一次，他与弟弟齐王李元吉一同受命。武德五年（622年）三月，秦王攻陷了由刘黑闼部将守卫的洺州，又与志在夺回洺州的刘黑闼进行了六十余日的持久战，最后将其击败，使其退走突厥。在此战之中，秦王一度被刘黑闼军包围，好不容易才逃脱。不过，经由此战，山东暂且全部平定。

但是，没过多少时间，刘黑闼与突厥的援军一起再度来袭，攻破了河北诸州并南下。齐王、皇太子李建成相继被派去讨伐。刘黑闼被唐军从南面追截，最终在饶阳（河北省）被同伙抓捕，献给唐军。武德六年（623年）正月，刘黑闼在洺州被处斩，至此，他所卷起的这股旋风终于消停了。

于巴陵（湖南省）称梁王的萧铣、呼应刘黑闼占据兖州的徐圆朗，以及其他占据各地的群雄，在此前后或被平定或死亡。翌年，武德七年（624年），唐朝大致完成国内统一。

不过，东突厥由于在唐朝举兵时派遣过援军，因此轻视唐朝，他们与群雄合作，入侵中原王朝大肆洗劫。武德七年八月，颉利可汗、突利可汗甚至攻到了邠州（陕西省）。此时，秦王率领百骑，会见可汗，义正辞严地说明利害关系，成功地使他们返回。虽然终究无法期待就此摆脱突厥之患，但是相比于天下大乱，唐王朝受害轻微。

秦王李世民

可以说，唐初将近十年间，是通过秦王李世民之手，完成了国内统一大业。

然而，秦王战功卓著，这严重刺激了皇太子与齐王。平定王世充、窦建德的时候，唐高祖特别任命秦王为天策上将（天策上将府中设有长史、司马以下官职。通过将心腹任命到这些职位上，秦王的势力进一步发展），因为唐高祖认为，普通的赏赐都不足以报偿秦王的功业。天策上将是皇太子之外的最高官职，比任何王公的地位都高。

皇太子李建成越来越不安，因为他想到父亲随时有可能废掉自己而立秦王为皇太子。秦王是尚书省的长官尚书令，又作为新设置的十二卫大将军，处于禁军统帅的地位。而且，他的身边还聚集着诸多有才能的人。秦王李世民在其王府西边开设文学馆，使秦王府的官吏杜如晦、房玄龄等十八名文化修养高的人士兼任文学馆学士，称之为十八学士。他们被分为三组，每日轮流出勤，秦王常趁公务间隙来到文学馆，与学士们讨论学问直到深夜。这些人提高了秦王的文化修养，有助于其在政治方面的实践。

皇太子门下也有王珪以及此前跟从李密归顺的魏徵等人，但在数量上而言，终究无法与秦王对抗。

皇太子李建成与齐王李元吉商议，企图使秦王受挫，他们的目的是使唐高祖对秦王失去信赖。

唐高祖继承帝位以来，令众多女子陪侍，皇子也接连不断地降生。这些嫔妃都很愿意与年长的皇子们亲近，以巩固自己和孩子的地位。

皇太子与齐王迎合这些嫔妃，让她们私下向唐高祖挑拨，称赞李建成、李元吉而诋毁李世民。甚至有传言说李建成、李元吉与这些嫔妃中的某人私通。可以想见，通过这些妃嫔，也许能够获知宫廷内的秘事。

打倒秦王

皇太子与齐王共同计划着打倒秦王，他们用尽心机陷害秦王，然而却失败了。唐高祖原本非常了解三个儿子的人品，但是从妃嫔口中听到对秦王的诽谤后，不知不觉也讨厌秦王了。就这样，唐王室骨肉间的丑恶争斗开始了，武德九年（626

年），最终到了你死我活的境地。

秦王门下的房玄龄、杜如晦等人判断，如果再这样下去，秦王很危险，劝谏其先发制人，干掉皇太子和齐王。

皇太子、齐王方面，要干掉秦王也只是时间问题。然而，秦王府中勇武之士众多，如果可能的话，他们还想要罗致这些勇武之士，以为己用。首先被盯上的是尉迟敬德。皇太子、齐王试图用大量金银收买他，但是被断然拒绝了，于是他们便派刺客去暗杀他。但尉迟敬德以勇猛闻名，刺客无机可乘，这次齐王又开始向唐高祖毁谤尉迟敬德。在秦王力保之下，尉迟敬德才得到赦免，平安无事。

皇太子、齐王派接下来又策划令智谋之士房玄龄、杜如晦远离秦王。他们向唐高祖毁谤这两人，这一次奏效了，房玄龄、杜如晦被逐出秦王府。

既是秦王的心腹，又是秦王妃子兄长的长孙无忌（？—659年，河南洛阳人。长孙氏是北魏以来的名门，长孙无忌的父亲长孙晟是隋朝的右骁卫大将军，妹妹为李世民的妃子。长孙无忌跟随李氏举兵，之后成为秦王的参谋）和尉迟敬德等人总是劝谏秦王干掉皇太子、齐王两人，但是秦王并未下定决心。当时，秦王向手下得力武将李靖征询意见，李靖只是称自己愚钝，并未给出答复。之后秦王又向李勣征询意见，同样，李勣也未立即表态。

据说，这件事之后，秦王开始重用李靖和李勣两人。向对方吐露了隐秘大事，却未获得赞同，若是一般人，早就生气了，秦王却高度评价两位将军的慎重。前文已述，李靖平定了占据长江中游巴陵的萧铣，立下了汗马之功，之后又在与突厥的战斗中表现得异常勇猛，因而驰名天下；而李勣本是在李密麾下，后来降服于唐，在经略山东方面大显身手。

恰巧此时，突厥一军越过长城进攻而来。皇太子推荐齐王替代秦王北征，唐高祖也赞成。这对齐王而言是个好机会，他向唐高祖申请，希望尉迟敬德等秦王府勇士加入，使军容更加盛大。就这样，秦王的羽翼被剪除。虚虚实实的消息传到秦王耳中，他明白自己已经被逼入绝境，不能再犹豫了。

秦王下定决心

长孙无忌等人屡次劝谏秦王先发制人，尉迟敬德也多次催促其下定决心。长孙无忌还威胁秦王，如果秦王不听劝，那么他和尉迟敬德都将离开秦王。然而，秦王还是没有下定决心。

不过，秦王命长孙无忌秘密地将被支走的房玄龄、杜如晦召回。然而，两人答说："敕旨不听复事王；今若私谒，必坐死，不敢奉教。"秦王大发脾气，对尉迟敬德说："玄龄、如晦岂叛我邪！"取下腰间的宝剑交给尉迟敬德说："公往观之，若无来心，可断其首以来。"

房、杜二人冷漠的回答似乎激怒了秦王。尉迟敬德与长孙无忌一起来到房、杜二人之处，通知二人："王已决计，公宜速入共谋之。吾属四人，不可群行道中。"房玄龄、杜如晦没有异议，两人道士打扮，与长孙无忌一同前去王府，尉迟敬德从另一条道前来。

武德九年（626 年）六月三日，太白在白天划过长空（太白即太白星，也就是金星，据说这是"变天"的预兆），进入六月以来，这已经是第二次。秦王向唐高祖密奏，其内容包括"建成、元吉淫乱后宫"，以及"臣于兄弟无丝毫负，今欲杀臣，……臣今枉死，永违君亲"。唐高祖愕然，回答道："明当鞫问，汝宜早参。"

六月四日玄武门之变

第二天是六月四日，秦王率长孙无忌等人，于宫城的北门玄武门埋下伏兵等候。朝廷早朝时间很早（朝会全年从卯时，即上午六点开始），但今日秦王比平常更早出门。而皇太子、齐王也已知晓，因为唐高祖的一个妃子知道了秦王密奏一事，派遣使者联络了皇太子。皇太子召来齐王商量对策，齐王说："宜勒宫府兵，托疾不朝，以观形势。"皇太子说："兵备已严，当与弟入参，自问消息。"然后，两人一起赶往玄武门。

那个时候，唐高祖已经在临湖殿召集了宰相，准备进行调查。皇太子、齐王来到临湖殿，察觉到情况异常，便掉转马头，准备向东返回东宫。这时，秦王跟在后面呼唤他们。齐王转过身来，两三次开弓射向秦王，但由于惊慌失措，没有将弓拉满，均没有射中。其间，秦王用劲一拉弓射向皇太子，就将皇太子射死了。当此时，尉迟敬德率七十骑急忙赶到。齐王被秦王的手下射中，咕咚一声跌下马来。

大家都极度兴奋，像秦王这样的健将也是一样。秦王的坐骑受到了惊吓，带着他奔入玄武门旁边的树林，致使他被林中的树枝挂住，从马上摔倒在地，一时爬不起来。齐王迅速赶到，夺过秦王的弓，套住秦王欲将其勒死。就在这时，尉迟敬德跃马奔来，大声喝住了他。齐王知道不是对手，想逃又没有骑马的工夫，只能快步跑入武德殿，但尉迟敬德快马追上他，放箭将他射死了。

皇太子、齐王麾下的精兵听闻事变也急忙赶到，看到皇太子与齐王的首级后却退缩了，最终溃散。这就是武德九年六月四日的玄武门之变。当时，皇太子李建成三十八岁，齐王李元吉二十四岁。

唐高祖闻知了情况，亦是无可奈何，与宰相商议后，只能决定立秦王为皇太子。三日后，李世民成为皇太子。（即六月七日。在那之前，皇太子与齐王的子嗣全部被处刑。）接着，高祖宣布所有政务都交由皇太子代办。整个事件被处理成李建成、李元吉谋反。

玄武门之变发生在六月四日拂晓，是短时间内发生的变故。血脉相连的亲人之间的争斗，最终以这样的形式完结。对此，陈寅恪先生在他的《唐代政治史述论稿》中如此说道："太宗之所以得胜，建成、元吉之所以致败，俱由一得以兵据玄武门即宫城之北门，一不得以兵入玄武门故也。……常何旧曾隶属建成，而为太宗所利诱。当武德九年六月四日常何实任屯守玄武门之职，故建成不以致疑，而太宗因之窃发。"

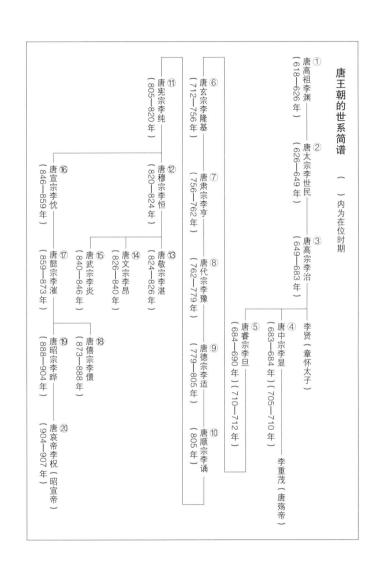

唐王朝的世系简谱 （ ）内为在位时期

① 唐高祖李渊（618—626年）

② 唐太宗李世民（626—649年）

③ 唐高宗李治（649—683年）

李贤（章怀太子）

④ 唐中宗李显（683—684年）（705—710年）

李重茂（唐殇帝）

⑤ 唐睿宗李旦（684—690年）（710—712年）

⑥ 唐玄宗李隆基（712—756年）

⑦ 唐肃宗李亨（756—762年）

⑧ 唐代宗李豫（762—779年）

⑨ 唐德宗李适（779—805年）

⑩ 唐顺宗李诵（805年）

⑪ 唐宪宗李纯（805—820年）

⑫ 唐穆宗李恒（820—824年）

⑬ 唐敬宗李湛（824—826年）

⑭ 唐文宗李昂（826—840年）

⑮ 唐武宗李炎（840—846年）

⑯ 唐宣宗李忱（846—859年）

⑰ 唐懿宗李漼（859—873年）

⑱ 唐僖宗李儇（873—888年）

⑲ 唐昭宗李晔（888—904年）

⑳ 唐哀帝李柷（昭宣帝）（904—907年）

第五章　贞观之治

明君的声誉

武德九年（626年）八月九日，自玄武门之变只过了两个多月，唐高祖让位给皇太子李世民，成为太上皇。当时，新皇帝二十九岁。这一年是日本推古天皇三十四年，苏我马子死亡。

当权者姑且给出的解释是：唐高祖已六十一岁，晚年的近十年体验了与此前不同的波澜壮阔的人生，到如今，有了可以信赖的后继者，总算是放心了。不过，可能是因为有如此稳重的儿子当上了皇太子，唐高祖作为父亲感受到了压迫。唐高祖让位后虽在世十年，但人们已完全意识不到他的存在。

唐太宗在位二十四年，即位翌年改元为贞观。贞观持续了二十三年，这段太平盛世时期又称为贞观之治。二百三十二年后（859年），清和天皇仿效唐太宗，同样定立贞观年号，可

唐太宗李世民像
（南熏殿历代帝王像）

见日本也认为贞观时期是理想的时代。

当然，并非只有日本以贞观时代为理想，认为唐太宗是明君，像这样被理想化、视为典型的帝王在中国也很少。不过，也有人认为，对唐太宗的评价太高反倒是个问题。唐太宗时代，掌管历史记述的史官之制度已经完备，他的功绩自然大量传于后世，就连创业时期的功劳，甚至是高祖的作为，都被拿来当作他辅佐高祖所做出的功绩。也就是说，太宗作为伟大的帝王，他的实际贡献可能被高估了。

另外，还有这样的看法：唐太宗时代历时二十四年，此后唐王朝又持续了近二百六十年，并且皇帝皆出自他的直系血亲，作为先祖的唐太宗自然逐渐赢得了声誉，成为明君。这个见解认为此过程正好与奠定德川幕府三百年基础的德川家康被神化的过程相同。一般来讲，当评价过分好时，稍微打折扣来思考正好。不过，即使将各种条件纳入考虑范围，似乎也无法否定唐太宗是中国历代最优秀的明君。

在中国，自古以来采取积极对外政策的帝王，即便实现了伟业，通常也不会获得太高的评价。秦始皇、汉武帝都是如此。因为这样的对外发展是以牺牲国民生活为代价的。然而，唐太宗在北方降服了自举兵以来纠缠不休反复侵入的东突厥；在西边征服了天山南路（新疆维吾尔自治区天山山脉以南地区，狭义的西域）之诸国，进而将势力扩展至葱岭（帕米尔高原）以西；在东边讨伐高句丽，欲实现隋炀帝未能完成的梦想。虽然凭他的力量也未能征服高句丽，但不管怎样，他一方面频繁远征，一方面却仍能享有明君的美誉。这又是为何呢？或许是因为，唐太宗即使远征，也没有牺牲国民生活，他的对外征伐是在极其合理的状态下进行的。

明君的条件

唐太宗具备成为明君的条件。首先，他具备足以使人畏服的伟岸身躯和非凡容貌。不仅外表，他的身体也像是不知疲倦似的。不论处于怎样的困境，他都不会惊慌，具有克服困境的胆量、智力和韧劲。对于实战，他具备卓越的指导能力，这种能力在其平定群雄的过程中得到发挥，在其成为皇帝后派遣武将远征时也起了很大的作用。

擅长武艺的唐太宗，在文学上也具有非凡的才能。虽然他在青少年时代并未太用功，但是文章做得好，字也写得好。唐太宗继承隋朝，誓将南北朝文化集为一体，因此积极推进文化事业。对于热爱文学的唐太宗而言，这么做不仅是因为作为统一王朝的帝王应该履行此义务，更是因为他对这份事业有一种已经融入血液里的热爱。

另外，唐太宗还具备一项作为帝王不可或缺的条件，即海纳百川、唯才是用的度量，能让适当的人才在合适的位置发挥长处。换而言之，就是掌握了用人之道。唐太宗可谓年纪轻轻却经历了种种，即位时他才二十九岁。

唐太宗还非常勤奋好学，当他还是秦王时，就时常与十八学士讨论，借以提升自己。之所以能在与哥哥李建成、弟弟李元吉的争斗中取胜，也是因为他能善用长孙无忌、尉迟敬德，以及十八学士中房玄龄、杜如晦等人。他在即位后继续选拔文化修养高的人才，在保留他们原职的同时，令他们兼任弘文馆（唐太宗建立的学校，教育皇族、高官子弟三十人）学士。弘文馆学士轮流出勤，唐太宗时常于施政间隙将学士召入内殿，谈古论今，讨论政治，以助其在政治上的实践。

唐太宗选人，一律不论履历，只看个人能力，选文学馆学士也是一样。他身边甚至混杂着不少曾仕于隋朝后来在唐朝建立后归降的人，以及曾为薛举、李密、窦建德、宇文化及、王世充及其他群雄效力并大显身手的人。不仅如此，唐太宗即位后起用的朝廷重臣中，除了如上所述出身者，还有曾效力于其兄长李建成的人。对于这些人，唐太宗一律不计前嫌地加以任用。他们都很感动，自然也会为这个伟大的新皇帝鞠躬尽瘁。

要成为优秀的帝王，必须具有常人无法企及的远见卓识。唐太宗在还是秦王时就谦虚地听取身边之人的忠言，借此提升自己的见识。接不接受谏言是能否成为明君的关键点。都说暴君拒谏，如果有人进谏，暴君就会封住他的嘴，对其意见从来不作理会。

唐太宗则对此一直保持警戒，他再三对臣下说，如果注意到什么事，请务必规谏。为了引出谏言，他简直费劲了心思，经常与臣下进行讨论。这一点在《旧唐书》《新唐书》《贞观政要》（唐代吴兢著，收录了唐太宗与近臣进行的有关政治或政治伦理的问答，共十卷）等书中有具体记述。

优秀的政治能力

唐太宗生来具有优秀的政治能力。他向天下明确传达自己主张的愿望十分强烈，并能毫不避讳地以适当的方法表现出来。例如，当他还是秦王时，他会在平定一方势力后于发生过激战的土地上建立佛寺，为敌我双方阵亡的将士祈祷冥福；还会在这些寺中建纪念碑，令当时著名的文人创作文章，执笔书写。

其中，邠州昭仁寺与氾水等慈寺有碑留存至今。建造这些碑，与其说是追忆战死者，不如说是唐太宗向后世夸耀自身的功绩。想到以这样的形式表达对战死者的怜悯之情，可见太宗的政治能力非同一般。

再者，远征高句丽以失败告终时，他也不忘为在战斗中

太宗建造的汜水等慈寺碑
（颜师古撰文，据推测碑文也是颜师古所书写）

倒下的将士在幽州建悯忠寺（今法源寺），留下纪念碑，可以
认为这也是出于同样的考虑。这与隋炀帝恶劣的善后方式实在
有天壤之别。

西安碑林内景

此外，唐太宗在自己在世时，命人于长安城西北五十公里处的九嵕山营造昭陵（唐太宗为安葬文德皇后长孙氏而建昭陵，自己也葬于此处）。他还允许皇族诸王、公主和功臣以此山为中心，在附近修筑坟墓，多达百数十人陪葬在其左右。这些人的墓上还立有墓碑，其碑文由当时有代表性的文人、书法家所书写。唐太宗此举是想通过恩赐陪葬的荣誉，获取臣下与其子孙的忠心。陪葬在其左右的人中包括突厥及其他民族出身的武将。

通过立于昭陵之碑，唐太宗又向后世夸耀了一番其所处时代的文运昌盛之况。

民乃国之本

唐太宗的政治目标在于国民生活安定。虽说凡为君主者，无不以此为目标，但其实这很难实现。

即位之初，唐太宗曾与臣下讨论如何避免产生盗贼的问题。此时，有人提出设立严刑峻法来禁止盗窃。唐太宗微笑着这样说道："民之所以为盗者，由赋繁役重，官吏贪求，饥寒切身，故不暇顾廉耻耳。朕当去奢省费，轻徭薄赋，选用廉吏，使民衣食有余，则自不为盗，安用重法邪！"并且，他还这样说道："君依于国，国依于民。刻民以奉君，犹割肉以充腹，腹饱而身毙，君富而国亡。"

唐太宗真正地认识到民乃国之本，并且贯彻落实了这个方针。

用一句话表现贞观之治，那就是"海内升平，路不拾遗，外户不闭，商旅野宿焉"，意思是天下一片太平，路上掉了东西也不会有人捡走，夜间不关大门也不会有盗贼进入，旅途中的商人在野外露宿也不会发生事故。

对于"路不拾遗"的表现，可能会有人讽刺地表示：这是因为法律的规定很严格，拾得遗失物还要呈报，这实在是麻烦，所以才没有人去拾取；或者这是过度推行法治主义的结果。但我认为对此的理解完全可以更直白一些，反过来考虑，若是东西掉了，却没有被返还回来，不是很糟糕吗？

如此，从唐太宗即位后五年，也就是贞观四年（630年）左右起，贞观政治开始显现效果。正好在这一时期，唐朝对外消灭了东突厥，其威势开始震慑周边诸民族。在内则丰年持续，米价大幅下降（一斗为三至四钱。歉收之年会猛涨至千钱，普通收成时，大体为三十钱左右），根据汇报，处决的死刑犯人数也在减少。

与贵族势力的妥协

唐太宗想要压制贵族势力。早先隋文帝也试图通过压制贵族势力来确立中央集权，唐太宗继承了这个方针。但是，贵族很久之前就在地方上不断培植势力，唐太宗很难如愿。

由于先祖仕于北周，唐室在关中（陕西省）的声望很大，但在大部分原属北齐领地的所谓山东地区，则情况迥异。而且，当时有势力的贵族大多在山东地区。博陵（河北省安平县）的崔氏、范阳（北京）的卢氏等，是名门望族的代表，他们不断夸耀世代拥有的社会地位，对此，唐太宗心里很不痛快。

唐太宗认为，对唐朝建立有功劳的文武官僚家族，才应该作为有名誉的家族受到尊敬；对唐室没有任何功劳的世家受到尊敬，这很不合理；朝廷分别授予了功臣官爵，这个官爵应该成为直接体现其家世高低贵贱的标准。如果这样，官僚们会更加尊敬唐室，孜孜不已，这也有助于确立中央集权。例如，在日本，一直存在到二战结束的宫中席次（明治宪法下高等官、有爵者、有勋者、有位者等在宫中的座席顺序），就直接体现了门第的高低。唐太宗对此表现得干劲十足。

他命人制作《氏族志》，慎重地调查天下名家，并对其划定等级，也就是家世等级。由于唐太宗亲命合适的官员制作，按理说《氏族志》不会是没有价值的东西。然而，与唐太宗的期待相反，博陵的崔民干〔"山东名门"的代表，于武德元年（618年）六月被任命为为黄门侍郎，之后唐太宗对付山东门阀时，将他的家族列入首批名单，但似乎未取得成果〕依然列为第一等，其官职只不过是黄门侍郎（门下省的次官）。唐太宗一看，很不满，立即命令重新制作《氏族志》。

唐太宗也知道崔氏、卢氏等作为名门受到社会的尊敬。而且，他还知道崔、卢及其他门阀士族之人因出身名门而骄傲自大，一旦要联姻，必定要求高额彩礼，可见这些门阀士族有些已家道衰微，已默认将彩礼当作收入来源。唐太宗从一开始就对"山东名门"没有好感。

重编《氏族志》的理由在于，仅凭过去的阅历，将实力不相称的人作为名门之士看待，这样的《氏族志》没有价值，这样就无视了唐朝的官爵，只是遵循世间原本的秩序。在重新制

作的《氏族志》中，皇族位列第一，外戚第二，崔民干为第三
等级。其他山东的名族相比上一次都下降了一个等级。

尽管唐太宗强烈暗示要压制名门，但崔民干仍旧位列第
三等，这显示出根深蒂固的尊重门第的风气。而且，这一点在
由政府编纂的门第排序出现后也没有大的变化。

唐太宗为自己的女儿挑选的夫婿均为唐朝功臣的子弟，
尽管他已做了亲身示范，但像魏徵、房玄龄、李勣这些功臣，
却频繁地与"山东名门"联姻，因此，"山东名门"的门第依
然很高。而且，即便在崔氏和卢氏中，还要再进一步划分更详
细的级别，例如哪家为上，哪家为下，这也与唐太宗的意志相
反。这种尊重门第的习惯一直持续到唐末。

科举制的推进

不用说，唐太宗推进始于隋朝的科举制，也与压制贵族
势力的意图有关。他采取了主要凭科举制来任用官吏的方针，
因为他深切地感觉到，要推行好的政策，必须选拔好的官吏。

然而，自隋朝以来，虽然朝廷一直想要大兴科举，压制
贵族势力，但是事情并非那么简单。因为这时的科举以严选为
宗旨，出身科举的官吏数量一直不多，即便到了唐代，算上
主要考查诗、文的进士科之外的科目（有秀才、明经、明法、
明字、明算等，之后秀才取消），考上科举的人每年也不过才
五十名。绝大多数官吏被录用还是因为承袭了祖先的官爵。而
且，实际上参加科举的人也是贵族子弟，因此，贵族势力依然
很强。

总的来说，从录用官吏的实际情况来看，通过了科举考试也并非功成名就。科举是赋予当官资格的考试，并非录用考试。在官吏录用考试时，门阀仍然起作用，依然会有人因门第低而未被录用，从而含恨。但是，科举对于天下英才而言，是敞开的龙门，有实力的人可以通过此途径成为唐王朝的高级官吏。即使家世没有那么显赫，如果有才能，仍有可能荣升。总之，唐太宗大力推行科举制度，成功地吸引了天下英才，消除了他们的不满。只不过，要像唐太宗暗暗期盼的那样，科举出身的官僚获得与贵族出身的官僚相抗衡的势力，恐怕还需要相当长的时间。

《五经正义》

科举制吸引了想要建功立业的天下英才，而吸引已经成名的学者的则是《五经正义》等根据皇帝敕命开展的编纂事业。要抓住学者的心，没有比大兴文化事业，并使他们参与其中更好的方法了。而唐太宗并非只是将文化事业看作吸引学者的政策，实际上，他是把融合南北朝文化当作了统一王朝皇帝的任务。

中国的学问以儒学为主，汉魏以来盛行训诂学，南北分裂期间又产生了南学、北学之分。首先，唐太宗命颜师古校订五经（指《周易》《尚书》《诗经》《礼记》《春秋左氏传》）之文本。颜师古是曾仕于北齐的名人颜之推的孙子，唐朝甫一建立便开始为官，在唐太宗即位后成为中书侍郎（中书省次官）。

随后，唐太宗命孔颖达等人，为颜师古所作的五经定本添加注释。孔颖达最初仕于隋朝，之后引退。唐朝建立后，他效力于秦王，成为十八学士之一。唐太宗即位后，孔颖达任皇太子的辅导，兼任国子司业（国子学教授），他与颜师古等人同为闻名天下的硕儒。其成果就是《五经正义》，大体上依据南派学说。

事实上，唐太宗虽企图压制贵族势力，但在文化方面，又深深地醉心于南朝的贵族文化。因此，虽说是统一南北文化，但按照唐太宗的方针，自然要以南朝为中心。

此处略作补充。虽说唐太宗想要压制贵族势力，但这并非出自与贵族敌对的观念，也并非因为他意识到自己与贵族不同。唐太宗本人就是北朝贵族出身。不过，他虽出自北朝，却更迷恋在艺术、文学方面具有特长的南朝文化。因此，在继承南朝贵族文化传统这件事上，他表现出了极大的热忱。唐王室成功融合了前代文化，本以为会成为贵族之本宗，但诸如"山东名门"等旧势力却吹起了名门风，世人也都认可并尊崇这样的风气，这非常不妙。如果对此置之不理，可能就要妨碍主权的确立了。正是基于这样的考虑，唐太宗才打算压制贵族势力。

言归正传，代表唐太宗文化功绩的《五经正义》完成了。此后国立学校和科举测试均使用此教材，经书的解释得到了统一，但另一方面，不可否认的是，这也导致了思想界的沉滞。凡事有利必有弊。

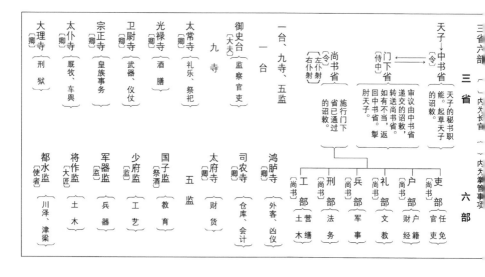

完备的官制

　　唐朝中央政府设有尚书、中书、门下三省（此外有秘书省、殿中省、内侍省，有时合称为六省。通常将尚书、中书、门下特称为内三省，以示区别）。

　　尚书省为行政机关，其下设六部：吏部、户部、礼部、兵部、刑部、工部。

　　中书省起草皇帝诏敕等，类似于皇帝秘书。

　　门下省是审议中书省起草的诏敕，然后决定同意与否的机关，草案只有获得门下省的同意后才能移交至尚书省进入实施步骤。假如门下省认为不当，可以将草案退回中书省（称为封驳）。退回中书省意味着驳回了皇帝的意志，因此，门下省是一个地位相当高的机构。为何设置这样的机构呢？这是出于不允许皇帝独裁的想法，说明皇帝施政必须采取与贵族商议的形式。唐初，唐高祖、唐太宗都无法违背这一制度。

其他诸部门都禀承皇帝的意志而行动，唯独门下省能够根据情况对其牵制，这样的一种机制很有意思。而且，整个唐代，门下省行使其权限的实例也不少。紧握强兵的唐王朝已经不会被贵族所动摇，虽说如此，但也不能立马就无视他们。可以认为，门下省这一机关体现了皇权与贵族势力妥协的情况。

此外，除了尚书、中书、门下三省，唐王朝还设置了一台、五监、九寺等（参照附表），并将全国划分为十道（关内、河南、河东、河北、山南、陇右、淮南、江南、剑南、岭南。贞观元年，即627年初置）。

以三省六部为代表的唐朝中央官制在隋朝时就已施行，其起源还可追溯到更早，但到了唐代才完全确立，并且几乎原样传入了日本、新罗等周边诸国。

最初，尚书、中书、门下三省的长官，也就是尚书令、中书令、门下侍中，均作为宰相处理国家事务，但由于唐太宗在即位前曾被任命为尚书令，未免后来者诚惶诚恐，朝廷便不再设尚书令，而是让尚书省的次官，也就是尚书左仆射、尚书右仆射行使长官职责，成为宰相。

再者，贞观年间，朝廷还授予其他官员同中书门下三品的临时官职，将他们也纳入宰相之列。"同中书门下三品"的意思是与中书令、门下侍中相同，授予其三品的官职（宰相之位）。魏徵以秘书监（秘书省长官，秘书省掌管宫中的经籍、图书）的身份成为同中书门下三品也是其中一例。此后，这一临时官职的名称有变，更多情况下被称为同中书门下平章事，再后来，同中书门下平章事（亦简称为同平章事）这个头衔即意味着正式的宰相。

房玄龄与杜如晦

鲜少有时代像贞观年间这样人才辈出，唐太宗具备罗致人才的能力。这一时代有大量杰出人物的传记流传下来，其中，宰相房玄龄、杜如晦，武将李靖、李勣，谏臣王珪、魏徵等人尤其有名。此外，与唐太宗趣味相投的欧阳询和虞世南也不可不提及。

▲房玄龄　▲杜如晦
（朝鲜版《历代群臣图像》）

房玄龄与杜如晦并称为房杜，是一对有名的搭档。中国人喜欢成对的称呼，这也是其中一例。房玄龄年长十三岁，早三年当上宰相。到了贞观三年（629 年），房杜二人都成了宰相，分别任职尚书左仆射、尚书右仆射，但杜如晦在任不到一年便辞去宰相，翌年死亡。

两人并立为宰相的时期非常短暂。之所以被并称为房杜，是因为两人都来自民间，从前就曾效力于秦王，居于十八学士之中。房玄龄善谋略，杜如晦善决断，两人相辅相成，齐心协力地辅佐唐太宗。玄武门之变时，两人就曾参加谋议，为事变的成功贡献了一份力量。后来，唐太宗过于重用此二人，致使武将产生非议，指责他们只不过是刀笔吏（掌管文字记录的小官吏之意），但太宗将事态平复了下来。太宗曾一心平定内乱，但即位后却转变了策略，专心致力于集聚人才，制定各项制度，他已深刻地认识到必须采取文治政策。这两人中尤其是房玄龄，他任宰相长达十五年，成了贞观名臣的代表。

李靖与李勣

与此相对，李靖和李勣是武将之首。李勣原本姓徐，被赐予唐朝李姓。将两人放在一起对比，就会发现他们的年龄悬

李靖像
（日本版《历代君臣图像》）

殊似父子。李靖在唐太宗即位时已五十六岁，而李勣才三十三岁。两人都没有从一开始就支持李唐。李靖过去是隋朝马邑郡（山西省）的属官，从那时起就与唐高祖李渊关系不好。察觉到李渊要举兵，李靖来到长安，准备向在扬州的隋炀帝通报。不料东行的道路被阻断，磨磨蹭蹭的过程中，李渊已攻进长安，将其抓获。眼看着就要被处斩，李靖毫不畏惧，豪言道："公起义兵，本为天下除暴乱，不欲就大事，而以私怨斩壮士乎！"由于这一句话，李靖保住一命，被招至李世民的麾下。此后，李靖平定萧铣，威震四方，唐太宗即位后，他又开始专门对付突厥，连带讨伐吐谷浑，建立了功勋。李靖的文化修养也很高，可以说文武皆通。

李勣跟随李密降唐，被命令去经略其旧领地山东，为平定王世充、窦建德等人而付出了艰苦的努力。唐太宗即位后，李勣与李靖一起讨伐东突厥而立功，此后又一同讨伐突厥民族

贞观人物生卒年表 （ ）内为享年

	550	60	70	80	90	600	10	20	30	40	50	60	70

唐太宗即位

唐太宗		598——618 626——649(52)		
房玄龄	579 唐建立 648(71)			
杜如晦	585————630(46)			
李 靖	571————649(79)			
李 勣	594————669(73)			
王 珪	570————639(69)			
魏 徵	580————643(64)			
欧阳询	557————641(85)			
虞世南	558————638(81)			
褚遂良	596————658(63)			

的薛延陀。李勣后来更是远征高句丽，获得了极为丰富的对敌经验，成为可与李靖并称的武将。两位大将都曾位列宰相，这点有别于其他武将。

王珪与魏徵

王珪与魏徵曾效力于与秦王李世民尖锐对立的皇太子李建成，与其他人不同的是，玄武门之变后，两人便加入了新的政权。王珪仕于隋朝，后效力于李建成；魏徵则最初与李勣一同效力于李密，后又跟随李密归顺唐朝，与李勣一起被任命去经略山东，因而饱尝苦难。群雄大体平定后，魏徵返回长安，效力于李建成。接着，他向李建成进言打倒秦王。

魏徵像
（石刻拓本）

这两人由于曾是敌方的人，因此严重遭受冷眼相待，但唐太宗庇护他们。魏徵刚开始效力李世民时，刚成为皇太子的李世民问道："汝何为离间我兄弟？"旁边的人不知道魏徵会如何回答，替他捏把汗，魏徵却冷静从容地答道："先太子早从徵言，必无今日之祸。"

李世民器重魏徵，通过这一回答又再次确认了其才能，对他很是满意。

王珪因直言而受唐太宗赏识，被拔擢为门下侍中（门下省长官，宰相之位），与魏徵并列为忠臣。但魏徵才是开启贞观直谏风潮之人，其轶事也很多。魏徵最初任谏议大夫，职责是针对皇帝的言行进行谏言。对魏徵而言，这是最合适的职位。贞观三年（629 年），与房玄龄、杜如晦成为左右仆射同一年，魏徵成为宰相，之后便将直谏当作自己的天职。他认为国民生活的安定才是首要问题，对外民族用兵时必须慎重，应以德化人。对于不符合这一点的行为，每次他都毫不犹豫地直谏。

唐太宗有时听了直言很生气，但会立马反省，很快就接受了。贞观六年（632 年），文武官员恳请唐太宗进行封禅。所谓封禅，就是受天命君临天下的帝王前往山东的名山泰山，向天地报告天下太平的仪式。唐太宗说国民生活安定才是可贵的，可以不进行封禅，但臣下的请求太热切，他也就同意了。然而，魏徵一个人表示反对。唐太宗感到有些不愉快，接连发问："公不欲朕封禅者，以功未高邪？""德未厚邪？""中国未安邪？""四夷未服邪？""年谷未丰邪？""符瑞未至邪？""魏徵答这六点都足够。"然则何为不可封禅？"唐太宗继续问道。于是，魏徵答道："陛下虽有此六者，然承隋末大乱之后，户口未复，仓廪尚虚，而车驾东巡，千乘万骑，其供顿劳费，未易任也。且陛下封禅，则万国咸集，远夷君长，皆当扈从；今自伊、洛以东至于海、岱，烟火尚希，灌莽极目，此乃引戎狄入腹中，示之以虚弱也。况赏赉不赀，未厌远人之望；给复连年，不偿百姓之劳；崇虚名而受实害，陛下将焉用之！"

唐太宗并未听从魏徵的谏言而放弃封禅，只是恰逢黄河南北数州发大水，才停止了封禅（在唐代，此后第三代唐高宗与第六代唐玄宗进行了封禅）。

进谏艰难

唐太宗的皇后长孙氏是玄武门之变中大显身手的长孙无忌之妹。长孙氏是一位贤良淑德的女人，病死于贞观十年（636年）。唐太宗十分沮丧，命人营造昭陵葬埋长孙氏。然而，时隔不久，唐太宗开始想立妃子杨氏为皇后。此人之前曾是玄武门之变中被消灭的齐王之妃。魏徵当面表示反对。其理由是，立齐王之妃杨氏为皇后，这样的行为与明君不相称，不可理喻。

在男女问题上进谏是非常需要勇气的，因为大多数情况下不会被听取，即使被听取，也会得罪男女任一方。稍不留神，两方便都得罪了。不过，唐太宗不愧是唐太宗，他听取了魏徵的谏言，放弃立杨氏为后。

魏徵的谏言实在是严厉。有一次他竟当面责备唐太宗："陛下贞观之初，恐人不谏，常导之使言，中间悦而从之。今则不然，虽勉从之，犹有难色。"唐太宗有时被这个乡巴佬弄得很丢人，也会很生气，不过总是会立马反省。不管怎样，唐太宗器重魏徵。贞观十七年（643年），魏徵病死，唐太宗向侍臣感慨道："夫以铜为镜，可以正衣冠；以古为镜，可以知兴替；以人为镜，可以明得失。朕常保此三镜，以防己过。今魏徵殂逝，遂亡一镜矣！"这是个有名的故事。唐太宗允许魏徵陪葬在昭陵，亲自为其墓碑做文章，执笔书写碑文。而且，他还许诺将公主嫁给魏徵的儿子。

然而没过多久，发生了一件大事，不肖的皇太子李承乾（唐太宗的长子，母亲是长孙皇后，唐太宗即位翌年成为皇太子。常有模仿突厥人等离奇古怪的行为，并且有足疾）对自己的地位感到不安而谋反。这是明君唐太宗的一大悲剧。皇太子的同伙全部被捕获而受到惩处。然而，其中竟包括两个魏徵极力推荐的宰相人选，因此，唐太宗突然开始怀疑已故的魏徵。他心想，这个家伙装作一副忠臣的样子，有些可疑，莫非与这些人是同伙？越是这样想，他越觉得真是这样。这时，又有人向唐太宗告密，说魏徵曾把向唐太宗提建议用的书稿给起居郎（记录皇帝起居的官员）褚遂良看。由于褚遂良也是魏徵推荐的人物，因此，唐太宗越发感到不愉快，确信魏徵是个伪善者。

最终，唐太宗没将公主嫁给魏徵的儿子，还推倒了魏徵墓上立的碑。

唐太宗气消是在两年后。讨伐高句丽失败时，唐太宗反省到，如果魏徵在世劝谏他，就不会有这样的事情了。接着，唐太宗命人照原样修复魏徵的墓碑。

褚遂良是十八学士之一褚亮的儿子。唐太宗爱好书法，褚遂良能与唐太宗畅谈，因而受到魏徵的推荐。褚遂良作为书法家十分优秀，此外还能在多个方面对唐太宗进褚。以魏徵为代表的直谏之风被他很好地继承下来，他也逐渐得到了唐太宗的信任。

吴兢的《贞观政要》记载了唐太宗与魏徵等群臣进行的政治对谈，共十卷，自唐代中期以后，此书就作为治政的参考书，被历代天子所参阅。

不仅中国如此，《贞观政要》还很早就传入了日本，镰仓时代以后，作为君主心得而受到尊奉。众所周知，掌权者北条泰时就经常读此书。据说，德川时代的《板仓政要》记录了京都所司代板仓胜重、重矩父子的仁政和神断；《大冈政要》记录了江户町奉行大冈忠相的仁政和神断，之后成为大冈政谈，脍炙人口。此处借用了泷川政次郎先生所说。

我们在此顺便稍加引申。唐太宗亲自为皇太子（第三代唐高宗）编写的《帝范》，也很早就传入日本。《帝范》记录了帝王应当模仿之范例，长期被日本视作政治的规范。宇多天皇留下《宽平御遗诫》，大概也是仿效唐太宗向唐高宗传授《帝范》。

欧阳询与虞世南

唐太宗生于北朝的武人贵族家，却一心沉醉于南朝的贵族文化。这种热情与帝王的巨大政治力相结合，就会表现在各种文化事业上。唐太宗疯狂地喜爱东晋王羲之的书法，此事很有名，它显示了唐太宗对南朝文化的醉心程度，这一点颇有

虞世南像
（出自清代刊行的《凌烟阁功臣图》）

意思。

欧阳询与虞世南是唐太宗谈论书法的对象。欧阳询曾效力于隋炀帝，唐朝建立时，因与唐高祖有深交而效力于唐高祖，在唐太宗即位后，与虞世南等人一同被选为弘文馆学士。虞世南是隋炀帝的宠臣虞世基之弟。宇文化及杀害隋炀帝时，虞世基也被杀，虞世南跟随宇文化及西上，此后效力于窦建德，接着，窦建德被秦王李世民抓捕，虞世南受李世民邀请而为其效力。欧、虞二人继承了王羲之的笔法，作为代表初唐书法的名人，对后世产生很大的影响，尤其是楷书方面，留下了很多优秀的作品。

说到书法，唐太宗本身也很擅长。不过，比起书写，他更有名的是热衷于收集王羲之的书法作品。在王羲之的作品中，他唯独没有得到尤其堪称杰作的《兰亭序》（东晋永和九年，即353年，王羲之等四十一人相会于名胜兰亭，举行曲水宴之际，将各自所作的诗集结成册，称为"兰亭集"，王羲之为其作序）。此《兰亭序》由王羲之七世孙智永禅师珍藏于会稽（浙江省绍兴市）永欣寺。智永禅师生于陈，卒于隋，以书法闻名于世，他死后，由其弟子辩才禅师珍藏《兰亭序》。不过，辩才禅师声称先师死后，《兰亭序》下落不明，不想交出《兰亭序》。唐太宗并未放弃，他接受房玄龄的进言，派遣监察御史萧翼到会稽。萧翼这个人物学识丰富、头脑灵活，他隐藏身份，到永欣寺参拜，遇到了辩才禅师，二人关系逐渐变得亲密。

辩才禅师放松了警惕，某日，取出珍藏的《兰亭序》给萧翼看。萧翼心想，果然不出所料，但却装作若无其事的样子说道："数经乱离，真迹沦丧，此盖响拓伪作耳。"辩才禅师有些失望，并且完全消除了戒心，就直接将《兰亭序》放在桌

唐太宗指使萧翼（右）从辩才禅师（左）那里盗取《兰亭序》
（传说阎立本所画）

上，应施主的邀请，离开了永欣寺。

良机到来，萧翼大喜，趁着辩才禅师不在，盗取了《兰亭序》，带回长安献给了唐太宗。此事真伪不明，不过倒是个有趣的故事。唐太宗命人复制了多本《兰亭序》，赐给皇太子、皇族和近臣们。

唐太宗相当迷恋《兰亭序》。据说，贞观二十三年（649年），唐太宗驾崩之际，给皇太子（唐高宗）留下遗言，命他将《兰亭序》与自己一起葬在昭陵。于是，《兰亭序》的真迹与唐太宗的肉体一同归土。今日流传的所谓《兰亭序》，要么是那时的复制品，要么是临摹《兰亭序》真迹而来的作品。作为王羲之书法代表作，《兰亭序》受到后世高度评价，而唐太宗对其异乎寻常的执念，体现了这位稀世英杰的另一面性格，也被世人传诵了下来。

然而，1965 年，郭沫若先生在《文物》（1965 年第 6 期）杂志上发表观点，认为《兰亭序》并不是王羲之的书法作品，这一说法给书法家和文化史学家带来巨大冲击。不过，此说的力度并不足以抹杀这一传统书帖的价值。

第六章　帝国的实现

天可汗

从唐太宗到其继承者唐高宗，唐朝在大约四十年内实现了对外拓展。唐高宗虽属凡庸之辈，但凭借父皇的余威，继续维持着国力上升之势。

唐太宗刚刚即位就面临与东突厥对决。突厥屡次侵入，唐高祖不堪其扰，以至有时想要暂退长安，寻找新都。唐太宗在即位的第五年，即贞观四年（630年），趁东突厥内乱之机，命李靖、李勣等人，率军向漠北（戈壁沙漠以北）出击，唐军获得大胜，抓捕颉利可汗，成功消灭东突厥。

由于东突厥溃败，此前跟随东突厥的多数西北游牧部族都归入唐朝势力下。这些部族的酋长很快聚集长安，尊称唐太宗为天可汗。所谓天可汗，是"Tängri Khaghan"的音译，在突厥语和蒙古语中，"Tängri"意为天，"Khaghan"意为君长。

由此，唐朝皇帝以天可汗之名统治西北游牧诸部族。

确保丝绸之路

唐朝平定东突厥后，降服了以青海为中心、还拥有相当大势力的吐谷浑。接着，又将在西藏地区变得强盛的吐蕃纳入势力范围。

西突厥的大本营在今新疆维吾尔自治区的天山北路一带，天山南路以及向西越过帕米尔高原的粟特地区也在其势力之下。出于对抗东突厥的需要，唐朝有时对西突厥采取怀柔政策，然而，一旦平定东突厥，情况就不同了。不久，西突厥发生内乱，势力不振，唐朝趁机稳步地展开对天山南路地区的经营治理。

贞观十四年（640年），唐朝灭掉了吐鲁番地区昌盛繁荣的汉人王国高昌，以此为开端，接着又征服了焉耆（Qarasahr）、龟兹（库车），疏勒（喀什噶尔）、于阗（和田）。唐朝还设置了安西都护府（最初设于吐鲁番，之后设于龟兹），以统治该地区。这些国家是存在于塔里木盆地绿洲地带的城郭国，是从汉代开始由雅利安人在此陆续建立的。尤其是龟兹和于阗两国，其王族也可追溯到汉代。

此地区是从中国通往西方伊朗、阿拉伯，还有东罗马帝国地区的所谓丝绸之路上的交通要地。唐朝将其纳入势力范围之后，便开始急速、频繁地吸收西方异种文化，成为比隋朝规模更大的世界帝国。

周边诸国流行君主遣其子弟到唐朝留学。据说贞观十四年

时，高句丽、百济、新罗、高昌、吐蕃等国到长安的国立学校
留学者多达八千余人。

朝鲜半岛的形势

唐朝实现向西方发展后，便开始着手对付朝鲜半岛。

自从击退隋军后，高句丽气势骤然上涨，自然就开始轻
视新罗、百济。而新罗由于日本暂时放弃了经营朝鲜半岛，也
不必再对日本顾忌，它压迫自古以来的仇敌百济，与高句丽之
间也形成难以两立的局势。三国各自的利害关系不同，朝鲜半
岛的形势实在复杂。

最后，新罗乞求唐朝援助（武德九年，即 626 年，新罗
派遣使者控诉高句丽封锁了入朝的道路，以及百济要侵略新
罗），想要对抗高句丽和百济。于是，高句丽、百济两国结成
了同盟。不过，两国所追求的未必一致，百济与高句丽结盟是
为了对抗新罗，高句丽与百济结盟则不仅是为了对抗新罗，似
乎还为了防备唐朝压迫。

唐太宗并没有忘记对付高句丽，他只是考虑到必须先经
营西北地区。在平定了烦人的东突厥、征服了天山南路的西域
诸国、控制了丝绸之路、实现了对吐蕃的怀柔政策之后，唐太
宗振奋起来了。西突厥虽尚存，但对唐朝不再怀有那么强烈的
敌意，因此唐朝不再有西顾之忧。实际上，唐太宗认为，像高
句丽这样的国家不足为惧，要是派遣水陆兵，击败高句丽不是
什么困难的事情，之所以不积极远征，只是因为山东之地疲
敝，不忍劳民。

贞观十五年（641 年），唐太宗派遣到高句丽的使者返回，详细报告了两件事：一是在高句丽残留了大量隋朝俘虏，他们很怀念中土；二是高句丽听闻高昌灭亡，大为恐慌。使者还报告称他已仔细地察看了各地形势，因此，唐太宗愈发轻视高句丽了。

平定高句丽的梦想

唐太宗开始认为，无论如何必须完成对高句丽的远征。隋炀帝远征失败的事实，越发激起唐太宗远征高句丽的热情。因为自己是蕃汉共同的天子，如果就这样对高句丽置之不理，就不能向其他国家做表率。

贞观十六年（642 年）冬，驻守于唐朝在辽西的前方根据地营州（辽宁省朝阳市）的都督（州的长官）传来报告称，高句丽的实权人物泉盖苏文发动政变，残杀国王高武，谋杀反对派，立国王的弟弟高藏为王，自己则成为莫离支。所谓莫离支，就好比唐朝的吏部尚书兼兵部尚书，能号令远近，专断国政。泉盖苏文状貌雄伟，意气豪逸，然狂妄自大，为国民所厌恶。

在唐朝，必须讨伐高句丽的呼声逐渐高涨。唐太宗依然在表面上采取慎重的态度。实际上，从那个时候开始，唐太宗的身边不断出现麻烦，即便像他一般的大人物，也是身心疲惫，没有精力把心放在远征上。

原因在于，他煞费苦心所立的皇太子李承乾无论是体能还是心智都不及常人，而且，皇太子对其地位感到不安，甚至企图谋反，因此，他最终不得不将皇太子废黜。结果，与李承乾同为长孙皇后所生的第九子李治〔晋王李治，即此后的唐高宗。生于贞观二年（628 年）六月〕被立为皇太子。即便在做出这番决定之后，唐太宗仍有很深的苦恼。

传来泉盖苏文政变消息的翌年，即贞观十七年，废立皇太子前后发生的皇族之间的阴谋事件大体平息，唐太宗自身也坚定了决心，要扶植给人印象有些文弱的新皇太子。

贞观十七年九月，唐太宗终于下定决心远征高句丽。起因是新罗的使者前来，控诉百济进攻新罗四十余城，以及百济与高句丽联兵，堵住新罗入唐的道路，新罗乞求唐朝出兵救援。这个时候，唐太宗派出使者向高句丽国王传送书信，严令高句丽不可与百济联合攻打新罗，并威胁称如果不听从命令，明年唐朝将发兵攻打高句丽。

但是，高句丽的泉盖苏文并不听从，称高句丽与新罗不和由来已久，而且新罗夺取了高句丽非常多的土地，如果不全部归还其侵略的土地，则无法停止两国之争。唐朝使者诘问道："既往之事，焉可追论！至于辽东诸城，本皆中国郡县，中国尚且不言，高丽岂得必求故地？"但是泉盖苏文并未听从。唐太宗从归国的使者那里听闻了事由，越发认为必须讨伐高句丽。而且，他还下决心亲征。

谏议大夫褚遂良劝谏唐太宗，假如出兵失败，则有损威信，最好采取慎重的态度，而且不必亲征，但是唐太宗不听。贞观十八年（644 年）七月，唐太宗命长江中游的洪、饶、江三州造船四百艘，以运载军粮。接着，他又令营州都督率领幽州、营州二都督之兵及契丹、靺鞨等部族的兵力讨伐辽东，以观望动静。但是，辽河之水泛滥，唐军无法前往辽东。

唐太宗的作战计划与隋炀帝相同，也是从水路和陆路两方进行攻击。不过与隋朝不同的是，唐从隋末的有经验者和未能向东渡过辽河的营州都督等人那里接收到辽河下游区域的地形及其他方面的详细报告，作为下一步作战的参考。十一月，唐太宗任命李勣、张亮分别为陆、海军总将，令其率军队进发。与隋朝相同的是，海军准备从山东半岛的莱州横渡黄海。

唐太宗远征高句丽

唐太宗出兵的借口是追究泉盖苏文弑逆之罪，还有为国民报父兄之仇。贞观十九年（645 年）二月，唐太宗从洛阳出发。

五月，唐太宗率军前进至辽东，攻下辽东城（辽宁辽阳），转而进攻位于辽河河口附近的安市城，击败从平壤派出的高句丽援军。但是，安市城未陷落。很快，夏逝秋至，寒气急剧增强，粮食也快耗尽，唐军不得不撤回。不过，与隋朝时不同的是，唐太宗为了祭奠阵亡将士，于幽州（北京）建了悯忠寺。战败并非以普通的战败状态而告终，而是被用于收揽人心，这不仅证明了国力充足，还充分展示了为政者的非凡能力。

高句丽以此为机，遣使谢罪。但是，唐朝并不接受，于贞观二十一年（647 年）再次进行远征。唐太宗准备这一次也要亲征，但是朝臣们建议："若数遣偏师，更迭扰其疆场，使彼疲于奔命，释耒入堡，数年之间，千里萧条，则人心自离，鸭绿之北，可不战而取矣！"因此，唐太宗遵循"数遣偏师更迭扰其疆场"的战法，派遣了海陆两军。这大概也是因为他自身健康状况不佳（据说唐太宗也十分关注长生不老，他服用过天竺僧的长寿药，因此损害了健康）。派遣军越过国境，攻陷诸城，但是并没有取得多大成效。

唐太宗决心于翌年，即贞观二十二年（648年），进一步大举消灭高句丽，于是向全国下达了准备出兵的命令。他命蜀地造船，并将船只经由长江运往山东半岛的莱州。此外，他还命人准备了粮食、器械等，储备在黄海的岛中，以供水军。由于陆军进军相当困难，这项计划看起来像是将重点放了水军上。但是，蜀地却传来民众已不堪忍受造船重负的消息。重病垂危的重臣房玄龄进谏，应该停止远征高句丽，唐太宗的锐气受挫。接着，贞观二十三年（649年）五月，唐太宗驾崩，出兵计划也中止了。

隋朝时，隋文帝曾攻打过高句丽一次，隋炀帝曾攻打过高句丽三次，都未能平定它，就连唐太宗对此也是无能为力。不过，到底是唐朝，其国力并未因此次失败而大受打击。

新罗接近唐朝

唐太宗构建了唐王朝的基础，在内政、外交上均开创了伟大的功业，最后于贞观二十三年（649年）五月，结束了其充满荣光的五十二年的人生。第九子皇太子李治继位，时年二十二岁，李治即唐高宗。

唐高宗继承父皇的遗志，要完成对高句丽的远征，这是顺理成章、理所当然之事。尽管如此，由庸弱的唐高宗来平定高句丽，这在战略上根本不利。之所以要远征高句丽，是因为朝鲜半岛的形势朝着有利于唐朝的方向发展，新罗变得隆盛，开始主导朝鲜半岛的时局。

新罗此前得到过唐朝的援助，以对抗高句丽、百济，同时新罗也向日本朝贡。武烈王（654—661 年在位）继位后，急速巩固了与唐朝结成的密切关系。武烈王就是有名的金春秋（603—661 年，比中大兄皇子年长二十三岁）。

金春秋在前国王真德女王在位时曾出使日本和唐朝，目睹了两国的国情。他是新罗的杰出人物，可以比肩日本的中大兄皇子（天智天皇）。《日本书纪》卷二十五中可见"美姿颜，善谈咲（笑）"的记载，这一评价虽短，却很好地展现出他的

新罗武烈王陵
（韩国庆州市）

形象。建议真德女王改服，采用唐朝服装的也是他。武烈王在国内整备中央集权体制，并且乘着国运昌隆之势，依靠唐朝这个靠山，对宿敌百济施加压迫。

因此，唐朝决定一改往日重点攻灭高句丽的方针，改为与新罗联合，首先消灭百济，此后从南北逼近高句丽。从结果来看，唐朝这一政策的改变是非常英明的。

百济灭亡

唐高宗显庆五年（660年），出于新罗的乞求，唐朝以苏定方等人为大将，派出水陆两军讨伐百济，同时命新罗与其呼应。

制定了计划，唐军便照例由山东半岛的莱州出发，渡过黄海前往仁川湾，与新罗的兵船会合。新罗从陆路进攻，唐朝从水路进攻，攻打百济的国都泗沘城（忠清南道扶余南）。

百济狼狈不堪，因为其从未遭受过唐军的攻击。百济本身也曾打算向唐朝进贡，讨好唐朝，然而不知不觉间，唐朝已站在了宿敌新罗一方，率大军向百济攻来。百济狼狈不堪也是理所当然。百济无法抵御唐军的进攻，泗沘城最终被攻陷。显庆五年八月，国王扶余义慈降服，百济就这样轻易地灭亡了。唐朝在百济的领土上设置了五个都督府，将军刘仁愿镇守泗沘城，苏定方等人继续前进，攻击高句丽。

这个时候，百济的遗臣鬼室福信等人起兵据守周留城（全罗北道全州西），派遣使者到日本寻求援兵。使者乞求日本答应归还作为人质的义慈王的王子扶余丰（丰璋），欲拥立王子扶余丰为百济王。

时值齐明天皇六年，日本断然实行大化改新之后，致力于发扬国威，讨伐肃慎（一般说是居住于北海道的阿依努族）、虾夷，国内生气勃勃。当时主政的是中大兄皇子与藤原镰足，他们急忙召开了朝议，最后决定救援百济。而且，朝廷还决定由天皇亲征，因为唐朝领有百济，日本唯恐因此失去在朝鲜半岛的立脚点。由此可知，日本是要拼命确保经由朝鲜半岛南部通往中国本土的路径。

但是，翌年，外出至筑紫的齐明天皇于朝仓宫驾崩。想到前途多难，皇太子（天智天皇）便派遣阿昙比罗夫、阿倍比罗夫等当时第一流的武将，率水军护送扶余丰璋。

鬼室福信等百济遗臣立扶余丰璋为国王，于泗沘城围困刘仁愿（生卒年不明。固守泗沘城，与刘仁轨于白江口打败日本援军），但未成功。于是，遗臣之间发生了势力争斗，甚至扶余丰璋与鬼室福信也开始争斗。扶余丰璋最终杀了鬼室福信，获得日本的援军，企图同唐军、新罗军对抗。

扶余丰璋这个时候虽然据有周留城，但是由于他杀了鬼室福信，部下人心动摇，造成兵力不振。新罗看准了这个时机，在七月与唐军一起水陆并进进攻周留城。周留城位于锦江下游白江右岸。但是，上毛野君稚子、阿倍比罗夫等人率领的日本增援军抵达，百济军势力大涨。

日本军、百济军准备等在朝鲜半岛南部与新罗军战斗的一万余别动队抵达后，同新罗军、唐军展开决战。别动队应该从海上进入白江，东上前往周留城。据说日本军总数高达三万二千人。

然而，在日本的别动队抵达之前，唐军、新罗军便包围了周留城，水军的一百七十艘船于城下的白江河口严阵以待。也就是说，日本军在作战上已经失了先机。天智天皇二年，即唐龙朔三年（663年）八月二十七日至二十八日，日本同敌方激战了两日，最终仍以惨败告终，四百艘军船全部被烧毁。《旧唐书·刘仁轨传》（刘仁轨，601—685年，汴州尉氏人。他虽出身贫贱，但勤奋好学，最终成了一位了不起的人物。曾先后讨伐百济、高句丽，并因此立功，官至宰相）中记载："仁轨遇倭兵于白江之口，四战捷，焚其舟四百艘。烟焰涨天，海水皆赤。"日本史上所说的白村江之战就这样结束了。《日本书纪》中详细记载了日本陆兵奋战却最终打了败仗的悲壮情景。

随着日本援军败北，周留城完全被孤立了。扶余丰璋逃脱，逃到高句丽，其他人降服，百济名副其实地灭亡了。日本军集结兵力撤回。任那日本府灭亡后，日本屡次制定恢复计划，但并未成功。由于此次战败，朝鲜半岛上的日本势力完全被扫除。

高句丽灭亡

由于百济灭亡，高句丽完全被孤立了。显庆五年（660年），实权人物泉盖苏文死亡，其长子泉男生与两个弟弟不和，结果泉男生从平壤逃到旧都国内城（也叫作丸都城，即今日辑安），将其子派遣至唐朝并且提出归顺唐朝。对唐朝而言，这是绝好的机会。唐朝授予泉男生官职，对其采取怀柔政策，并由此详细地了解了高句丽的内情。

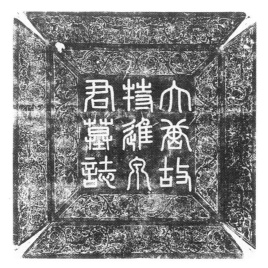

高句丽泉男生的墓志盖

总章元年（668 年），即天智天皇七年，勇气倍增的唐王朝派遣军队讨伐高句丽。大将李勣压制了辽东地区后，前往平壤。偏师由水路进发，进入大同江，与新罗兵一起包围了平壤。历时一个多月的围攻后，高句丽王高藏率众降唐，长久困扰中国历朝的高句丽国完全灭亡了。

唐朝于平壤设置安东都护府，将朝鲜半岛纳入直辖领地，唐帝国国势达到顶峰。

广大领土

与高句丽问题一起，西突厥问题也遗留至唐高宗时代。在解决高句丽的九年前，即显庆二年（657 年），唐朝派将军苏定方成功消灭了西突厥。苏定方之后在攻打百济的军事行动中也大显身手。平定了西突厥后，原本处于西突厥统治下的地区也完全归属唐朝直接管辖。其结果就是，从向西越过帕米尔高原的粟特地区，至印度西北部的克什米尔、卡皮萨地区，均设置有唐朝的州县。中原王朝再次将朝鲜半岛纳入领域内。

唐朝设置了安东、安北、单于、北庭、安西、安南六个都护府，以统治东起朝鲜半岛、西达中亚、北起西伯利亚南边、南至中南半岛的广大地域。都护府的长官都护由中央派遣，兼管军政和民政，在都护之下，朝廷直接任命各地的王和酋长为地方官。在六都护府中，北庭都护府的设置稍晚，其他都是唐太宗、唐高宗时代所设置的。

六都护府

都护府名	设置时间	所在地	管辖区域
安西	640 年	起初为高昌（吐鲁番），之后为龟兹（库车）	天山南路部分中亚地区
安北	647 年	起初为蒙古都斤山，之后为阴山之麓	今蒙古国及俄罗斯部分地区
单于	650 年	云中（厚和附近）	内蒙古
安东	668 年	起初为平壤，之后为辽东城	朝鲜、中国东北地区南部

续表

都护府名	设置时间	所在地	管辖区域
安南	679 年	交州（河内）	南海诸国
北庭	702 年	庭州（新疆吉木萨尔）	天山北路

恰好这个时候，在西亚，穆罕默德的伊斯兰教国（撒拉逊帝国）统一了阿拉伯，在各任哈里发的努力之下，其势力大为拓展。651 年，阿拉伯人消灭了波斯萨珊王朝，不过其势力尚且不会对唐朝造成直接影响。倒不如这样看，萨珊王朝末代国王伊嗣侯（Yazdegerd）的王子卑路斯（Peroz）向唐朝乞求救援，唐朝答应了，在这件事上展现了大国胸襟。唐王朝的确是当时世界最强国。

那么，唐朝为什么能够取得如此程度的发展，统治着比秦汉时代还广阔的领土，还能在相当长的时期内维持国内和平呢？必须说，这是因为唐朝巧妙地落实了在周密的律令制度基础上所确立的均田制、府兵制、租庸调制及邻保制等制度。那么，律令制是怎样的制度呢？均田制等诸项制度又是什么样的内容呢？我们将在接下来的章节中集中说明。

第七章　均田制与府兵制

律令制国家

　　隋唐时代的中国一般被称为律令制国家，其模仿者，也就是大化改新以后一段时期内的日本也是如此，确实可以认为隋到唐中期是一个法制和官制完备的时代。理论上来说，在律令制国家，不论如何偏远的地区，都与首都适用相同的法律，执行相同标准的行政制度，中央集权的统治也由是确立。

　　这是一种新体制，将以律、令、格、式（隋唐的律令格式也被以日本为首的新罗、渤海、越南等东亚诸国引入，例如日本的大宝律令、延喜式等）的形式公布的法制作为支柱，将称为均田法的土地制度、称为府兵制的军事组织制度、称为租庸调制的租税体系、重新编制为里村与邻保的村落组织巧妙地加以组合，以此统治人民。这一新体制是政治权力集中化的基础，在此基础上，才有了以三省六部制为中心的中央政府，才形成了唐王朝。但是，不要忘了，这个组合越是巧妙，越是存在这样的危险：一旦齿轮的任何一环发生故障，整个机构就会瞬间崩溃。

唐代律令格式编纂概略	
武德律令式	武德七年（624 年）
贞观律令格式	贞观十一年（637 年）
永徽律令格式	永徽二年（651 年）
永徽律疏	永徽四年（653 年）
麟德令格式	麟德二年（665 年）
仪凤令格式	仪凤二年（677 年）
垂拱律令格式	垂拱元年（685 年）
神龙律令格式	神龙元年（705 年）
太极格	太极元年（712 年）
开元三年令格式	开元三年（715 年）
开元七年律令格式	开元七年（719 年）
开元二十五年律令格式及律疏	开元二十五年（737 年）

律令格式

这一时代的法律都归于律令格式这一体系中。"律"为刑罚规定，"令"为行政法规，这两者构成基础，但不一定永久不变，有时朝廷会直接对其原文施行修订，有时则会根据诏命随时加以变更。

"格"是对律令的修订补充，"式"是施行律令的相关细则。在魏晋南北朝时代，与律令一同出现了个别名为格式的法典，但律令格式的体系似乎成立于隋代，唐代继承了这一体系。隋朝及唐朝多次进行过律令格式的编纂，唐开元二十五年（737 年）的《唐律疏议》即是政府编纂的唐律注释书。但除了《唐律疏议》传了下来，唐朝的令、格、式都几乎失传。仁井田升先生的《唐令拾遗》（昭和八年刊行），搜集了中日典籍中所引用的唐令遗文，是尝试复原原典体系与条文的名著。

另外，自 19 世纪末以来，从敦煌和吐鲁番发现的古文献中，除了律的断简，也有令、格、式的断简。斯坦因（1862—1943 年，英国人，中亚探险家）及裴力奥（1878—1945 年，法国人，东洋学者。与斯坦因一起从敦煌带回数量相当大的古文献）于敦煌搜集到的永徽职员令的残片是永徽二年（651 年）九月公布的唐令的残卷，是现存的唐代律令格式中最古老的。唐朝律令在影响力方面堪比西方的罗马法，罗马法在私法方面精湛，与此相对，唐朝律令也许是因为集权国家的发达，所以在公法方面优异。

均田制

均田制是唐朝的基本土地制度，也是唐王朝统治百姓的基础。均田制起源于 5 世纪末的北魏，到了唐代，国家将一定均等规模的土地分给人民，确立了官人永业田，并且扩充了职分田制度。这可以解释为，国家表明了态度不允许豪族和贵族拥有大面积土地，除非他们官僚化。还有一点是，唐代规定女子及私奴婢在授田对象之外，规定仅丁男与十八岁以上的中男（在唐代，一般将二十一至五十九岁的男子称为丁男，十六到二十岁的男子称为中男）可以被授田。这一改革与课税单位从"牀"（夫妇）转变为"丁"的情况相适应，如果与北魏时代课税单位从"户"转变为"牀"的情况放在一起思考，那么可以说，这表明了国家权力的渗透程度在进一步深化。

唐朝的均田制

			口分田	永业田	园宅地
良民	农民	丁男 中男（十八岁以上）	八十亩	二十亩	每三人一亩
		老男 笃疾 废疾（非户主）	四十亩		
		寡妻妾（非户主）	三十亩		
		丁男、十八岁以上中男之外的户主	三十亩	二十亩	
	工商业者		四十亩	十亩	
	道士 和尚		三十亩		
	女冠 尼姑		二十亩		
贱民	杂户		八十亩	二十亩	每五人一亩
	官户		四十亩	十亩	
	私奴婢				

纳税义务

生活在唐代的一般良民负有怎样的纳税义务呢？国家根据均田法分配给每个农民的土地是一定的，与其相对应，也是按照人头向各个农民定额收税。课税的规定记载于唐令的赋役令中，根据赋役令，课税的对象为丁男，丁男每年缴纳粟二石作为"租"，缴纳绢、绝二丈与绵三两作为"调"，不过在像江南诸州这样的产麻地区，则是缴纳麻布二丈五尺，以及麻三斤作为调，麻布两丈五尺是加收了五分之一的量（如果是二丈加五分之一，以增量占总缴纳额五分之一的方式计算，那就是二丈五尺，并非二丈四尺）。

赋役令中也制定了正役的相关规定。原则上，丁男每年需服役二十日（若属闰年，则服役二十二日。闰年即有闰月之年，一年为十三个月），需加役时，满十五日则免调，若再增加十五日留役三十日，则免租调，一年内服正役的最高限度为五十日。反之，如果不服正役，则以每日绢、绝三尺，麻布则再加五分之一，即三尺七寸五分的比例代缴，称为庸。由此，若将租庸调三者统一于力役，则除了闰年，租折合十五日，调折合十五日，庸（正役）折合二十日，其合计为五十日。同时，朝廷还规定，当裁判官错误地对无罪之人施加徒刑，而使其服劳役时，应从课役（租庸调）中扣除其服役日数之庸。若无故服劳役满一年，则免除两年的课役；若二十日以下，则以其服役日数之庸抵扣课役；若超过二十日又十五日，即三十五日，则除了免庸，还免调；若五十日，则租庸调全免。

来自这些以丁男为对象的租庸调之收入，构成了唐朝财政的基础。此外，还有地方政府管辖下所征调的徭役，称为杂徭。所谓杂徭是指种类杂多的轻体力劳动，由地方上的土木事业部门征发，从事者称为夫。关于此杂徭的负担日数，目前学界尚无定说，此处我们将为大家介绍宫崎市定先生的学说。

根据均田制，朝廷需一视同仁地分配百亩土地给丁男、十八岁以上的中男、残疾者（指人肢体或五官伤残，较笃疾为轻）[①]，但这些人的纳税义务并不一样。丁男负担租庸调与杂徭全部四个税种，残疾者负担租庸与杂徭，十八岁以上的中男只负担杂徭，而且，十六七岁不受田的中男也需负担杂徭。杂徭原本被认为是受田的中男的义务，实际上却也涉及了丁男、残疾者和不受田的中男。至于杂徭的负担日数，丁男为四十日以内，可以征调至三十九日；残疾者为五十日以内；十八岁以上的中男为五十日整；十六七岁的中男为四十日以内。

唐朝的税制中出现了北朝时未有的新形式。以往的制度未能将以牀（夫妇）为对象的"租调"与以丁为对象的"役"并入同一系列，对此，唐朝进行了统一，这一改革正是为了与均田法以丁为单位授田相适应。但是，劳役很难制定特定标准，使其定期化的结果是，朝廷又创设了以"庸"代役的制度，因此，"调"与"役"的区别变得暧昧，可以说这最终导致过去的"役"以杂徭的形式再现。

---

① 与前表对照可知，此处的残疾者应指丁男、十八岁以上中男中的残疾者，即十八至五十九岁的残疾者。——译者

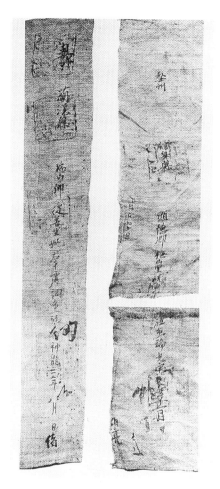

有年号神龙二年（706 年）的墨书庸调布
（新疆阿斯塔纳出土）

另外，名为地税、户税的不均等课税从唐初开始就已经存在，这些课税被用来储备预防水旱灾害的义仓米（地税），以及给官吏发放俸禄（户税），其用途特殊，数额不大。

防人制——征兵制

唐代人民的义务不只租、庸、调、杂徭四项。除了租、庸、调、杂徭，还有人承担着被称为杂役、色役、番役等的特殊劳役，侍奉于官吏身边处理衙门事务。其中，占最大比重的是府兵的劳役。

所谓府兵制源起于西魏，而后北周继承西魏，府兵制助北周统一华北，隋朝继承北周后，府兵制又成为隋朝实现全国统一的原动力。589 年，隋灭陈，以此为契机，隋文帝宣布"禁卫九重之余，镇守四方之外，戎旅军器，皆宜停罢"，将州军全部废除，剥夺了刺史（汉代时，刺史是中央政府派遣到各州的一种行政监察官。后来刺史也开始参与民政，逐渐掌握了兵权。隋唐时，刺史为州的长官）手里的兵权。与此同时，他又决定于天下广泛施行府兵制。隋朝严禁民间保有私兵与私藏武器，唐朝取代隋朝后也坚持这一方针，因此自后汉末以来对统一政治而言已经"癌变"的地方兵权，也已全部被中央收回。

唐初的府兵制大致继承隋制，于中央设置自左右卫以下的十二卫府（此外还有六率府，任皇太子的守卫）作为"禁军"，于地方上设置折冲府，掌管府兵的征发、动员、训练等。折冲府的数量最多时达到六百三十四个，在以长安、洛阳为中心的极其狭小的地域内就有将近四百个，它们从东北到西北，以半月形的分布包围着两都；在靠近边境的地带也有大致两百个折冲府。也就是说，折冲府集中设置于中央与边境附近，并非是均等地部署于全国的。一个折冲府的兵数大致为八百人至一千人，因此，府兵的总数为五六十万。另外，折冲府皆分属于中央的诸卫府。

此外，唐朝在国境地区的军事要地上设置了大量"镇"及"戍"，在镇将及戍主的指挥下负责防卫外敌。镇与戍皆处于其所在地的都督府乃至州的管辖下。

唐朝的府兵是从适用均田法的丁男中以三分之一的比例征发的。尤其应注意的是，仅设有折冲府的州的民众负有当府兵的义务，没设折冲府的州的民众没有当府兵的义务。全国三百二十多个州中，设有折冲府的州不过九十个，因此不同地方的负担有很大差别。成为府兵者，平时在家从事农耕，冬天农闲时期则到所属的折冲府集合，接受士兵训练。此外，府兵

唐代的装饰马

还被分为几组，一个月或两个月轮流进京，成为构成禁军的十八卫府中任一卫府的卫士，这叫作番上。府兵还有守卫边境的义务，服役过程中必当一次防人（日本的防人就是仿效此制度），即三年间必须成为镇或戍的士兵，任务是守卫边境。再者，在发生内乱或出征外国时，仅凭轮值的士兵若是兵力不足，府兵则要接受紧急召集，这点自不必说。

府兵免除租、庸、调、杂徭的义务，但服役过程中的武器、衣食需自备，因此若只是被免除税役，即使不将死亡的危险计算在内，也是得不偿失的。但是，对于政府而言，兵农合一的府兵制，连士兵的生活都无须保证，这样组建军队的确非常省钱。

户籍整顿——丁中制

前文已述，构成唐代律令制之根本的均田制、租庸调制和府兵制，并非以一般良民（农民）家族整体为对象，而是以其家族的一个个成员为对象。唐朝尤其重视的是成年男子，也就是丁男，其次是中男。要确保税役与士兵，必须将丁男与中男统统掌握。因此，朝廷首先规定了成年和未成年的年龄界限，这种制度称为丁中制（丁是指丁男，中是指中男）。在唐代，一般男女刚出生称为"黄"（黄男、黄女），四岁以上称为"小"（小男、小女），十六岁以上称为"中"（中男、中女），二十一岁以上称为"丁"（丁男、丁女），六十岁以上称为"老"（老男、老女）。不过，女子虽然与男子同样，到十六岁成为中女，但只要不结婚，就是中女，结婚后则成为丁妻，即使未达到丁年也无妨。

但是，仅仅认定丁男、中男等，并没有现实效果。如果朝廷不将其明确地记载于公文书上，作成征税、征兵的底账，就很难准确掌握情况。这里所说的底账就是"计帐"（征税簿）与"户籍"。

计帐是北朝至唐宋时代，国家制成的官方账簿，是为了解人口状态、考量国家岁入而准备的基本资料，日本的律令制也继承了这一制度。根据唐代的记录，计帐与"手实"同为编写户籍的主要资料。手实是全家人的姓名、年龄、田宅的申报单，里正每年命里内的户主提交手实；计帐是官方根据手实记入的下一年度课税的资料。与户籍相同，计帐也需以一户为单位，记入户内人口数，以及是否负担租庸调（课户与不课户之分）。当制作计帐时，县令必须查看民众的姿容，亲自审查判定某人是丁男还是老男，决定对其应征收还是免除租庸调。计帐从地方上的县被送到中央之户部（其中掌管会计的度支），户部制作该年度的户部计帐，合计全国的户口及税收收入。

隋代、唐代的年龄规定					
年 代 ＼ 类 别	黄	小	中	丁	老
隋 ／ 开皇二年（582 年）	1~3	4~10	11~17	18~59	60 以上
开皇三年（583 年）	1~3	4~10	11~20	21~59	60 以上
隋炀帝初年（605 年）左右	1~3	4~10	11~21	22~59	60 以上

隋代、唐代的年龄规定					
年 代　＼　类 别	黄	小	中	丁	老
武德七年（624年）	1~3	4~15	16~20	21~59	60以上
开元七年（719年）神龙元年（705年）—景云元年（710年）	1~3	4~15	16~21	22~58	59以上
开元二十五年（737年）	1~3	4~15	16~20	21~59	60以上
天宝三载（744年）	1~3	4~17	18~22	23~59	60以上
广德元年（763年）	1~3	4~17	18~24	25~54	55以上

（唐）

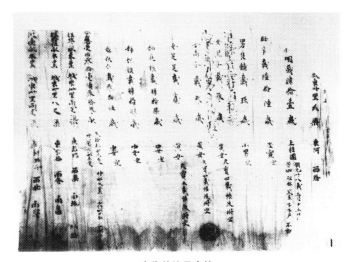

唐代敦煌县户籍

（由斯坦因发现）

唐代的户籍是以手实与计帐为资料制作的，每三年制作三份户籍，一份留存于县里，其余的送到州及中央的户部。从敦煌发现的唐代户籍中，除了户主同家人的亲缘关系、姓名、身份、性别、年龄，还记有老、丁、中、小、黄的年龄差别，还将身体障碍者区分为笃疾、废疾、残疾。这些成为租庸调之类的税役和兵役的标准。

州县以手实与计帐为资料，每三年制作一次户籍，根据户主的申报情况，一户可避免全部或部分税役。于是，唐律中规定，户主有申报户口的义务，如果不申报户口或虚报户口，将受到处罚。

町内会与警防团

计帐和户籍作为征税和征兵的底账，即使制作出来，也只是基于户主的申报书手实（一种财产申报）。即使有惩罚规定，显而易见仍会发生逃税和逃避兵役的情况。想想现在的社会状况——就职于公司的工薪阶层不管愿意不愿意都得纳税，而蓝色申报者的巨额逃税却被漏过了，就能够理解了。

为防止逃税和逃避兵役，唐朝做了怎样的努力呢？专制的中央集权国家想出的办法，在任何时代都不会有什么突破。唐朝采用了一种惯用手段。第二次世界大战中，日本政府命令建立邻组以分配国债和配给物，建立警防团用于警防，又于其上设置町内会和部落会，作为"上情下达"的中枢，通过这些组织管控国民生活。这一手段，正与唐朝采取的对策同出一辙。换言之，唐代的"里"相当于町内会，"村"（都市中为"坊"）

相当于警防团，"邻保"相当于邻组。

根据户令的规定，这一制度的内容如下。农民以百户编成行政村，称为"里"，里内设里正，县只通过里正来统辖里。县官从里内的丁男中选择适当者作为里正，里正承担掌握户口动态、征收租庸调与其他杂税，及召集兵役的责任，发生犯罪事件时则要负责通知。也就是说，里正虽也有警察任务，但更重要的是财政上的职责。而专门负责警察任务的是自然聚落村的统辖者"村正"（每村设一个村正，百家以上的村增设一员），在都市中则为"坊正"。另外，五个里聚集，则称为"乡"。也就是说，乡是由五百户组成的行政区划。

唐代的乡与里是人为区划，与此相对，村与坊是自然区划。"坊"在都市内，是由道路区分、由垣墙包围的地域；"村"是大致三十家至五十家的自然聚落。人为区划与自然区划是并行存在的。为了征税和维持治安，将适当的几户组合在一起，并将其作为基础行政单位，此事并非不可能。但这归根结底只是理论上的，限定百户编成的里（行政村）与从前自然产生的地缘团体村和坊在区域上未必一致，两者之间有一些出入是理所当然的。朝廷应该是考虑到了这一点，才又在每个村和坊设置了村正与坊正，协助里正维持治安。

邻组制度

作为处理繁杂事务的补偿，朝廷给予了里正、村正和坊正免除一切租庸调的特别恩典。但是，他们的责任过于重大，且夹在官与民之间，其处境也许是非常凄惨的。不过不要忘了，基层组织中还有称为邻保的邻组制度。如果不将几分责任转移给邻保，即便是里正、村正，也无法完成任务。

村落组织

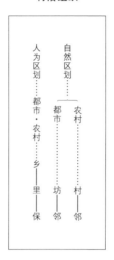

里正（在日本的律令制中，将五十户的行政村称为里，其统辖者称为里长）监督独立生活的百户均田农民，并非容易之事。由于生活之苦，农民难免会有一些不合法行为，他们或申报事项作假，或买卖土地，或进行逃亡，或窝藏逃亡者，或商议暴动。因此，朝廷建立了邻保组织，让农家相互监视，彼此承担连带责任。要随心所欲地驱使人民，或许最容易的方法就是建立邻组使其承担连带责任了。若是让邻组承担征收租税、征发兵役的责任，民众就会因为害怕给他人添麻烦而什么都听从上面的命令。

关于唐代的邻保组织，户令中记载"四家为邻，五家为保"。围绕此令文，针对以四家为单位的"邻"与以五家为单位的"保"如何组合这一点，目前已有各种各样的见解。不过，一般认为邻保制度如下：

"邻"只不过是"相邻"的意思，五家之"保"则是人为建立的五家之组，他们承担征税等的连带责任，保长为其代表者。与此相对，"邻"并非人为的组合，是自然产生的相对关系，根据各家的位置，自然相近者彼此承担连带责任。"保"是固定的、人为的区划，"邻"是相对的、自然产生的关系。这两者同时存在，等同于人为区划的里与自然区划的村坊同时存在。

宵禁

唐初的律令体制如以上所述，原则上可以说制定得相当完备。前文中提到了村落组织，下面让我们也看一下当时的都市形态。

唐初的都市主要由官府所在地、贵族官僚的住宅地，以及处于从属地位的一般百姓的居住地构成。都市中施行坊制，"坊"是由道路自然划分出的区域，周围围有围墙，跟道路隔绝开来，仅允许人们通过两至四道坊门进出。除了高官，其他住户不能打破坊墙，不能朝大路设置家门。坊犹如一个小城郭，构成一片治安区域。

坊聚集起来就是都市，都市周围会围上坚固的城墙。到了夜晚，坊门关闭，内外的交通断绝，百姓如果夜间在大路上通行，则触犯了宵禁，会受到处罚。这就是坊制。每个坊都要设置坊正，坊正掌管坊门之锁。

在都市中，会开放一两处与坊相当的区域，称为"市"。不过，这个市场也只在白天开放，夜间则要关闭。店铺只能开在市里。市场内同一行业的工商业者组成"行"，由政府准许其营业权，代价是必须拿出商品供公家使用。这就是市制。

就像这样，唐初的都市具有强烈的政治都市和军事都市的性质，商业反倒只具有次要的意义。唐初的都市以国都长安和洛阳为首，地方城市也都属于这种类型，模仿唐都的日本的平城京和平安京也施行坊市制。

理想与现实

唐初的律令体制，理论上应该遵照律令格式，普及到全国各地。国家应该遵照均田法授予百姓田地，作为回报，国家可以对百姓征税与征兵。为确保律令格式的运用，国家应设置行政村，通过邻组实行连带责任制。这是方针，也是理想。那么，是否可以认为唐初的社会实态也正是如此呢？是否可以认为理想与现实一致呢？不得不说，答案是否定的。

在这一时代，大多数百姓承受着征税与征兵之苦，若是有哪家被分配了广大的土地，又可以不服兵役，并且享有免税的特权，那情况又如何呢？实际上有这样的家庭，官僚，尤其是高级官僚就享受着这种特权。

根据均田法授田时，原则上，对身份高者应授"官人永业田"，亲王是百顷，正一品官是六十顷，以下递减，从五品官为五顷；对勋官（为报偿勋功而授予的官职，只有品级而无实职。类似于勋章，也授予士兵，以致后来泛滥）则应授六十亩

唐代的官员
（褐釉土偶）

至三十顷"勋田"，可以由其子孙继承。由于这些永业田可以
传给子孙，因此被称为"荫田"，与授予一般百姓的永业田、
口分田属于不同的范畴。区别在于，这些高身份者的永业田、
勋田都不在狭乡（田少而人口多的地方），而是在宽乡（田多
而人口少的地方），即使在狭乡，朝廷也允许其合法收买土
地。此外，不要忘了，还有通过诏敕合法"赐田"的情况。当
然，朝廷还允许开垦新地与占有空闲地，并对此予以奖励。

为官吏者本人当然不用服兵役，也没有缴纳租庸调的义
务。如果是五品以上的官吏，借父亲的余荫，子孙们也都可免

除租庸调；六品以下官吏的儿子则免除役（庸），缴纳租与调即可。特权阶级在任何时代都可以素手享受生活。

接下来，让我们看看律令中所记载的均田制是否按规定执行了。

均田制的实施状况

均田制是否按规定执行，早就是研究者们热烈讨论的论题，其材料是从敦煌和吐鲁番发现的古文书。敦煌文书中出现了户籍，其中每户前半部分记载有户口，后半部分记载有田地。

田地的记载中，对保有地标注了永业田与口分田之分，记有应受田（按照规定应获得的土地）、已受田（已经获得的土地）、未受田（尚未获得的土地）之总计。根据田地的记载，可知大部分农户未拥有与规定一致的土地，各户的已受田也各式各样，其中找不到国家规定的痕迹。因此，一直有人否定土地还授说，认为农民只不过是将从前就拥有的土地登记到户籍中，并将其分为永业田和口分田。

然而，随着对大谷探险队从吐鲁番地区带回的古文书的深入研究，研究者明确了吐鲁番地区进行过土地还授。不过，由于土地零散，其还授的标准大致为一块地十亩左右，而且永业田也在还授之列，与令文中有关均田制的规定大为不同。由此，也有意见认为这依据的不是均田法，而是屯田法。

今后的课题也许是讨论吐鲁番以外的地区是否也进行了土地还授。在现阶段，一般认为中国内地不可能都同样地施行

了均田制，进行过土地还授。均田制不是仅以特定地域为对象
的制度，至少原则上形成了全国性的土地管理体系。但是，均
田制始于北朝的北魏，在南朝就根本未执行，如果考虑到中国
存在当地势力，以及农民对土地的执着等因素，认为实际施
行了均田制的不过只有华北部分地区，这样的想法是否更妥
当呢？

即便未进行土地还授，唐朝仍能根据户籍掌握农民情况，
禁止人口移动，征收租庸调等税役，这是确凿的事实。相比于
土地还授，唐朝政府更关心的是切实征税征役。

中国的均田制在开始时未发布土地公有宣言（王莽夺取前
汉政权时有土地公有宣言。有一种说法是日本大化改新时也有
土地公有宣言，但并非通论）。也就是说，均田制的建立，基
本上不以土地的全面收公为必要前提。在唐代，田令的基本授
田体系历经百年以上，存续期间并未发生大幅变化，废止时也
没有明确的时间点。这也就否定了均田制与租庸调制的对应关
系。律令的原则是征税以抵消授田，唐初的一般农民，不论受
田如何，都必须履行纳税的义务。

庄园的盛行

否定均田制在唐初社会普遍施行，这显然是要否定一般
的概说书和教科书中"唐代中期，均田制瓦解之后，庄园制代
而兴起"的见解。的确如此，均田制施行时期，亦存在大土地
所有制，即庄园制，这种看法是符合事实的。

所谓庄园，原本是中国唐代的一个普通词语，与其相通

的同义语有别业、别墅、别庄、庄田、田庄、园宅等，有时也以园、墅、庄等一个字来称呼。不过不同的用词间多少会有细微的差别，时代不同，这一词语所指的实际意义有时也大为不同。尤其需注意的是，有时即使不以如上所述的词语来称呼，其实际所指也是如此，这种情况不能忽略。

必须防范由于日本和西洋的庄园是这样，因而想必中国的庄园也是这样的想法，从中国的历史中找出与日本和西洋的庄园相似的地方，进行比较研究，这是理解中国史的必要手段。因此，当定义中国的庄园时，应尽可能宽泛，以如下三个特征为前提：（一）大土地所有制的经营；（二）可以想见是封闭经济；（三）可以想见其劳动者为非自由民。如果在中国史中搜寻庄园，则可以认为，中国的庄园土地经营早在后汉时代就已开始，南北朝时期逐渐盛行，唐代继续发展，唐末至五代、宋初时期走向没落。

由租、庸、调、杂徭构成的唐代征税制，以完全施行保证均等土地的均田制为必要条件。然而，均田制的实施从唐初开始就不彻底，庄园制一直盛行。因此不难推测，以单个丁男为对象均等地课税之租庸调制，扩大了贫富差距。

在均田法的框架内也存在大土地所有制，例如，供官府费用的公廨田、供给官吏的职分田与官人永业田。公廨田与职分田出租给一般农民，农民应每亩缴纳二至六斗左右的地子（地租，"子"意思是"利息"）。此外，还有寺院的寺田。从大土地所有制的观点来看，尤其值得关注的是主要集中在武则天时代广泛实行的食封制或食实封制。

唐代的封爵有王、公、侯、伯、子、男等，伴随着封爵，朝廷还要给予食封。所谓食封制，是将特定地域中的封户（提供封物的课户）应缴纳的租庸调（封物）付给封家（接受封物之家）以作为其收入的制度。换句话说，食封制就是封建制，相当于国家在开分店。在武则天时代，这一完全违背均田法精神的食封制盛况空前，甚至有这样的记录：相比于缴纳给国家的租庸调数额，进入封家的租庸调数额更多。

江南的发展

理想与现实、原则与实态的背离，在兵制上也不例外。律令体制下的兵制为府兵制，而唐太宗、唐高宗对高句丽等民族武力进攻却并非靠的是府兵制。

基于府兵制的镇戍制，充其量会在国境上稀稀落落地布防十万左右的兵力，也就是防人。以如此脆弱的边防体制，不可能向周边的民族炫耀军事上的压倒性优势。防人的主要任务是守备国境，而远征周边民族的是被称为"行军"的军队，其原本是临时性、应急性的军事力量。

作为远征军，"行军"的规模在唐太宗贞观三年（629年）为十余万，此后的每一年朝廷都会发动至少四五万，大体在十万左右的大军。进入高宗朝后，由于要与宿敌高句丽决战，唐王朝一下子就向边境派出了三四十万以上的兵力，并且几乎连年持续如此。与针对占领地、属地的都护府外交和羁縻政策（中原王朝统治异民族的方法之一。"羁"意为牵马绳，"縻"意为牵牛绳，羁縻政策的方针是只要不叛离就可以）不相上下，唐初"行军"的壮大的确发挥了重要作用。

编组野战军、远征军，原本应以府兵为主体，实际上反倒成了以募兵为中心。到了唐中期，府兵制崩坏，转换为募兵制，出现节度使，其重要原因就有唐初"行军"的常驻化倾向，这点不要忘了。

说到唐代的府兵制，不可忽略的是府兵制与江淮（有时也只称为江南）地区的关系。开元十八年（730年）的史料中记载："江南户口稍广，仓库所资，惟出租庸，更无征防。"当时，江南地区财政富裕，其原因便是，该地区的一般农民虽然担负租庸调的纳税义务，但是没有府兵制的兵役义务。在六百三十余个折冲府中，江淮地区大约只设置了十府。朝廷不会让没有折冲府的州的民众承担府兵义务，因此该地区的州民大部分未被征发为府兵。由于府兵所需要的费用大部分由本人自理，因此，与华北诸州相比，不出府兵的此地区享受了优厚的待遇。由于此种状态一直持续，到了玄宗朝时，自江淮经由大运河上贡的米量激增，该地区的重要性增大，这也是理所当然的。

唐初的财政基础原本在华北平原，但随着江南经济的发展，经济中心由华北转移到江南，这个趋势此后也一直未发生变化。唐前期江南的发展是江南比华北多一些自由的结果，另外，它还显示出唐朝的弱势，唐朝继承了北周和隋朝传统，并没有完全掌握旧南朝领地。

对日本的影响——大化改新

圣德太子于推古天皇十六年（608年，大业四年）从日本派遣至中国的第三次遣隋使使团中，有学生、学问僧各四人。他们都是归化人。其中，有高向玄理（学生）、僧旻和南渊请安（两人都是学问僧）等人。由于这些遣隋留学生的留学时间长达十几年至三十几年之久，因此，随着618年隋唐政权的交替，这些人自动成为在唐留学生。舒明天皇十二年（640年，贞观十四年），高向玄理与南渊请安结束历时三十二年的留学生涯而归国。

圣德太子统治期间，日本不断向以天皇为中心的国家体制发展，但在太子死后，苏我氏一族再度抬头，图谋扩张领地，还征发天皇和贵族的部民，以天皇自居。反对苏我氏的诸势力聚在中大兄皇子与中臣镰足周围，谋划打倒苏我氏。但是，这种对立并没有停留在宫廷内部的势力斗争，打倒苏我氏之际，社会形势已到了不得不废止以前的天皇、贵族的部民所有制，并创造新的体制的阶段。高向玄理与南渊请安为制定新体制做出了很大的贡献。

在中国，唐灭隋后制定了律令，根据法律与官僚制来统治大帝国；另外，新罗也在模仿唐朝，积极统一朝鲜。高向玄理与南渊请安根据实地见闻，认为"具备法律且稳定的大唐帝国"正是新国家的模范。而且，官僚制也好，将人民编户进行地域性统治的新体制也好，其萌芽都已经在日本的部分地区出现。

645 年 6 月，中大兄皇子断然实行政变，苏我入鹿被杀。新政权拥立孝德天皇，首创年号大化，积极改革政治，翌年大化二年（646 年）元旦，大化改新之诏，即新政的大纲分为四项发布。

改新之诏第一条明确了公地公民的原则，第二条及以下论述了国家如何统治其公地和公民。第一条的内容是，废止皇族及中央和地方的贵族、豪族的所有领地（屯仓、田庄）及部民，使其成为天皇的公地、公民。作为补偿，对参与朝廷政务的特定者给予食封（依照位阶功劳等，发给官吏一定数量的户应缴纳给政府的租庸调），其他人给予布帛。第二条的内容是，整备首都及地方的行政组织与交通、军事制度。第三条的内容是，实施户籍、计帐制度，班田收授法，随之制定田租法。第四条的内容是，废止旧税制，实行田之调等新税制。

遣唐使

大化新政府在发出改新之诏前，于 645 年 12 月，从飞鸟迁都到难波。改新派出于内政改革以及对外关系的顾虑，向新天地寻找政治据点，这一规划中也体现出了他们的积极态度。

大化改新之际，日本迁都至引进大陆文化更为便利的难波，这毫无疑问是因为重视对外问题。说到当时的对外问题，那就是朝鲜半岛问题以及与唐朝的外交关系。下面我们便来讲述一下日本与唐朝的关系。日本朝廷在 623 年采纳了由唐朝归国的药师惠日等人的"其大唐国者，法式备定之珍国也，常须达"的进言，之后便于 630 年第一次派遣了遣唐使，大化

改新七年后，又于白雉四年（653 年，永徽四年）第二次派遣
了遣唐使。第二次遣唐使团由两个外交团组成，第一外交团一
行一百二十一人，包含大量留学生（研究学问和佛教的长期留
学者称为学问生或学问僧，短期的优秀专家称为请益生或请益
僧）；第二外交团一百二十人。第二团在入唐途中不幸遇难，
第一团则平安入唐，翌年归国。

　　接着，白雉五年（654 年，永徽五年），包括高向玄理、
药师惠日等人在内的第三次遣唐使团入唐，翌年平安归国。就
这样，继遣隋使之后，日本又向中国派遣了遣唐使，并且在改
新后不久就开始了连年派遣（第二次及第三次）。特别是第二
次，日本派出了各有大使同副使的两大使节团同时出发。这
是出于若在海上遇难，至少能保证一支使节团平安入唐的考
虑。无论是连续两年派遣也好，还是一次派遣两大使节团也
好，都再无他例。也许是改新后不久，改新政治好不容易刚开
始，在种种方面必须急切学习唐朝的组织制度，因而才有了这
种异例。

　　894 年，在菅原道真的建议下，日本终止派遣遣唐使。至
此为止，二百六十多年之间，日本共任命了十八次遣唐使，排
除中止了的三次和特命使节的两次，纯粹以输入唐朝的文物制
度为主要目的、以国际贸易为次要目的而派遣的遣唐使共有
十三次。遣唐使团最初的规模为一百二十人前后，船一艘至两
艘，到了中期，一跃升为五百五十人至六百人，船也变成四
艘。至于航路，最初是经由北路（新罗道），从中期开始则变
更为南岛路，末期时又变更为南路（大洋路）。航路的改变，

与其说是航海技术进步的原因，不如说是受与新罗关系恶化这一政治形势的影响。

	出发			归国		
次数	公历	日本年月	中国年代	公历	日本年月	中国年代
1	630	舒明二年八月	贞观四年	632	舒明四年八月	贞观六年
2	653	白雉四年五月	永徽四年	654	白雉五年七月	永徽五年
3	654	白雉五年二月	永徽五年	655	齐明元年八月	永徽六年
4	659	齐明五年七月	显庆四年	661	齐明七年五月	龙朔元年
5	665	天智四年十二月	麟德二年	667	天智六年十一月	乾封二年
6	669	天智八年	总章二年			
7	702	大宝二年六月	长安二年	704	庆云元年七月	长安四年
8	717	养老元年三月	开元五年	718	养老二年十月	开元六年
9	733	天平五年四月	开元二十一年	735	天平七年三月	开元二十三年
10	752	天平胜宝四年闰三月	天宝十一年	753	天平胜宝五年十二月	天宝十二年
11（特使）	759	天平宝字三年二月	乾元二年	761	天平宝字五年八月	上元二年

出发				归国		
次数	公历	日本年月	中国年代	公历	日本年月	中国年代
12（中止）	761	天平宝字五年十月	上元二年			
13（中止）	762	天平宝字六年四月	宝应元年			
14	777	宝龟八年六月	大历十一年	778	宝龟九年十月	大历十三年
15（特使）	779	宝龟十年五月	大历十四年	781	天应元年六月	建中二年
16	804	延历二十三年七月	贞元二十年	806	大同元年九月	元和元年
17	838	承和五年七月	开成三年	839	承和六年八月	开成四年
18（中止）	894	宽平六年八月	乾宁元年			

律令的制定

大化改新并非废除从前拥有领地、部民的皇族和贵族的政治经济特权，而是将其重组的政治改革。改新事业并非一直勇猛地持续前进，而是时进时退。通过 672 年的壬申之乱，天武天皇于飞鸟的净御原即位，他在之后十四年间的统治中未设置一个大臣，而是实现了万事独裁，确立了天皇的权力与权威，有效地推进了大化改新的诸原则。

天武朝时编纂了成文法，称为飞鸟净御原律令，但其条文未传到后世。以此为基础，文武天皇在大宝元年（701年）制定并实施了所谓的大宝律令。718年，经部分修正，大宝律令成为养老律令，但主要方面未变更。至此，制定律令的事业大体完成，大化以来的新政治有了明确的法制基础。

通过大化改新与此后的法制整备，日本也形成了完整的国家形态，即并非通过氏族拟制来统治人民，而是根据地域，以行政组织来统治人民。日本成了一个以皇室为中心，通过法律与机构实现统治的官僚国家。

中央的行政组织以二官八省为基础，体系井然。二官为"神祇官"与"太政官"，神祇官负责祭祀天皇的祖先神及其他诸神，管理神社；太政官执行一般国政，有太政大臣、左大臣、右大臣总辖政务，其下又分为八省，具体实施政策。此外，还有负责监察官吏的弹正台。

地方组织上，除了首都以外，全国分为六十余"国"，国进一步分为"郡"，郡内的居民每五十户编成"里"（之后称为"乡"）。原则上，国司由中央派遣，任期为四年，郡司由国家从自古以来的国造家录用，里长由里内有势力的户主担任。里既不是自然聚落，也不是以前的氏族拟制集团，而是新设置的行政上的最低单位，里长成为国家权力最基层的爪牙，承担征税、治安、制作户籍等职责。在里之下设置由五家组成的"保"，担负治安与纳税的连带责任。

国家权力的核心，即军事机构中，有为了守护首都而设置的五卫府、以"国"为单位设置的军团，以及设于筑前的大

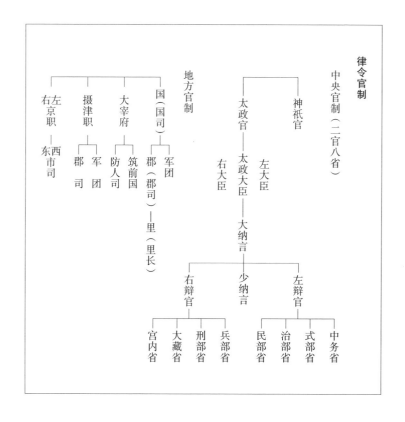

宰府的防人。二十一岁至六十岁的男子（正丁）负有服兵役的义务，诸国的正丁分三批轮流服兵役，或成为军团的士兵，或者被选用为首都的卫士，而东国的士兵还会被编为大宰府的防人。

关于班田制，政府每六年制作一次全体百姓的户籍，六岁以上的男子每人分配二反田作为"口分田"进行耕种，女子每人分配男子的三分之二。耕种口分田，与其说是公民的权利，不如说是公民的义务，因为公民会被课以租、庸、调及各种徭役劳动。庸、调都是与男子有关的人头税，政府以正丁（二十一至六十岁）、次丁（六十一至六十五岁）、中男（十七至二十岁）的年龄划分，来决定每人缴纳多少。

官僚制与科举

日本的律令制，谁都能明显看出是仿效唐朝的体制。但是，日本的律令政治并非全盘照搬中国的律令政治，而是有相当程度的改编。

比较日与唐的令，可见日本太政大臣一人兼唐代三公。唐代三公继承了汉代三公之名，但汉代三公是名副其实的政府中枢，相反，唐代三公已失去实权，只不过是名义上的荣誉官职。取代三公掌握实权的是中书、门下、尚书三省。中书奉天子的旨意起草诏敕，门下对其进行审议，尚书接收诏敕并施行。这样安排可防止权力集中于一处，这是三省分立的精神，其中中书与门下的势力尤其强大。但是，在日本，太政大臣是则阙之官职（记入官制，如果没有合适人选，则空缺不必任命），位居其下的左右大臣为宰相，与天皇一同商议政事，同时也是执行机关，其中看不到三省分立的精神。唐律令是在回顾贵族制度的全盛时期，而日本律令是将古代的统一描绘成了未来的理想。

太政大臣以下的中央官吏及国司，由大化改新前的中央贵族独占，他们分割了天皇的权威与权力统治人民，郡司同样由前代的地方豪族独占。这些统治者又依据官职被授予位阶，给予田地、封户及俸禄物品。而且，官位采取荫位制〔五位以上官吏之子（荫子）、三位以上官吏之子及孙（荫孙）到了二十一岁，依据父亲或祖父的位阶，叙一定的位阶，被任用为官吏〕等事实上可以世袭的制度，因此，田地及封户事实上也可以世袭。律令时代的日本，虽然多少想要模仿唐代大力整备的科举制，但是未成功，最大的原因是官位世袭倾向。

唐代的科举有秀才、明经、进士、明法、明算等。明经是以经学为主的科目，明法以法律为主，明算以数学为主。秀才与进士考策论，不过后来进士专门考诗赋。在唐初，秀才最为重要，明经与进士次之，不久，秀才科被废止，独尊进士。

律令时代的日本，未开辟像唐朝一样通过考试从全体国民中录用官吏的道路，而由前代的统治阶级独占官职。在此后的时代，日本也继续执着地吸收中国的文物制度，却最终没有采用科举制。由此可见，尽管科举制这一考试制度在身份世袭不严重的中国可行，但在大体上身份有世袭倾向的日本社会难以发展。

第八章　则天武后

运气好的女性

　　唐太宗的后继者唐高宗，年少时就病恹恹的。从平定高句丽时起，他就总是头晕，视力也在不断衰退。于是皇后武氏，也就是武则天，开始协助这个病弱的唐高宗。自然而然，武后逐渐拥有了势力。唐高宗死后，武后废掉第四代唐中宗、第五代唐睿宗二帝，继承帝位，成为女皇帝，这在中国史无前例。

　　武后自名曌。其父叫武士彟（靠运输、贩卖木材积累了巨额财富。仕于隋朝，此后加入李渊起兵，随行至长安。唐太宗时代，历任地方长官，曾建议唐太宗进行封禅），并州文水（山西省）人，为唐高祖、唐太宗效力，官至工部尚书。武曌是武士彟的次女，其母杨氏为隋朝皇族出身。

　　武曌并非从一开始就被立为唐高宗的皇后。实际上，她是唐太宗的一个妃子。唐太宗死后，武曌被送入尼姑庵，唐高宗又将其带回宫中，授予昭仪（女官，第二阶九嫔之首）之位。据说唐高宗还是皇太子时，两人就有说不清的关系。

没过多久，她就集唐高宗的宠爱于一身。对她而言，唐高宗是再生恩人。正是为此，她近乎忘我地侍奉唐高宗。无法生育的皇后王氏（生母柳氏的娘家是与唐室有姻亲关系的名门）和受唐高宗宠爱的淑妃（女官，第一阶夫人的第二位）萧氏都因为她的出现而顿失颜色。

武昭仪极具魅力，令唐高宗念念不忘，另一方面，她又是个冷静、理性的女人。关于她的为人，有"性巧慧，多权术"等评价。她头脑灵活，能注意到细微之处，会为达成自己的目的而诸般筹谋。

独占唐高宗爱情的自信，使她怀有夺取皇后宝座的野心。她一度被送入尼姑庵，其后又被召回，这等幸运境遇连她自己也意想不到，也难怪她坚信命运之神站在了自己这一边。

为了把王皇后从皇后之位上拉下来，她开始谋划。武昭仪已经与唐高宗育有一子，就是唐高宗的第五子代王李弘，后来两人又有了女儿。然而某一日，这个女婴突然死去。而且，事件发生前不久，王皇后曾在武昭仪不在时到访其房间，逗弄婴儿。由于存在这一事实，王皇后自然有了嫌疑，且没有办法为自己辩解。

唐高宗想要废掉皇后，朝臣中也不断出现支持武昭仪者。现在看来，这些人对她表达忠诚之心，颇有先见之明。

看形势有利，武昭仪于是使用了露骨的策略。她诬告皇后与其母亲一起行厌胜之术。所谓"厌胜"，是指对所厌恶之人进行诅咒、调伏，目的是使所厌恶之人遭受疾病的折磨或者死去。被诅咒的对象据说是武昭仪，但有可能皇帝也受到了诅咒。被诬告者没有辩解的余地，结果皇后的母亲被禁止出入宫中，舅舅柳奭被赶下台。

武昭仪身边聚集了一群要推戴她的人，与支持王皇后的重臣针锋相对。

皇后派与昭仪派

太尉长孙无忌、司空李勣、太子太师兼同中书门下三品于志宁、尚书右仆射兼同中书门下三品褚遂良这一群重臣是支持皇后的一派。

礼部尚书许敬宗和中书侍郎李义府是推戴昭仪的一派。

支持皇后一派的巨头是长孙无忌。长孙无忌是唐高宗的外戚，即唐高宗的舅舅。此人从青年时代开始就与唐太宗有深交，尤其是玄武门之变时，作为唐太宗的心腹发挥了重要作用。唐太宗即位后，长孙无忌也受到信赖，成为巩固唐帝国基础的功臣。唐太宗驾崩之际，长孙无忌与褚遂良一同被叫入寝宫，被委以辅佐皇太子的重任。所谓太尉，是只授予元勋的三公之首。

李勣因各种战功而被列为元勋，居于三公之末的司空之位。于志宁出身北周以来的名门，先是唐太宗的参谋，此后被委以辅导皇太子李承乾的重任，然后是皇太子李治（唐高宗），他还监修国史，与长孙无忌一起议定律令格式。太子太师是一个荣誉职位，任务是辅导皇太子。

　　褚遂良是在谏臣魏徵离世后，填补其空缺之人。再者，因被推举为唐太宗谈论书法的对象，褚遂良在后世也以书法家闻名。他曾就亲征高句丽一事劝谏唐太宗，但未被听取，之后他随从唐太宗一同远征，以报答其信任。唐太宗在临终前，曾将褚遂良与长孙无忌一起召唤到枕边，命他们制作遗诏。

　　再看另一派推戴昭仪派。许敬宗是许善心之子，隋末，宇文化及在扬州发动政变时，许善心因不服从命令被杀，许敬宗逃到李密的门下为其效力。唐朝建立后，许敬宗为秦王效力，被选为文学馆学士。许敬宗作为文人负有盛名，不过，大概是目睹父亲的不幸后，他的处世观发生了变化，有了强烈的物欲。

　　李义府也有好文笔，被选拔为地方巡察使后进入中央。此人也物欲极强，他收受贿赂，屡次买官，因此受到恶评。

　　这两人都不是名门出身，他们受到像长孙无忌这样名门

武则天像

（出自日本版《历代君臣图录》）

出身的重臣压制，遗憾不能飞黄腾达。他们都是相当有才能的人，具有利用价值。除了以上所列举的这些人，两派中还有各种各样的人物，并相互不断刺探对方的动静。

拼死进谏

永徽六年（655年）九月朔，唐高宗召开御前会议，商议立武昭仪为皇后一事。唐高宗命长孙无忌、李勣、于志宁、褚遂良四人前来，然而将军李勣未露面。

李勣缺席的情况下，剩下三人到御前参谒。唐高宗向长孙无忌问道："皇后无子，武昭仪有子，今欲立昭仪为后，何如？"

褚遂良接过话，说王皇后系出名门，贤良淑德，也是先帝为陛下所娶，先帝崩殂之际已将陛下和皇后托付给他。随后便答道："皇后未闻有过，岂可轻废！臣不敢曲从陛下，上违先帝之命！"唐高宗很不高兴，立刻命三人退下。

第二天会议继续。这一日李勣仍未露面。褚遂良则从一开始就颜面苍白，他直截了当地断言武昭仪不适合当皇后，接着又说道："陛下必欲易皇后，伏请妙择天下令族，何必武氏！"进而又补充道："武氏经事先帝，众所具知，天下耳目，安可蔽也。万代之后，谓陛下为如何！愿留三思！"在前一日的御前会议上，褚遂良只是强调不应该废黜皇后，然而这一日，他开始露骨地攻击武昭仪。

褚遂良将手中所持的笏置于御前的台阶上，解巾下跪叩头，直到头破血流。他大声疾呼："还陛下笏。"（由于笏是官爵的象征，因此，还笏意味着辞去官爵）唐高宗大怒，命人带褚遂良出殿。只听武昭仪挑唆唐高宗，在帘中大喊："何不扑杀此獠？"

长孙无忌赶忙制止唐高宗，说道："遂良受先朝顾命，有罪不可加刑。"

于志宁一言未发。

此乃陛下家事

褚遂良不久就被左迁为潭州（湖南长沙）都督。随后，唐高宗与武昭仪的救星出现了。因为就在几日之后，称病缺席御前会议的李勣于御前露面了。唐高宗正犯愁，向李勣询问道："朕欲立武昭仪为后，遂良固执以为不可。遂良既顾命大臣，事当且已乎？"李勣如此答道："此陛下家事，何必更问外人？"

这样回答相当高明，却很油滑。李勣深知皇帝的想法已定，反对是不妙的，但回答时还需避免自己担责。数日深思熟虑后，他最终这样回答。但不管怎么说，这样做丝毫没有重臣姿态。

李勣这一句话使形势突变。唐高宗获得赞同，更是一意要立昭仪为后。假如李勣当时表示反对，事情又会变成怎样呢？对此我们完全无法获知。李勣的这一回答方式，此后又常常被唐朝重臣模仿，而且每次都造成恶劣的后果。

笔者认为李勣如此回答不像重臣所为，很不像样，此处，请允许我对此酌情做一番分析。

实际上，李勣将军曾在贞观末期，从太子詹事（辅导皇太子的职务）、同中书门下三品，突然被调任叠州（甘肃省临潭县南）这个西北边境州的都督。然而他并不存在过失，这只是唐太宗担忧有些文弱的皇太子李治（唐高宗）的将来，而演的一场戏。

唐太宗认为，李勣作为武将具有非凡的实力，但由于老一辈将军李靖此时已衰老病危，因此已经没有能压制李勣的人了。这样一想，唐太宗便对自己死后，皇太子是否能操纵李勣没有把握。于是，他想到暂且将李勣调职到地方上，待李治登基以后再由李治将其召回。他认为这样一来，李勣也许会感激新帝的恩义。大概就是这样一回事。

李勣接到命令的当日，自己的宅邸都没回，就前往上任地点。唐太宗本打算，倘若李勣迟迟不赴任，就趁早杀了他。唐高宗即位后，按照唐太宗的遗言，将李勣召回长安任尚书左仆射，此后李勣成为太子太师，进而成为司空。

综上，笔者认为，一度被这样试探的人，会更加谨慎地保护自己。因此在武昭仪立后的问题上，李勣没有为唐王朝着想，未做出重臣应有的言行，也不应该深受谴责。

昭仪成为皇后

武昭仪立后一事，在昭仪派许敬宗与李义府的推动下，稳步而顺利地进行着。次月，唐高宗便下诏，废黜王皇后与萧淑妃。

数日之后，文武百官上表，呈请立武昭仪为皇后。显然这是许敬宗和李义府的安排。随后，唐高宗对此做出回应，下诏立武昭仪为皇后。时年二十六岁（或二十七岁）的武昭仪如愿赢得皇后之位，这距离其被唐高宗召回才四五年。

武后掌握实权

武后处死王皇后与萧淑妃后，把王氏改为蟒氏、萧氏改为枭氏（据说这个时候，由于萧氏死前诅咒武后来世生为鼠，自己要来世生为猫生生扼其喉，因此，武后从此之后不在宫中养猫）。两者都与原来的字音很相似，但都是人们讨厌的动物。与吕后不同，武后并未说要将人变成猪，但她企愿王氏一族成为蟒、萧氏一族成为枭。她好像认为改名或替换文字后，其本质也会发生变化。

唐高宗在其统治的三十四年间，竟改元十四次。唐高祖和唐太宗都只使用了一个年号，分别为武德、贞观，到了唐高宗时代，却突然频繁改元。这可能是唐高宗的喜好，但更可能是开始掌握政治实权的武后的喜好。之所以这样说，是因为武氏称帝的十五年间，实际上也进行了十六次改元。她还不止一次两次地改官厅名、官职名。

反对立武氏为后之人陆续下台。她采取的方法如下：首先，找一些借口把他们打发到地方上；然后，找人告发他们有谋反的企图，武后收到告发后，再一个接一个处分被告发之人。唐高宗意志薄弱，不知不觉中就被武后操纵了。武后想做的事，大部分都能如愿以偿。消灭西突厥、平定高句丽，在唐朝国力大展期间，身处宫廷的这位女性，其权势欲望也得到了极度满足。

最初的牺牲者是褚遂良。他从最初的转任地又被调任南方桂州（广西桂林）的都督。之后，武后又借口褚遂良与中央的谋反有关系，将他贬为爱州刺史。爱州在唐帝国南边尽头，位于今日越南清化。褚遂良在流放到爱州的第二年，即显庆三年（658年），死于这个酷热之地。

王皇后的舅舅柳奭自不必说，就连唐高宗的舅父长孙无忌（显庆四年，即659年，被削去太尉之职，流放到黔州，同年，以牵涉谋反罪接受审问，被迫自杀）一族，也被以类似的方式除掉了。此外，长孙无忌一派的大官们也接连被除掉。在御前会议上为保身而未发言的于志宁也被免官。对武后来说，绊脚石已不在。

唐高宗依然常常生病。与此相对，武后身体康健、意气风发，代行政务也井井有条。她还具有优秀的筹划能力，以及颇为强烈的权势欲。唐高宗的影响力逐渐减弱，武后的存在感逐渐增强。她已经不再只是被皇帝宠爱的女人。

最初所立的皇太子是唐高宗的长子，其生母出身卑微。唐高宗将其废黜，立武后所生的代王李弘（五岁）为皇太子。虽然还有萧淑妃等人所生的孩子，但他们惨遭冷眼相待，并未受到关注。

但是，唐高宗也因为武后太强，而开始感到不快，他也曾与宰相上官仪商量要废黜武后。计划很快就传到了武后的耳中。唐高宗害怕了，将全部责任都推卸给上官仪。上官仪被扣上谋反的罪名处死，由此，事情得到了解决。上官仪作为诗人具有卓越的才能，尤其擅长五言诗，他的诗被称为上官体，受到高度评价。

天后出现

上元元年（674 年），武后被授予天后的称号，皇帝则称为天皇。获得天后这个毫无先例的称号，表明武后从皇帝妻子的宝座又向皇帝的宝座迈进了一步。武后也已经五十岁（或五十一岁）。与她年龄几乎无差的唐高宗，病情逐渐恶化，失去了执政的热情。

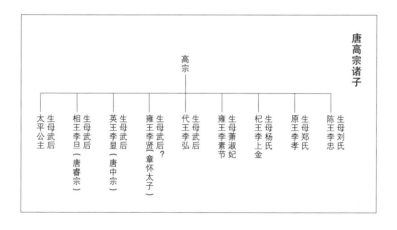

这种情况下通常会由皇太子摄政，皇太子也已经二十三岁了。但是，唐高宗并没有说让皇太子摄政。翌年，皇太子李弘突然死去，一时之间流言四起，说皇太子李弘是被天后毒杀的。

不久之后，第六子雍王李贤成为皇太子（章怀太子）。此人颇具学识，曾与文人一起为《后汉书》作注释，这一注释作为章怀太子注受到高度评价。李贤据宣称是天后之子，但传言称他实际上是唐高宗与天后的姐姐韩国夫人（嫁给了贺兰越石，丈夫早死。被授予韩国夫人的称号，从很早开始就出入宫中。据说武后怀疑她与唐高宗有染而将其杀害）所生之子。皇太子听闻了此事，日日苦恼，他的所作所为越发不英明。

正好这个时候，祈祷师明崇俨某夜被人所杀。明崇俨取悦于唐高宗与天后，行为怪异，他知道皇太子不受天后宠爱，经常告密，说些对皇太子不利之事，因此，天后怀疑杀害明崇俨的是皇太子。

天后指使心腹之人，告发皇太子与此事件有关，并且调查皇太子周围，找出算不上证据的证据（指从东宫的马坊中找到甲胄数百具），以皇太子有谋反企图为由，将其废黜。唐高宗真是可悲，无力挽救皇太子。永隆元年（680 年），已二十五岁的英王李显被立为皇太子。李显是唐高宗第七子，是天后的亲生子。

北门学士

皇太子李弘暴毙前后，天后将文人聚拢到她身边，例如元万顷、范履冰、刘祎之、苗楚客、周思茂、胡楚宾等。天后令这些文人编撰《列女传》《臣轨》《百僚新诫》《乐书》等书籍，大致一千余卷。

《列女传》是中国历代杰出女性的传记；《臣轨》在中国已失传，传到日本的版本留存了下来，与唐太宗为皇太子（唐高宗）所撰写的《帝范》相对应，述说为臣之道；《百僚新诫》的内容可以从其名称推断出来；《乐书》则是论音律之书。还有，天平时代传入日本的《维城典训》（《续日本纪》卷二十二、《唐书·艺文志》中可见此书名），显然也是武后主持编撰的，编撰这本书大概是为教育皇太子。

但是，天后身边聚集的文人并非只参与编撰事业。天后表面上这样做，暗地里却将他们作为商议政治问题的伙伴。唐太宗从秦王时代开始就在身边设置文学馆学士，天后应该是以此为模范。她的目的在于通过令这些文人参与政治策划，来控制宰相的权限。时人称他们为北门学士。据说他们不从宫城的南半部分，也就是南衙出入，而被允许从宫城的北门（玄武门）出入，因而才被称为北门学士。

这显然意味着以天后为中心的亲信政治出现了。尽管未形成一个官厅，也算与官厅近似。以前在武后立后时大显身手的许敬宗和李义府等人或已经死亡，或脱离了队伍，因此天后丝毫不敢松懈，一直在自己周围培育新势力。

永淳二年（683年）十二月，唐高宗死于东都（洛阳）的贞观殿，享年五十六岁。皇太子李显继位，即唐中宗，时年二十七岁。

武后垄断政治

新帝唐中宗从即位之初就未掌握皇帝的实权。他尊母亲为皇太后，国政全由皇太后一手决断。

新帝与唐高宗相似，属凡庸之辈。他擅自想要任命皇后的父亲为门下侍中，诸般行为惹怒了太后。太后与宰相裴炎商议后，将这个不肖子从帝王的宝座上拽了下来，并且立李显的同胞弟弟豫王李轮（原为相王李旦）为皇帝。李轮即睿宗，比中宗小四岁，是唐高宗的第八子。

中宗被封为庐陵王，调到房州（湖北省）。中宗在位仅五十四日。睿宗从即位时起就未参与政治，连即位仪式也没有，政治全由太后一手掌控。

太后毫不顾忌，开始重用娘家武氏一族。她提拔侄子武承嗣为宰相，招致非议。她还接连不断地实行各种改革，并将东都洛阳改为神都，似乎打算将其作为实际上的首都。从唐高宗驾崩前开始，武则天就长期滞留洛阳。她还改官厅名、官职名，将中书省改为凤阁，门下省改为鸾台。凤阁、鸾台实在是充满了典雅、太平的气息。

反抗武氏者

柳州（广西壮族自治区马平县）司马李敬业等人对武氏要夺取唐室的江山感到愤慨，于扬州举兵。李敬业是将军李勣之孙。前文已述，李勣是暗中赞成立武氏为后之人。李勣的长子早逝，李敬业继承了祖父的爵位。李敬业曾任某州的刺史，后坐事被贬为柳州司马。他打起了拥立废帝庐陵王（中宗）的口号。这是光宅元年（684 年）八月之事。

与他一起行动的有骆宾王、魏思温及其他数人，这些人都对现政府心怀不满。

李敬业自称扬州司马，魏思温为其谋主，他们抓捕扬州长史祭天，开府库，动员扬州之兵。由于在邻近的州也有内应者，因此，其兵势一时大振。此时，骆宾王作檄文传布到管辖范围内的州县。檄文中历数武后的恶行，说她"包藏祸心，窥窃神器。君之爱子，幽之于别宫；贼之宗盟，委之以重任"。最后，还以激昂的语调申斥："一抔之土未干，六尺之孤何托？"意思是，先帝坟墓的黄土还没有干，其遗儿〔庐陵王（中宗）〕将何去何从？

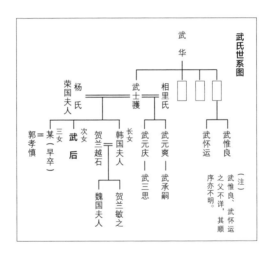

骆宾王，浙江义乌人，是著名的诗人，与王勃、杨炯、卢照邻一同称为初唐四杰（在唐诗的时代划分中，有初唐、盛唐、中唐、晚唐四期。初唐是从唐朝开国之初至唐睿宗的九十余年间）。

但是，起事的这些人太缺乏战争经验，被太后派遣的讨伐军猛攻而彻底失败。而且由于部下倒戈，李敬业以下首脑大部分被杀，事件被平息，这距离他们起事才一个月。

太后削去李敬业之父与祖父李勣的官爵，挖开李勣的坟墓，劈碎他的棺材，剥夺其因功被赐的李姓。李勣的坟墓复原是武后死后的事情。

告密的奖励

李敬业起兵事件发生后，太后的猜疑心变得越来越强，开始想要根除有可能威胁自己地位的所有障碍。太后奖励告密，并为此铸造了投书用的四方形铜箱，将它置于朝堂的特定场所，表面上说是要听听民众的声音。这与德川八代将军吉宗所设置的意见箱（作为享保改革之一）相似，不同的是，吉宗的意见箱一开始是为了收集信息而铸造的。

太后还展示了告密者所能获得的优越待遇，使其效果大增，她还为告密者提供驿马到都城，给予其五品官人的粮食。不论什么身份的告密者，都可谒见太后，并且可于客馆住宿，接受款待。倘若报告令太后满意，其本人还会被提拔为官。而且，即使告发之事并非事实，也没有问罪一说。于是，告密者不断出现。

通过告密之功获得地位者有索元礼、周兴、来俊臣（与万国俊一起创作了书籍《罗织经》，据说他写这本书的目的是教他的部下如何将无辜之人陷害成罪人）、万国俊、侯思止等。律令是为维持国家治安、保障民众生活而制定的，却出了以律令为盾牌来凌虐百姓的官吏。尤其是在法治意识强烈的时期，这伙人简直是胡作非为。他们被称作酷吏，但与一般情况不同的是，他们属于为太后服务的监察机关。

他们养着数百人的暴力团体，专门以告密为职业。但是，他们并非像德川幕府的间谍那样见不得人。太后提拔他们，将他们一个个任命为政府官员，周兴竟官至秋官侍郎（刑部侍郎）。

由这些酷吏所构成的监察体制，对所有针对太后的不满分子都起到了震慑作用。一旦有人说太后的坏话，就会有人告密。此人立马会被逮捕，他的罪甚至会波及家人。

酷吏调查嫌疑者的方法残酷至极，他们制造了各种各样恐怖的刑具用于逼供。据说西洋的刑具比日本的恐怖得多，而酷吏所用的刑具简直残酷到超出我们的想象。据说，嫌疑人光是看到那些刑具就会昏厥。

酷吏们对太后贡献很大。但是，他们只是被利用而已，一旦被利用完就会被除掉。这是因为，太后赢得女皇宝座后，开始对他们的猖獗感到厌恶。

妖僧薛怀义

传言称，在太后强化监察体制的垂拱年间（685—688 年），有妖僧出入宫廷，受到太后宠爱。这是事实。

此僧原本是卑微的卖药人，名为冯小宝，其体格魁梧，腕力也大。据说，他曾向皇族出身的贵妇人介绍壮身药，由此机缘，被此妇人推荐给太后。太后虽已将近六十岁，却让这个没有任何家世背景的男人出入宫中，将他当作玩伴。通过讨得男性宠爱来不断奠定地位的她，开始有了男宠。

太后给这个男人发放度牒（许可证），让他扮成僧侣，改名薛怀义。因为如果是僧侣，则频繁地出入宫中也不奇怪。她喜欢这个僧侣，大多事情都随他所愿。关于这一情况，七八十年后发生在日本的称德女帝与弓削道镜的风流韵事可引作例证，只是薛怀义并非像弓削道镜那样是真正的僧侣。

不过，薛怀义也以和尚的身份，在洛阳与著名的僧人法明、处一等人于内道场（宫中的佛教修行道场）念诵。他骑着宫中调拨的马出入，带着十多个宦官，确实威风凛凛、气势凌人。此后不断出现当面向薛怀义叩拜请安的朝臣，太后的侄子武承嗣和武三思也都巴结薛怀义，对其表现出不成体统的谦恭态度。谁都想让这个和尚向太后举荐自己。

太后在宫中建造各式各样的宫殿，看薛怀义天性颇为灵巧，从设计到工事监督，便都由他承担。

此时，宫中开始盛传这样一个预言，即太后是弥勒佛的化

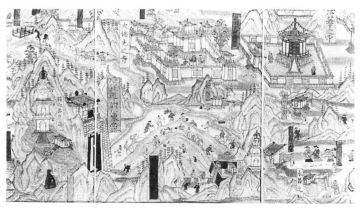

五台山图
（敦煌石窟壁画）

敦煌石窟第 419 洞的塑像

身，应该取代唐朝继承帝位。预言的散播者便是薛怀义。他与洛阳僧法明等九人一起，牵强附会地解读《大云经》（北凉昙无谶译《大方等无想（大云）经》）这一经典，炮制出这个预言。

所谓弥勒下生，是佛灭后的佛教徒对遥远的未来描绘的梦想之一。自称弥勒佛的化身，拉拢愚民之例，在中国历史上并不少，这一时代前后也常常可以看到。然而，将弥勒下生的思想与《大云经》联系起来，凭的是薛怀义及其参谋，也就是洛阳高僧们的才略。

太后早就在心中梦想着继承帝位。然而在中国，没有女人继承帝位的先例。史无前例的女帝出现，必须有适合的氛围。作为凡人一跃登上帝位有些勉强，于是太后想到了借助佛教，如果说自己是佛的化身，那么事情自然能顺利进行。于是各种"舞台装置"被依序搭建好，就等接下来的佛教"演出"了。

另一方面，太后于永昌元年（689年），废止了汉武帝以来一直采用的历法，而使用周正历。在周正历中，以前的十一月为正月，因此永昌元年十一月为载初元年正月，以前的十二月改为腊月，次年的正月改为一月，顺序为正月、腊月、一月、二月……

太后决意实行这样的改革，开始显露出她想要再现"周"这一中国古代理想时代的企图。她利用佛教的同时，也不忘立足于中国传统的儒家理想。

则天新字

采用周正历的翌年载初二年（690年），太后新造了几个文字，用于替代以前的文字。新字的数量不明确，常盘大定先生称只发现了十七字。也有人数出更多，说是二十字，但是明确的只有十七字，因此此处决定依据十七字说。

字数倒是没有什么了不起的，但这些文字中包含了用于年号的文字及其他使用次数较多的文字。其中，"圀"字今日在日本仍被使用。

创造新字的目的何在？中国历代帝王中，秦始皇统一字体一事很有名，即用笔画数较少的所谓小篆，代替以往盛行的笔画数较多且较为复杂的大篆。但是，像武则天这样创造全新的文字使用是罕有的事。这与隋文帝去掉"随"（繁体字为"隨"）字的"辶"作为国号略有不同，其宗旨也有别于今日中国创造简体文字。

则天新字中，既有以古文、篆文为依据的文字，也有完全创造出来的文字，还有两者的中间型。总而言之，相较于以前的文字，新字笔画数更多，有装饰性，还具有一种神秘感。

在这十七个新字中，笔者特别注意到了"曌"字。这个字的意义或许是使天空明朗，或许是日月当空，普照大地。总之，这是新创制的文字。

则天文字表

（气贺泽保规书）

觉得文字神秘的太后，如今想要成为皇帝，认为普通的字不足以作为自己的名字。她大概是期盼通过"瞾"字彻底改变自己的性格，想到这样一来，或许可以成为史无前例的女皇，因此才创造了这个字。

这与歌舞伎演员继承艺名，以期待在技艺上飞跃，或者力士改艺称，以期望获得好运如出一辙。更甚者，"瞾"字在她继承帝位后，成为她专用的文字，臣下不能再使用这个字。因此可以说，使用了这个字的武后，也必然对此抱有很大的期望。

武周革命

垂拱四年（688 年），一直小心谨慎的唐室诸王开始行动。原因是，太后要在薛怀义监督新造的明堂（最初是周代天子执政所使用的正式宫殿，仅在两三种文献中有一些具体记载，其样式不明。此后改称为万象神宫）赐宴，命令他们集聚到洛阳。如果前去洛阳，也许会被一网打尽；如果不去洛阳，必定会因违抗命令之罪而遭受讨伐。于是，诸王决定奋起反抗。

其中心人物是通州刺史，也就是黄国公李撰。李撰是唐太宗弟弟韩王的儿子。他伪造了有名无实的皇帝（睿宗）的玺书，传给博州（山东省）刺史琅邪王李冲。李冲是唐高宗弟弟越王的儿子。琅邪王立即传信给各地诸王，联络他们共同举兵进攻洛阳。诸王相继行动起来，但瞬间被待命的讨伐军平定。

严阵以待的酷吏开始活动。酷吏并不在意诸王是否真的参与了叛乱，他们只管逮捕嫌疑者，对其严加拷问逼其招供，顺藤摸瓜将诸王一个接一个捕杀。就这样，诸王奋起的第三年，即则天新字发布之年，唐室几乎被根除。

与此相反，武氏一族和太后中意的官僚被提拔，得意扬扬地聚集在太后身边。

武后实际执政已有三十年，而且她还除掉了唐室诸王，铲除了反对势力，地位越来越稳固。于是，不断出现请愿之人，希望太后如预言所说那样继承帝位。连皇帝（睿宗）也无法再沉默以对了，他上表请求赐自己武氏之姓。

太后终于宣布接受皇帝及臣下的请愿。载初二年（690 年）九月九日，太后起驾则天楼，向天下下达大赦令，宣布取代唐，改国号为周，改元为天授，臣下上尊号，称其为圣神皇帝。睿宗皇帝则成为皇嗣，被赐姓武氏。唐王朝的皇太后武曌，成为中国有史以来第一位女皇帝（此后再未出现女帝，因而是空前绝后的）。载初二年相当于日本持统天皇四年，也就是说日本和中国不约而同地进入了女帝时代。

唐王朝至此中断，这就是所谓的武周革命。这里所说的革命是指改朝换代，并不是被统治阶级从统治阶级手中夺取政治权力，急剧变革社会组织的意思。这就好比公司法人发生变化，出现女社长，董事阵营几乎大换血。然而对于唐代人而言，这实在非同寻常。

神龙元年（705 年），武则天获得"则天大圣皇帝"的尊号，此后她在位十五年，其间一直被称为"则天皇帝"，因此这十五年也被称为则天时代。

佛教的兴隆

则天时代十五年，国内未发生特别事件，这显示出武则天的确具备不凡的统治才能。然而，这十五年间，她毕竟从年逾六十岁到将近八十岁，无论再怎么健康、头脑再怎么清醒，到了晚年，身心总归会显著衰退，武则天尤其在后嗣问题上发愁。最后，她召回了流放到房州（湖北省）的庐陵王（中宗），将其立为皇太子以取代皇嗣（睿宗），才算解决了这个烦恼。

在则天时代这十五年内，武则天在文化方面的功绩是为人们所认可的。其中，首先应该被列举出来的是她开启了佛教兴隆的局面。

协助薛怀义的洛阳僧侣们在武则天即位过程中发挥了很大的作用。武则天对他们分别授爵褒赏，而最令佛教徒感到开心的是她下令对僧侣要尤其尊重。其缘由如下：

由于唐室与老子（李耳，字聃）同为李姓，因此尊老子为祖先，并尊崇以老子为始祖的道教。因此，相比于佛教，唐朝对道教更为重视，在正式的集会上也是"道先佛后"，总是把道士排在僧侣前列（上位）。这也可能是唐王朝为体现与尊崇佛教的隋王朝不同，在宗教政策上标新立异的举措。

这样一来，佛教比道教更不受重视，而这对佛教徒来说，是遗憾至极之事。之所以这样说，是因为此时的佛教在继承了南北朝以来的发展势头的基础上，又出现玄奘（602—664年。三藏法师，陈留人，俗家姓陈）和义净等人直接从印度求取了佛法之精髓，为佛教注入了能量，在这方面道教根本无法与其相提并论。

唐太宗贞观三年（629 年），玄奘从长安出发，经陆路通过天山南路之北道，于克什米尔逗留之后，到达处于戒日王统治之下的北印度那烂陀寺。他于此地学习五年，遍访全印度的有名学者，习得印度佛教诸派的学问后，又经由天山南路之南道，于贞观十九年（645 年）回到长安。此后，他完成了从印度带回来的大量经典的翻译工作，对完善中国佛教的体系做出了很大贡献。

如上所述，佛教在唐朝初期正处于昌盛时期，唐太宗、唐高宗个人也尊崇佛教，分别于各地营造佛寺。尤其是在洛阳南边的龙门，两个皇帝都曾开挖石窟，雕刻佛像。唐高宗时代可以说是龙门的最盛时期。尽管如此，"道先佛后"的规定仍被沿袭了下来。佛教一方不断抗议，但他们的意见并没被采纳。

玄奘完成了伟大的翻译事业，唐太宗和唐高宗都由衷地尊崇他。贞观二十二年（648 年），唐太宗应玄奘的恳请，为其汉译经典创作了序文，称为《大唐三藏圣教序》〔现存两种，一是褚遂良的《雁塔圣教序》（永徽四年，653 年），二是僧怀仁从王羲之的书法中集字而形成的《集王圣教序》（咸亨三年，672 年）〕，接着，唐高宗又为其创作了《述圣记》，这些都是有名的历史事实。

尽管玄奘如此受到两个皇帝的尊崇，但在麟德元年（664 年），玄奘临终时恳求唐高宗，希望改变"道先佛后"的规定，仍未被采纳。

《集王圣教序》
（僧怀仁从王羲之书法中集字而成）

然而，"道先佛后"却在武则天即位后改变了。

大云寺

武则天在她的在位期间内，毫不吝惜对佛教的支持。她将唐高宗在洛阳附近开凿的龙门石窟中最大的奉先寺洞又向南拓展，还制作了无数个佛龛。另外，她尤其尊崇为自己即位提供理论支持的《大云经》。即位前，她命天下诸寺各备一本《大云经》；登上帝位的第二个月，她便于洛阳、长安以及全国诸州设置寺庙，名为大云寺，给千名僧人发放度牒。大云寺大部分是以前就有的寺庙改换了名称，但关键是它们都是由政府提供费用的官寺。而且，根据遍访印度后于开元十五年（727年）终于到达安西都护府的新罗僧慧超的报告，天山南路的龟兹和疏勒也有武则天建造的大云寺，由此可见大云寺甚至建到了相当边远之地。

　　同一时间于全国各州设置官寺的想法早在唐高宗麟德三年（666年）就有了，当时朝廷下令的是建一座道观与一座佛寺，而不只是寺庙。这些佛寺、道观的名称不是很清楚，但应该不统一，而到了武则天时代，寺庙的名称就被统一为大云寺了。

　　此后，复位的唐中宗于神龙年间（705—707年），在诸

龙门石窟奉先寺洞窟
（武则天时代扩大）

（上）西安荐福寺小雁塔 （下）西安大慈恩寺大雁塔
（玄奘三藏纪念塔）

州各设一座佛寺，称为中兴寺，后改名为龙兴寺。再往后，唐玄宗于开元二十六年（738 年）下敕令设置开元寺。

可以说，日本圣武天皇于天平十三年（741 年）设置国分寺，就是以中国设置一系列的官寺为模范。若说国分寺的设置是仿效开元寺，似乎时间上太急迫，我更愿意认为其滥觞可以追溯到初次于全国诸州设置同一名称的大云寺之则天时代。

继玄奘之后，名僧义净（635—715 年，出生于历城，俗家姓张）于唐高宗咸亨二年（671 年）从广州经海路向印度出发。他历时二十余年，探访佛迹，与玄奘一样于那烂陀寺学习，并访问三十余国，之后经由南海诸国，于武则天即位第六年，即证圣元年（695 年）回到洛阳。武则天将翻译他带回来的经典一事当成国家事业，大力奖励。

向道教倾斜

薛怀义恃宠而骄，头脑也似乎变得有些古怪。而且，他听到传言，说女帝开始宠爱仕于宫廷的医者，便冲昏了头，放火烧了自己设计建造的天堂，火势甚至蔓延到明堂（万象神宫）。虽然武则天并未给予他特别的处罚，但从这时起却真的开始讨厌薛怀义了。感到厌烦后，武则天轻易地就干掉了这个和尚。

与薛怀义的丑闻好不容易平复了下去，她又开始宠爱美少年张易之、张昌宗兄弟（高宗朝尚书左仆射张行成之族孙。万岁通天二年，即 697 年，两人入朝侍奉）。当时，她已跨过七十岁门槛。

圣历二年（699 年），武则天新设名为"控鹤府"的机构，翌年改为奉宸府。这个机构是专门为张易之、张昌宗兄弟所建立的，在这个机构中，他们被授予与身份不相符的地位。而表面上，控鹤府设立的目的是集合才能出众的文人来开展文化事业。除了担任事务官的官吏，控鹤府还准备了许多职位，以使有一技之长的人于宫中为官，为宫中服务，称为"内供奉"。其实，控鹤府主要是为皇帝与张易之、张昌宗兄弟玩耍进行遮掩的机构。

武则天想到将张昌宗当作仙人来玩。这里所说的仙人是指周灵王的太子晋，有传说称太子晋乘白鹤升天而去。这显示出武则天开始喜欢道教的氛围。

再者，武则天命张昌宗于宫中编纂《三教珠英》。三教是指儒教、佛教、道教。其目的在于集儒、佛、道三教主张之大成。武则天坚信自己兼具儒、佛、道三教之精神，并且将其体现在了政治上。由于《三教珠英》是她政治理念的依据，因此此事具有重大意义。

被发动的文学之士有李峤、阎朝隐、宋之问等二十六人，他们分门编修，最后成书一千三百卷。这个时候，宫廷的宴会席上流行奉敕命作诗。可以说，则天朝的文化因宫廷宴会以及武则天的女儿太平公主等贵妇人仿效宫廷宴会于宅邸中举行的宴会而获得了发展。这与17、18世纪的欧洲沙龙文化相似。

后继者问题

武则天下定决心召回庐陵王，并且再度将他立为皇太子之前，有相当多的曲折。当时有李旦（睿宗）这个皇嗣，而武则天的侄子武承嗣与武三思进行各种活动，想要排挤掉皇嗣，自己成为后继者。但是，朝廷上有强硬派强烈反对此事。再者，这两个侄子，不论哪个成为后继者，都无法让人信赖。

最终，是宰相狄仁杰〔630—700年。并州太原人。一度成为宰相，但被酷吏诬告，因而被贬到地方上，于神功元年（697年）再次成为宰相。以刚直闻名〕排解了武则天的愁闷，使其下定决心让位给庐陵王。狄仁杰是受武则天赏识的重臣。

他说道："姑侄与母子孰亲？陛下立庐陵王，则千秋万岁后常享宗庙；三思立，庙不祔姑。"

狄仁杰像
（南熏殿历代名臣像）

狄仁杰的耿直，最终说服了武则天。她也到了祈求来生的年岁。

圣历元年（698年），一直于房州（湖北省）过着流放生活的庐陵王及其家人被召回洛阳。皇嗣（睿宗）请逊位于庐陵王，兄长庐陵王恢复为皇太子。

可当诸事就要圆满解决时，狄仁杰死了，于是纷争又起。武则天依然宠爱张易之、张昌宗兄弟，政治也全由他们处理。世人纷纷谴责，称他们为"二张"，"二张"的势力逐渐强大，甚至皇太子、辞去皇嗣地位的相王李旦，以及武则天的掌上明珠太平公主都要奉承他们。

持花侍女
（唐永泰公主墓的墓室石刻）

皇太子的长子邵王李重润十九岁，对祖母的所作所为十分不满。这个青年的胞妹永泰郡主是皇太子的第七女，她的丈夫武延基是武则天侄子武承嗣的长子。大足元年（701年），李重润遭人谗构，说他与其妹永泰郡主、妹夫武延基等私下议论张易之兄弟何得恣意出入内宫。此事传入武则天的耳中。

她认为攻击"二张"就是攻击她本人，遂立即严命皇太子查明情况。皇太子千方百计想避免悲剧，但仍无力保护，终究赐死这三人。

永泰郡主芳龄十七岁。此后，皇太子（中宗）再度继承帝位时，可怜女儿香消玉殒，追赠她公主地位，让她与丈夫武延基一同陪葬于唐高宗的乾陵。1960年，从位于乾陵东南三华里之地的墓中发现了这位永泰公主的墓志。墓壁上描绘有精美的壁画，显示出这个墓的豪华。这幅壁画历经一千二百年以上，直到今日仍保持原形，它的发现给中国绘画的研究带来极大的冲击。

武则天被迫退位

到底是年岁不饶人，武则天年事已高，业已衰老，于洛阳宫长生殿中卧病在床，张氏兄弟不离其左右。

以老宰相张柬之（625—706年，襄州襄阳人，于狄仁杰死后四年当上宰相。当时他已将近八十岁）为首的一伙人企图废掉武则天，让皇太子继承帝位。张柬之是武则天信任的狄仁杰推荐的人物，沉厚且有谋略，具备决断大事的能力。他首先将右羽林卫大将军李多祚拉进自己阵营中，右羽林卫大将军相当于近卫军团的师团长，之后他又借助李多祚，将志同道合者任命为左、右羽林卫的指挥官，整顿军制。其兵营位于洛阳宫北门玄武门附近。

神龙元年（705年）正月二十二日，张柬之等人按照计划，从东宫带出皇太子，以皇太子为首领涌进长生殿，将张易之、张昌宗斩于廊檐下，然后逼迫年迈苍老的女帝同意让位给皇太子。失去神通力量的她，似乎已经沦为普通的老媪。

政变三日后，皇太子（中宗）即位。数日后，中宗恢复唐国号，并上尊号称武则天为“则天大圣皇帝”。这一年的十一月，武则天走完了她波澜壮阔的一生。据推断，这一年她八十一岁或八十二岁。

武则天生前希望葬于高宗皇帝长眠的乾陵，但有人反对此事。不过，翌年，即神龙二年（706年）五月，武则天的愿望最终得以实现。就这样，武则天的皇帝生涯结束，武周政权消亡了。中宗返回长安，诸事看起来都已恢复到唐朝往昔。

唐高宗、武则天的乾陵
（陕西省乾县）

第九章　武则天的余波

韦后这个女人

武则天死,武周政权消亡。但是,武则天在宫中五十年,其间她所构建的人际关系十分复杂,其势力根深蒂固,影响甚广。尤其是,她对娘家武氏与李唐皇室联姻这类事情特别用心,因为这些人的婚姻与她息息相关。这种联姻持续了五十年,产生了相当大的效果。而张柬之等人似乎认为使武则天退位,就可以肃清武氏的势力,可谓估计错误。武氏一族的势力已生根立足,很难动摇。

另外,长期持续的女帝时代使得宫廷内充斥着女人气息,似乎也造就了适合女性权力者出现的环境。

复位的皇帝中宗的皇后韦氏(京兆万年的名门出身,父亲为韦玄贞),于流放时期一直激励胆小的丈夫,随其忍受不安的流放生活。中宗与父亲相似,很孱弱,韦氏则与他不同,性情颇为稳健。在动荡的年月中，韦氏似乎逐渐变得强大。由于中宗复位，韦氏再度被立为皇后，正如唐高宗时的武后那样，韦氏开始参与政治。

才女上官婉儿建议韦皇后，万事以武则天为模范。上官婉儿是诗人宰相上官仪的孙女，上官仪在之前遭武后憎恶而被杀。祖父被处死时，上官婉儿的父亲也被杀。还是小娃娃的她，与母亲一起作为奴婢被没入宫，但随着长大成人，她身上那种与生俱来的才智开始显现光芒。由于她擅长诗文，并且善于处理事务，因此被武则天使唤，担任秘书之职。

她在中宗复位后也受器重，被授封婕妤（女官，属于第三阶），而且不知何时受到了中宗的宠幸。这个才女还凭借男女之事上的厉害本事，早就与武则天的侄子武三思私通。

安乐公主

武则天将掌上明珠太平公主当作可商量要事之人，韦皇后的参谋则是小女儿安乐公主。中宗复位时，安乐公主二十二岁。

上官婉儿将武三思介绍给韦皇后。虽然她与武三思私通，却又安排武三思与韦皇后产生联系。她大概是想刺激中宗与韦皇后产生不和，再去取悦中宗，以便随心所欲地操纵他。或许，上官婉儿表面上劝韦皇后以武则天为模范，其本意却是梦想自己成为武则天。接着，上官婉儿又安排安乐公主嫁给武三思的儿子武崇训。

朝政逐渐转由韦皇后与武三思商量决定。张柬之等宰相企图排斥武氏一族，反而被武三思牵制，无法再出手。中宗陷入比父亲高宗更为悲惨的境地。

长安城大明宫址

只不过是左散骑常侍（门下省次官）的武三思开始掌握政治实权。张柬之等五个重臣厌恶武三思专权，企图压制武三思，却反倒被武三思算计，被夺了实权赶下台。

皇太子李重俊与志同道合者奋起，最终成功杀了武三思、武崇训父子，但却仅止于此，接着便被自己人消灭了。李重俊并非韦皇后的亲生子，因此被韦皇后和安乐公主轻视。

武崇训死后，安乐公主嫁给武崇训的堂弟武延秀。她越发专横，王侯、宰相以下官员的任命也大多经她之手（不通过正规渠道，而是下墨敕来任命，这种方式所授之官称为斜封官）。不仅是安乐公主，安乐公主的姐姐长宁公主、韦皇后的妹妹、上官婉儿及其母亲也个个收受贿赂，卖官鬻爵。她们不光卖官鬻爵，还出卖成为僧尼所需的度牒（许可证）。

安乐公主等人大肆营造宅邸，这些宅邸都极尽豪华壮丽。据说，安乐公主曾在长安延平门外十公里左右的地方修建山

大明宫址麟德殿的发掘

庄，剥夺民田建造定昆池，累石像华山，引水像天津。

安乐公主还曾穿一条叫作织成裙的精美裙子，据说价值连城。织成裙织出了花卉鸟兽之形，皆如粟粒之大小，正视、旁视，日中、影中，分别呈现不同的美。她还命人制作了百鸟毛裙，这种裙子还曾成为一大流行风潮。据说百鸟毛裙是网罗珍奇的鸟兽制作而成的。正仓院中收藏的鸟毛立女屏风上所画的美人，身上的裙子应该就是百鸟毛裙。

与安乐公主争夺势力的是武则天的女儿太平公主（高宗与武则天最小的孩子。武则天为了让太平公主替已经去世的外祖母杨氏祈福，命太平公主出家为女道士。此后，吐蕃点名要娶太平公主，高宗与武则天以太平公主为太平观观主为借口拒绝和亲），也就是安乐公主的姑姑。太平公主在武则天的时代十分得势。她一开始嫁给了薛绍，由于薛绍的母亲是高宗的姐姐，因此，太平公主与薛绍是表兄妹的关系。但是，薛家与武后不和。垂拱四年（688年），琅邪王等人举兵时薛绍响应，琅邪王败死后，薛绍被捕而死于狱中。

此后，太平公主嫁给武则天堂兄之子武攸暨。从这个时候开始，太平公主变得极具权势，比一般的公主获得了更多的赏赐。她建造了豪华的宅邸来居住，并仿效母亲武则天，聚集了一批文学之士和书画家，过着肆意挥霍的生活。

长安城兴庆宫址

不论是建造宅邸，还是修建佛寺，抑或是将文人聚集到自家的沙龙来举办雅宴，太平、安乐两位公主都迸发出强烈的竞争意识。

从睿宗到玄宗

景龙四年（710年）六月，韦皇后与女儿安乐公主合谋毒死了中宗（韦皇后的奸夫散骑常侍马秦客与光禄少卿杨均参与了阴谋。马秦客因善医术，杨均因善烹调而出入宫中）。

韦皇后掌握政治实权，安乐公主想着既然不能成为皇太子，那就成为皇太女。她们在饼中下毒，送给中宗吃。可怜庸弱的天子，居然因皇后与皇女而一命呜呼。中宗死时五十五岁。这实在是骇人听闻的事件。相比于武则天，韦皇后显然更加狠毒。武则天虽然干了相当残忍之事，但是没有想过要杀掉丈夫高宗。

韦皇后在自己的党羽和娘家韦氏一门等势力的支持下，决定立中宗的小儿子李重茂为皇太子，自己总揽政治。当时，李重茂十六岁，他并不是韦皇后的儿子。

太平公主也有行动。她与晋升到昭容的上官婉儿策划，伪造了中宗的遗诏，想要以温王李重茂为皇太子，使韦皇后执政，并推中宗的弟弟相王李旦作为皇后的参谋。但是，这个想法被韦皇后一派所阻止，并未实现。事态按照韦皇后、安乐公主的预想发展，皇太子李重茂继承了帝位，尊韦后为皇太后。

韦氏的同党劝告韦皇后仿效武则天，取代唐朝而建国。但是，此构想因相王李旦的第三子临淄王李隆基（此后的唐玄宗）举兵而破灭。韦皇后、安乐公主被杀，有参与的上官婉儿也最终被斩。相王李旦（睿宗）以接受少帝李重茂禅让的形式，继承了帝位，李隆基被立为皇太子。文明元年（684年）中宗被废黜后，睿宗只是名义上继承了帝位，此时则是堂堂正正的复位。

韦氏一派被除，在打倒韦氏过程中发挥了重要作用的太平公主开始掌握势力。睿宗性情温和，皇太子也尚年少，太平公主趁机干预人事任命，并曾一时独揽人事大权。然而，太平公主的专横也很快画上了终止符。

睿宗在即位的第三年，即太极元年（712年）八月，让位给皇太子以平复事态，于是玄宗皇帝登场了。太平公主与宰相窦怀贞等人奋起反对新皇帝，结果于先天二年（713 年）七月，被新皇帝除掉。于是，太平公主一派灭亡，玄宗开始了开元、天宝四十余年的统治。

从武则天退位、中宗即位到玄宗即位的七年，可以说是平息武则天所引起的震动必须要经历的时期。

对武则天的评价

鲜少有如武则天这般受到两极化评价的人。在唐朝，武则天篡夺了唐朝政权，这件事情本身就无可避免地会受到谴责。五代后晋刘昫的《旧唐书》，北宋宋祁、欧阳修的《新唐书》，司马光的《资治通鉴》都详细记载了武则天的事迹，且都未正面评价武则天。

与此相对，唐朝第九代德宗时成为宰相的陆贽却夸赞武则天果断地录用人才，依据成绩赏罚分明。另外，南宋洪迈和清代赵翼也赏识武则天作为政治家的手腕，对此给出了正面评价。不过，前述三书的评价在后世有很大说服力，相比较而言，正面评价实在是微弱。

不管怎样，武则天出于自己的权势欲，平静地干出了令人震惊的残忍之事。为了获得权力而使如此众多之人失去性命，这样的例子也是罕见的。仅就这点而言，人们对武则天的评价恶劣也是必然的。但是，能让武则天如此顺利地攀登权力的阶梯，并且在那么长时间内保持其地位，也有意见认为这种残忍也有其好处。

近年来，中国的历史学家（郭沫若、尚钺、吴晗、吴泽、吕振羽、张家驹、翦伯赞、陈寅恪、李唐诸位先生），也对武则天做出各种评价。尤其吸引我们眼球的是，不断出现全面称赞武则天之人。这些人认为武则天强化了由唐太宗所构建的唐帝国的基础，并且将它交到她的孙子唐玄宗的手中，完成了重大任务。

但是，笔者无法如此全面地高度评价武则天。

且看对外关系

唐朝在高宗时灭了百济和高句丽，将朝鲜半岛暂且纳入统治下，至此形势大好。但此后新罗势力增强，不断向北推进，唐朝最终从朝鲜半岛后退。仪凤二年（677年），唐朝不得不将暂且设置在平壤的安东都护府也转移到辽东城（辽阳）。这一年距离总章元年（668年）灭掉高句丽，已过了九年。

然而，唐朝进一步失去了辽东的根据地。其原因是，于武则天万岁通天元年（696年）转移到营州（辽宁朝阳）地区并且服从唐朝统治的契丹发生叛乱，杜绝了唐朝与辽东的交流往来。而且这一混乱给了渤海可乘之机，圣历元年（698年），渤海在东北地区的东部建国。渤海国的统治阶级中有很多高句丽的遗民，其被统治阶级由靺鞨族构成。这个国家逐渐巩固了国家的基础，一共存续了228年，在奈良、平安两个时代，都与日本有交流往来，这一点将在后面的章节进行叙述。总之，由于渤海建国，辽东地区脱离了唐朝的直接统治。

往昔的营州
（今辽宁省朝阳市）

　　再者，在蒙古地区，在此之前的永淳元年（682 年），被唐太宗灭亡的东突厥复兴，举旗反抗唐朝。在西边，咸亨元年（670 年），唐太宗时达成和亲关系的吐蕃入侵，攻陷了西域十八州。

　　也就是说，唐朝的扩张在总章元年平定高句丽时达到了顶点，此后各地区都有事件发生。史料显示，唐朝的势力总体而言在衰退，这一点无法否认。当然，这并非全部是武则天的责任，但在对外关系上，武则天时代确实没有发展。

均田制的混乱

　　太宗时代以府兵制和租庸调制为两大支柱，巧妙地实行均田制，但到了高宗时代这一制度就已经非常混乱了。这一时代，朝廷下令禁止买卖永业田和口分田，这透露出一个事实，即富豪兼并土地与小农没落的情况增多。这一趋势到了武则天时代仍在继续发展。也就是说，这些王公、贵族、官僚、富商、寺观根本无视规定，他们的庄园日益壮大。

均田制混乱，府兵制不可能不受影响。万岁通天元年（696年），契丹叛乱时，朝廷甚至发动各地的罪人、官吏和庶民的家奴（奴隶）作为士兵一起出发，还在山东（并非今日山东省，而是当时的山东，指今日的河北、山东、河南、山西各省。这里主要是指河北）近边诸州设置武骑团，以此兵力讨伐契丹。以上情况也显示出朝廷无法再全面依赖府兵。

虽然笔者难以认同全面赞赏武则天业绩的观点，但即使是其他人，大概也无法阻止均田制、租庸调制、府兵制的混乱。另外，进一步推动已发展到极致的对外关系，估计也是谁都无法实现之事。这里笔者只是针对那些过度赞扬武则天的观点，提出一些异议。

文化史上的功绩

武则天的成就还表现在文化方面。总的说来，日本也好，西洋也好，女帝统治的特长大多都体现在文化方面。

武则天优待文人。天后时代，她将称为"北门学士"的元万顷、范履冰、刘祎之、苗楚客、周思茂、胡楚宾等一众人聚集到身边，让他们从事各种编撰事业。她大概也有打算将他们当作政治方面的参谋吧。

武则天即位后设置控鹤府（此后改称为奉宸府），对待当时的李峤、徐彦伯、张说、宋之问、崔湜、薛稷、薛曜等人也是如此。他们表面上是参与编撰《三教珠英》的文人，大多作为宫廷诗人享受优待。他们在宫廷宴会上互相比试应制诗，可以说，继"初唐四杰"王勃、杨炯、卢照邻、骆宾王之后，他们奠定了武则天时代的诗风。

宫廷诗人活跃的场合很多，例如武则天、中宗、睿宗的宫廷中，武氏诸王或张易之、张昌宗等宠臣或太平、安乐诸公主的宅邸的沙龙上。武则天时代所开启的华丽唯美的诗风此后色彩越发浓厚，并被玄宗时代的诗人继承了下来。

唐太宗喜好王羲之的书法，此事很有名，武则天诸事以唐太宗为模范，因此她也学习王羲之流派的书法。而且，她很珍惜唐太宗收集到宫中的王羲之的书法作品。武则天时代的宰相王方庆是王羲之旁系之子孙，其家族几代以来一直收藏着王羲之、王献之等人的书法，王方庆将收藏的这些书法全部献给了武则天。武则天于武成殿向群臣展示这些书法，并且命中书舍人崔融将此事做成文章，取名《宝章集》，又将实物全部还给王方庆。这件事成为当时的一大美谈。

在这样的氛围中，诸贵族也开始学习王羲之的书法，薛稷、薛曜等人继承了高宗朝初期褚遂良的书法风格，渐渐成名。薛稷因擅长书法和画鹤而受到睿宗宠爱，薛曜是薛稷的堂兄弟，以文章大家闻名。

虽然说建造豪华壮丽的宫殿、宅邸和寺院是人民付出了巨大牺牲的结果，但这样做确实推动了建筑技术上的巨大进步。另外，武则天对佛教的尊崇，也为佛教的兴盛注入了很大的能量。唐朝一代佛教盛行的局面便是由武则天开启的。

武则天时代的龙门石窟也延续了高宗时代的隆盛风格，

其造像技术达到了顶峰。此外，武则天时代留下了数量众多的精美器物，例如以唐三彩为代表的陶瓷器，以及丰富当时贵族生活的种种日用器具等。可以说，武则天在弘扬唐代文化方面的贡献极大。

武则天的色彩与奈良朝的女杰

为了满足自己的权势欲，武则天做出了相当阴险、残酷之事。但是，她的统治时代洋溢着与以往不同的华美情调。这种气氛似乎伴随着佛教，又影响到了日本的天平时代。首先要提到的是，日本也陆续出现了几位女帝，杰出的女性十分活跃。

在中国，武则天是唯一的女帝，而在日本，女帝并没有那么稀奇。日本史上女帝共有八人，历经十代，在飞鸟、奈良时代，甚至出现了六位女帝，历经八代，令人印象深刻。

天平时代，在圣武、淳仁这两位男性天皇之间，出现了孝谦天皇。而且，淳仁天皇被迫退位后，孝谦天皇再度即位，成为称德天皇。这位女帝也相当有才，不过真正应该称为女杰的是她的生母——出自藤原氏，后成为圣武天皇皇后的光明子。

称德天皇宠幸僧人道镜类似于武则天宠幸薛怀义。从这方面来看，可能有人认为称德女帝是日本版的武则天，但是事实上，光明皇后具有远比称德女帝更近似武则天之处。光明皇后与武则天都是女杰，都出自民间而成为皇后，都协助带病的皇帝丈夫执政，性格上也似乎都是皇帝丈夫弱而皇后强。而且，

两人并不仅仅是相似，可以说光明皇后在某些方面效仿了这位
中国的女性当权者。

紫微中台

天平胜宝元年（749年），接受圣武天皇让位的孝谦女帝
新设称为紫微中台的机关。它由先前已有的皇后宫职（皇后宫
事务局）改名而来。藤原仲麻吕成为紫微中台的长官，即紫微
令。此后，紫微令改称为紫微内相。对于紫微中台，森鹿三先
生、泷川政次郎先生都发表了见解，在此，笔者将概括介绍两
位先生的学说，并加上一些私见。

可以认为，紫微中台是以唐朝的中书省制度为模范设立
的。玄宗开元初年，曾有一段时期将中书省称为紫微省，高
宗、武则天时代曾将尚书省改称为中台，紫薇中台的名称可能
是从这些事情中获得的灵感。另外，渤海国将相当于唐朝中书
省的机关称为中台省，或许也可以认为，紫微中台的名称是从
这里直接得到的启发。总之，紫微中台移植了唐朝的中书省制
度，这个机关除了处理原来的皇后宫职的事务，还要再掌管唐
朝中书省所负责的枢密政治，削弱了相当于唐朝尚书省之太政
官的势力。

泷川政次郎先生认为，紫微中台是奈良时代最大的令外
官。循此先例，嵯峨天皇时代产生了藏人所，后三条天皇时代
产生了记录所。紫微中台是为当权者光明皇太后创建的专属机
关。光明皇太后死后，紫微中台也被废止，而且此后未再设
置。泷川政次郎先生早就注意到了这一点，他认为正是紫微中

台构成了平安末期院政的先驱。

此处笔者想说的是，设置紫微中台的想法，不是设置其名称而是设置这个机构本身的想法，不正是源自武则天任命北门学士（并未形成机构）和继承帝位后设置控鹤府（此后为奉宸府）吗？只是武则天专属的北门学士和控鹤府不像紫微中台那样甚至握有兵马权。不过，武则天在天后时代根本掌握不了兵马权，而继承帝位后也没有必要建立一个专属机构掌握兵马权。

紫微中台的长官一开始称为"令"，之后称为"内相"，内相这一官名更为庄重。泷川政次郎先生认为内相这一官名或许是从渤海国的政堂省（相当于唐朝的尚书省）长官，即大内相中得到的启示，我赞成这个想法。

其余种种

武则天的成就在很多方面对日本天平时代造成了直接影响。例如，一般认为，国分寺的创建是受到了大云寺的影响。也有人认为国分寺的创建是受到了中宗时代的中兴寺、龙兴寺，或者玄宗时代的开元寺的启发，但是，既然这一时期光明皇后享有强有力的发言权，笔者认为国分寺的创建与武则天的大云寺有联系是最自然的。

还有一个例子，可以认为龙门奉先寺的卢舍那佛，或武则天拟建的洛阳白司马坂大佛是东大寺大佛的原型，也有可能两者都是东大寺大佛的原型。

另外，圣武末期到孝谦、淳仁、称德朝持续使用天平感宝、天平胜宝、天平宝字、天平神护、神护景云这些四字年号，或许是将武则天的四字年号，也就是天册万岁、万岁登封、万岁通天当成了范例。这一点森鹿三先生已指出，笔者认为正是如此。而且，值得注意的是，这种模仿主要是由光明皇后和孝谦（称德）天皇开启的，并且就此结束。

还有一些内容不能忽视，例如从天平胜宝、天平宝字等年号都可以看出，统治者想要尽可能地使年号贴近距那个时代很近的玄宗时代的天宝年号；再者，天平胜宝七年，日本天皇下诏今后将"年"字改为"岁"字，这是模仿玄宗于天宝三年正月下诏改"年"字为"载"字。

这样一来，笔者就对由女帝建立的四字年号明显是模仿武则天这一点感到更大的兴趣。看来对光明皇后和孝谦女帝来说，武则天是理想的女帝形象。

奈良都中亦可见模仿武则天时代及其后的宫廷、贵族宅邸的沙龙文化。长屋王佐保在山庄中举行的新罗使者送别宴就向我们展示了这一点，此外应该还有类似的事情。

再者，上文已叙述过武则天曾给竞争对手王皇后、萧淑妃改姓，露骨地表现出憎恶之情，这令人想起天平胜宝九岁（757年），在橘奈良麻吕之变中被捕的黄文王被改名为久奈多夫礼（顽固愚蠢之徒）、道祖王被改名为麻度比（瞎打转的人）、加茂角足被改名为乃吕志（迟钝的家伙）的事情。另外，这还让人想到和气清麻吕（针对弓削道镜是否应该继承天皇之位的问题，受宇佐八幡宫的神谕之托而进行报告）被取名为别部秽麻吕、其姐姐广虫（尼法均）被取名为别部狭虫一事。

与此相反，藤原仲麻吕被赐美名惠美押胜，这令人联想到武则天给卖药的冯小宝赐名薛怀义。

若将圣武天皇与光明皇后的关系同唐高宗与武则天的关系相比较，会发现很多相似之处。在墨迹上，武则天的书法（有名的是《升仙太子碑》）强过唐高宗的书法（以《纪功颂》《李勣碑》等为代表），能令人感受到才气与遒劲；《乐毅论》与《杜家立成》中光明皇后的墨迹，也比《宸翰杂集》中圣武天皇的墨迹更强，更有笔力。

说起《乐毅论》，在中宗时代，由于宫中的监管松懈，公主们肆无忌惮地将宫廷中收藏的珍宝带回自己家中。因为唐太宗喜好，宫廷中收藏有为数众多的王羲之的真迹。其中，太平公主尤其喜爱《乐毅论》，并将它带回自己的家中。大概她是喜欢那种强劲又优美的小楷。光明皇后的《乐毅论》无疑是对当时从唐朝舶来的《乐毅论》进行临摹（将字帖放在边上，忠实地仿写。不仅要临摹字形、笔法，更重要的是临摹字帖所蕴含的精神）的作品。虽与太平公主相隔三十多年，光明皇后却沿袭了太平公主等人的嗜好，与其可谓不谋而合。

第十章　开元、天宝时代

英姿飒爽的玄宗

说到玄宗，也许很多人会想象老皇帝对杨贵妃看得入迷的样子。不过，那是玄宗晚年之事。玄宗二十八岁时因父亲睿宗（让位后于开元四年，即 716 年驾崩，享年五十五岁）让位而成为第六代皇帝，是个英姿飒爽的青年天子。

他是睿宗的第三子。生母窦氏是睿宗为皇嗣时的妃子，受谗言而被武则天所杀。身为第三子的他，依靠灭掉韦皇后、安乐公主及其同伙的功劳，越过长兄而成为皇太子。换而言之，他是凭借实力赢得皇太子之位的。玄宗继承帝位后不久，又消灭了太平公主及其一党。

玄宗在即位的翌年（713 年）改年号为开元，又在开元三十年（742 年）改元为天宝。天宝年号一直持续了十五年，之后玄宗让位给肃宗。玄宗在位历时四十五年。这期间，日本奈良朝经历了元明、元正、圣武、孝谦四帝。玄宗在位时间之久，不仅在唐朝罕见，在中国史上也是罕见。

在四十五年的统治时期内，开元三十年以前，特别是开元二十年之前的这段时间，正是玄宗改革热情高涨、政治上励精图治的时期。玄宗与祖母武则天有相似之处，也与祖母一样喜欢搞政治氛围。首先，他改革官厅名、官职名，以使官员齐心同力。开元元年（713年），他曾在短时间内将尚书左、右仆射改为左、右丞相，中书省改为紫微台，门下省改为黄门省，侍中改为监。

武则天末期，尤其是武则天退位到玄宗即位这七年间，政治严重混乱。皇室贵族生活奢侈成性，经费上涨。官吏则由韦皇后、安乐公主、太平公主及上官婉儿之类的女性当权者随意任命。而武则天时期尊崇佛教，这又导致度牒（许可证）胡乱出售，因此被称为伪滥僧的有名无实的和尚增多，产生各种弊害。

唐玄宗像
（出自日本版《历代君臣图像》）

玄宗一即位，就毅然下令严正纲纪，同时禁止奢侈浪费，并取缔伪滥僧。不过与这些相比，必须要考虑根本对策进行根治的是均田制与府兵制的混乱。玄宗真刀真枪地处理这个问题，取得了初步成果。其结果是赢得了太平盛世，史称开元之治。

姚崇与宋璟

开元年间，玄宗得到了很多有才能的朝臣的辅佐。其中，姚崇（650—721 年。开元元年，即 713 年为宰相，开元四年卸任）、宋璟（663—737 年。开元四年，即 716 年为宰相，开元八年卸任）二人堪比贞观年间的房玄龄、杜如晦。姚、宋二人在武则天时代已崭露头角，后效力于当时为临淄王的玄宗，开元初期相继成为宰相。

姚崇（左）与宋璟（右）

姚崇擅长随机应变地处理政务，他还对边境的军备状况谙熟于胸；与此相对，宋璟则守法持正，不会搞错政治方向。唐玄宗成功地将适当的人才安置在了合适的位置。虽然他们的行事风格不同，但是都提高了玄宗的施政效果。

姚崇晚年，其子因受贿被判死刑，为了给儿子减刑，他背地里进行活动，因此下台，晚节不保。与此不同的是，宋璟以进谏为己任，他的刚直在他卸任宰相之位后仍未改变。

姚、宋之后，还出现了很多优秀的宰相，玄宗都使他们各自发挥了所长。韩休（672—739 年。开元二十年，即 732 年为宰相）就曾为宰相。韩休为人严峻刚直，不追求功名利禄，因此受人们信赖。他对坚信的事情能毫无顾忌地直言不讳。唐玄宗有时在宫中设宴或在苑中打猎游玩，稍微懈怠时，就对左右的人说："韩休知否？"往往话刚说完，韩休便已前来进谏。

据说，某日，唐玄宗对镜自览，一副闷闷不乐的样子。左右侍从说："韩休为相，陛下殊瘦于旧，何不逐之！"唐玄宗说："吾貌虽瘦，天下必肥。"可见他颇为重视听取谏言。

流民与逃户

均田制的混乱体现在流民和逃户增加上。均田制下接受均田的农民，一旦生活困难，便对土地撒手不管，而进入王侯、贵族、官僚或寺院等买主的庄园中成为佃农，或者逃往他乡。这种现象应该自唐高宗以来就已出现。这些农民被称为流民或逃户，由于他们寄居在别人家，因此也被称为客户。流民和逃户的增加，会直接对均田制及租庸调制造成很大影响。

对此，开元九年（721年），监察御史宇文融〔？—729年。京兆万年人，北周皇室的子孙。祖父为高宗朝宰相，父亲为州长史。受宰相源乾曜赏识，于开元八年（720年）成为监察御史〕调查逃亡户实情，并且上奏称应该采取对策。唐玄宗命人讨论出一个改善方法。讨论的结果是，朝廷宣布：逃亡人口百日以内自首者，或入其所在地的户籍，或返回故乡，凭其所愿；过百日而未自首者，接受彻查后一经发现即流放到边境。

接着，玄宗命宇文融等人负责调查，经调查可知客户之数为八十余万，他们撒手不管的土地与户数相对应，十分庞大。宇文融进而受命剥夺非法占有土地者的土地，调查客户并且将他们编入户籍，收容于空地，令他们从事耕作，并且将特定租税存于常平仓（国家为调整谷价所设置的仓库，唐朝时设置于诸州。丰年谷价下降时，国家提高谷价；凶年谷价升高时，国家出售仓米，以降低谷价），以安定百姓生活。

如此，唐玄宗努力维持均田体制，并且似乎在某种程度上取得了成功，但是，均田制崩溃的大势无论如何也难以抵挡。于是，唐玄宗开始重用像宇文融这样在增加税收方面取得了成绩的有才能的官僚，渐渐转向现实主义。

唐玄宗开始寻求财源，以取代租庸调。为了支付逐渐增加的岁出，朝廷开始将从前一直在征收的户税与地税当作重要税种。户税是依据人民的资产来征收的税种，地税是由原本预备荒年用的义仓米转化而来的税种。

佣兵制与节度使

均田制混乱，府兵制也不会顺利。均田农民的减少、府兵负担过重等恶劣条件叠加在一起，致使府兵制行将崩塌。而且，东北的契丹、渤海，北方的东突厥，西方的吐蕃等异民族取得了显著发展，边境的防卫丝毫不容松懈，前文已述，为了防备契丹侵入，早在武则天时代，朝廷便已于山东近边配备了称为武骑团的佣兵。可见不论在内地，还是在边境，靠正在逐渐崩坏的府兵制，无论如何也不行。

十节度使

名称	治所	兵数（天宝元年）
平卢节度使	营州（辽宁朝阳）	37,500
范阳节度使	幽州（河北、北京）	91,400
河东节度使	太原（山西阳曲）	55,000
朔方节度使	灵州（宁夏灵武）	64,700
河西节度使	凉州（甘肃武威）	73,000
北庭节度使	庭州（新疆迪化）	20,000
安西节度使	龟兹（新疆库车）	24,000
陇右节度使	鄯州（青海西宁）	75,000
剑南节度使	成都（四川成都）	30,900
岭南节度使	广州（广东广州）	15,400

开元十一年（723年），唐玄宗基于宰相张说的意见，断然实行兵制改革，不再让府兵从地方折冲府番上长安宿卫。另

一方面，朝廷新募集十二万人，使其分属于十二卫。此称为长从宿卫，翌年改称为彍骑。这是首次出现大量的佣兵，佣兵负责对都城严加警备，朝廷不再秉持兵农一致的精神。

再者，在边境的防卫上，朝廷设置了军镇。最初军镇的兵力以派遣自折冲府的防人为主，以若干佣兵为补充，随着府兵制的瓦解，变成全部由佣兵组成。唐睿宗景云二年（711年），朝廷设置了节度使，作为统辖军镇的军司令官。最初设置的是河西节度使，此后，从玄宗至肃宗时代，十处边境要地都设置了节度使，称为十节度使（参照上图表）。

若将这十节度使的位置与唐太宗至唐高宗时设置的六都护府的位置（参照前文）相比较，大概可知唐朝的势力衰退了多少。而且部署十节度使是为了防备异族侵入，可见本质上唐朝已经失去了对外发展的热情。

然而，由于朝廷允许任命的节度使在当地自行募集士兵，节度使与士兵之间自然就缔结了主从关系，这成为形成军阀势力的基础。

在唐代，百济、高句丽、靺鞨、契丹、突厥，及被称为胡人的伊朗人种等民族的居住地也曾一时被囊括进其统治的广大领域，因此，这些民族的君主或酋长中，有很多人选择了主动入唐归顺，或者降唐而居于其边境。频繁来往于唐朝、移居到唐都城的普通外族人亦不在少数。唐朝对这些人很宽容，不论其种族，均依据其才能给予优待。虽然这些人中也有被录用为文官者，但是，不管怎么说，还是具有军事才能之人更多。因此，当府兵制改换为佣兵制后，出现了众多因军事才能受器

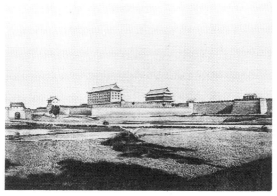

唐长安古城墙址（上）与今日西安钟楼（中）、西安城北门（下）

重而被任命为武官的外族人。这样一来，朝廷陆续设置的十节度使及其幕僚中，异族出身的武将自然也逐渐增多了。

唐帝国通过采用佣兵制和部署节度使，使军备得到了增强，可以说其基础尚且坚固。但是，如果将贞观时代比喻为耀眼的金色日光，那么开元时代只不过是柔和的银色月光。

不再励精图治

唐玄宗以曾祖父唐太宗为模范，非常用心地想要成为明君。他在开元年间，尤其是前半期，确实是这样的状态。但是，虽说他很劳心，却还是比不上唐太宗。唐玄宗讲究排场，并且还有易动感情的特点。据说他继承帝位后，仍与兄弟们很亲密，这样的事情毫无前例。〔据说，唐玄宗制作了长枕大被（长形的枕头，宽大的被褥），与兄弟同床共寝，余暇时也多与兄弟玩乐。〕尤其是对长兄，由于皇太子之位是长兄所让，因此唐玄宗对其十分恭敬。不过，唐玄宗对女性也颇具深情厚谊。作为优秀政治家的一面、作为普通人软弱的一面，在他的身上并存。这点似乎与其祖母武则天相似。出于这样的原因，他对国政的紧张感并未长期持续。

首先是他的宫廷生活。从太宗时代到武则天时代，宦官的人数都不多，中宗时宦官开始增加，而唐玄宗即位后，宦官激增，总数达三千余人。而且，唐玄宗还不断把宦官任命为三品之位（相当于宰相之位）的将军。玄宗时代宦官激增的原因是高力士（684—762 年。据传他是岭南蛮酋冯盎的曾孙，年幼时受阉割，成为宦官高延福的养子，侍奉即位前的玄宗）等宦官中的精英得了势。

高力士得势是因为他协助玄宗消灭太平公主及其一派有功，因此被任命为右监门将军兼知内侍省事，被授予三品。作为宦官，他获得了最高的地位。

高力士一直待在宫中，来自各方的奏疏要先由他过目后再给唐玄宗批阅，小事竟然由他直接决定，可见其势力了不得。开元十八年（730年），唐玄宗的内心已开始松懈。

唐玄宗的后妃们

唐朝的祸水红颜不只武、韦二氏。唐玄宗的皇后王氏在唐玄宗还是临淄王时就成了他的妃子。唐玄宗讨伐韦氏时，这个女人也参与了密谋，但是她无法生育孩子，自然就失去了唐玄宗对她的爱。当时，在数名妃子中，唐玄宗尤其疼爱的是武惠妃，这个女人企图与王皇后竞争，使得事态变得很复杂。

武妃是武则天堂兄弟的孙女，自少女时就进入宫中，其父亲名为武攸止。唐高宗的第一位皇后王氏就是被武则天排挤掉的，武氏一族实在生来就像是能排挤皇后的角色。不过，尽管同为王氏，唐高宗的废后与这个王氏似乎没有关系。

唐玄宗也想要废掉王皇后，正当他难以下定决心时，王皇后因一心想生孩子，行了巫术（念咒）。此事被发觉后，被人恶意利用，王皇后立即身败名裂。开元十二年（724年），王氏被废黜皇后之位，贬为庶人。因为与巫术有关，连王氏的兄长也被杀。

武惠妃成为皇后的热门人选。然而，有人表示反对。其理由是，将唐室的仇敌武则天一族的女性立为皇后，在大义名分上存在疑义，而且皇太子李瑛（生母为赵丽妃）并非武惠妃所生，武惠妃也有儿子，如果武惠妃继承了皇后之位，皇太子的地位就不可能安稳。

夺取唐朝天下的武则天，被称为唐室的仇敌也在人意料之中。唐玄宗也考虑到皇太子的将来，不得不放弃立武氏为后。唐玄宗使武惠妃在宫中的待遇与皇后相同，以此劝其忍耐。他对武惠妃的宠爱一直持续到开元二十五年（737 年）武惠妃在四十余岁时死去为止。

此前已指出，武则天通过婚姻使娘家武氏与唐室李氏深深地结合起来，甚至影响到了玄宗时代，这一点值得关注。

然而，这期间发生了一大事件，那就是武惠妃在幕后指挥，废掉了唐玄宗的三个皇子。介入此事的还有被后世贴上"奸臣"标签的李林甫（？—752 年。唐高祖的堂兄弟长平王李叔良之曾孙）。

武惠妃与李林甫

吏部侍郎李林甫是唐高祖堂兄弟的曾孙。此人毫无疑问继承了皇族血统，但他相当奸诈，被评价为"柔佞多狡数"。他与宦官和妃子们都有密切联系，并常借此窥探皇帝的动静，对朝中事务几乎无所不知。唐玄宗对他十分满意。

李林甫跟当时无比受宠的武惠妃攀上了关系。武惠妃所生的皇子寿王李瑁，比其他任何皇子都更受唐玄宗宠爱。不知不觉间，皇太子受到了冷遇。李林甫托宦官告诉武惠妃说："愿尽力保护寿王。"武惠妃也认为此人可以信赖，从而向唐玄宗推荐了李林甫。

李林甫还与另外一名女性关系甚好，那就是武三思的女儿，也是侍中裴光庭（676—733 年，唐初名将裴行俭的第七子。开元十七年，即 729 年，为中书侍郎同平章事，翌年成为中书侍中）的妻子。裴光庭死后，未亡人武氏哀求高力士，希望高力士向唐玄宗说情，以使李林甫能够就任亡夫的职位。高力士与武三思家关系颇深，李林甫利用的正是这一点。高力士虽然什么也没对唐玄宗说，但韩休成为宰相后，他与武氏一起极力向韩休推荐李林甫。而这时还有武惠妃从旁美言，因此，李林甫顺利升任黄门侍郎，接着又于开元二十三年（735 年）位列宰相。

对李林甫而言，宰相张九龄〔673—740 年，韶州曲江人。受曾被流放到岭南的张说赏识。唐中宗景龙年间（707—710 年）为进士，张说为中书令时，张九龄成为中书舍人，之后为宰相〕是绊脚石。张九龄也是有名的文章大家。他出生于在当时被视为蛮地的岭南（广东省），也不是什么名门望族，不过，他以第一名进士及第博得了名声。张九龄为人正直，遇事会坚持自己的想法；而李林甫则极力迎合唐玄宗，并且千方百计寻找时机，想要中伤张九龄。

被立为皇太子的李瑛、其弟鄂王李瑶和光王李琚三人，生母均不同。三人的生母都曾在唐玄宗还是临淄王时受其宠幸，但此后不再受宠，而武惠妃所生的寿王则长大成人了。并且，武惠妃如今简直集皇帝的宠爱于一身，因此很容易就产生了问题。

皇太子跟两个弟弟说了些怨恨之事，有人向武惠妃告密。武惠妃向唐玄宗哭诉说："太子阴结党与，将害妾母子，亦指斥至尊。"

唐玄宗大怒，要废黜三个皇子。张九龄通情达理，劝谏唐玄宗不可听取无根据之言，唐玄宗感到十分不愉快。武惠妃想要将张九龄也拉入自己阵营，使他也赞成废黜皇太子，但张九龄斥退了武惠妃的使者，并向唐玄宗报告了这个情况。据说唐玄宗听闻此事后脸色大变。

李林甫绞尽脑汁，想要陷害张九龄，张九龄的处境越来越恶劣。开元二十四年（736年），李林甫终于成功地将张九龄从宰相的位置上拉了下来。

皇太子等三个皇子被废黜后，于开元二十五年（737年）四月被杀。唐玄宗就此重大问题向李林甫征求意见时，李林甫答道："此陛下家事，非臣等所宜豫。"这个回答与立武氏为后时李勣的回答相同，这一点很有意思。

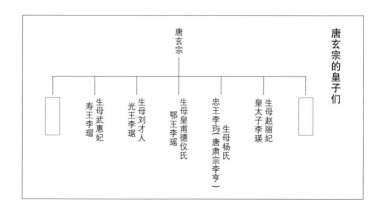

李林甫劝说唐玄宗立武惠妃所生的寿王为皇太子。但是，唐玄宗未听从。唐玄宗认为忠王李玙既年长，也仁孝、恭谨，并且勤奋好学，想要立忠王为皇太子。正当难以决定时，高力士推荐忠王，因此，翌年六月，忠王李玙被立为皇太子，即之后的唐肃宗。忠王的生母杨氏已亡，杨氏是武则天母亲的同族。

虽然皇太子一事未如李林甫所愿，但是他成功取悦了厌倦政治的唐玄宗。李林甫待在宰相之位上长达十九年，并一直专权弄势。

口蜜腹剑

口蜜腹剑这个成语就是对李林甫的评价。李林甫平静地干着当面说动听的话，背地里陷害人这种事。他将张九龄从宰相之位上赶下后，从此就不再推荐不听他使唤的人为宰相。

唐玄宗喜欢精通财政、能顺利地征税、比起为国家做贡献更能丰富他的宫廷生活的人。再者，在动辄出现粮食短缺的长安，他需要能够顺利运输米、消除粮食危机的人才。为了执行这项特殊任务，朝廷特意设置了转运使〔开元二十二年（734年）左右初置，负责将长江中下游流域的财物，尤其是谷物运输到中央〕、发运使等官职。这些官职为使职，也就是令外官，裴耀卿、韦坚等人都曾在其位置上大有作为。

然而，一旦唐玄宗看中某个人，想要提拔他，李林甫就会先下手，想办法阻止。在人事任命方面，唐玄宗很多情况下都未能如愿。

曾有这样一件事。某日，唐玄宗问李林甫："严挺之今安在？是人亦可用。"李林甫一从御前退下，就叫来严挺之的弟弟，这样低声私语："上待尊兄意甚厚，盍为见上之策，奏称风疾，求还京师就医。"

在弟弟的联络下，严挺之听从了李林甫的暗中唆使。然而，李林甫却拿着严挺之的奏疏，来到唐玄宗面前，如此说道："挺之衰老得风疾，宜且授以散秩，使便医药。"

据说唐玄宗嗟叹良久。李林甫用的全都是这种招数。

而且，为了打倒反对势力，李林甫还将殿中侍御史（隶属于御史台，于殿中督察官吏的不正当行为）罗希奭与法曹（司法参事）吉温两人用作心腹。这两人都是典型的酷吏。他们利用手下来散播对李林甫的对手不利的谣言，再根据李林甫的指示，以此做文章，或轻或重地编造罪名陷害对手。据说，被罗、吉两人盯上的人，无人能逃脱。这恰好与武则天驱使酷吏很相似，不过，李林甫不像武则天那样以帝位为目标，而在意的是获得唐玄宗的信任。奸臣自有奸臣之道。

如此一来，国政全由李林甫一手决断。

开元年间所设置的节度使，一开始主要由文武官员担任。其中有人长期任职，也有人身兼数个节度使。并且，还有不少人凭借在边境守备时所建立的功勋被召回朝廷当宰相。也有人在成为宰相后，遥领其地，成为名义上的节度使。

有一种说法是，李林甫不喜欢从节度使变为宰相发迹的人，他尤其讨厌成为节度使的文官建立武功后当上宰相，因为他担心这些人会削弱自己的权势。他劝说唐玄宗："文臣为将，怯当矢石，不若用寒畯胡人；胡人则勇决习战，寒族则孤立无党，陛下诚心恩洽其心，彼必能为朝廷尽死。"唐玄宗听从了他。因此，众多胡人开始成为节度使。

与此相对，还有一种说法是，唐王朝建国初期就已在边境使用众多异民族出身的武人，当和平持续时，更没有必要再从朝廷派遣如此多的大官，于是异民族出身的武人自然更多了。这两种说法都有值得听取之处。大概是因为唐代的士人认为到都城去，在朝廷政府获得地位是无上光荣的事情，他们都不希望到边境去，并且强烈地蔑视战事，因此节度使便逐渐由异民族出身者包揽了吧。总之，在这样的大环境下，出现了安禄山。

安禄山是杂胡

天宝元年（742 年），安禄山被任命为平卢节度使。平卢节度使的司令部设于营州（辽宁朝阳），这种情况下，营州被称为治所。朝廷设平卢节度使的目的在于镇抚靺鞨与室韦。室韦是从中国东北地区的北部扩展至蒙古高原东部的部族。

安禄山，小名轧荦山。据说其父亲为胡人，母亲为突厥人，并且是巫女，因此安禄山被称为杂胡。安禄山父亲早死，母亲带着他，改嫁给突厥有名的将军安延偃，因此他改姓继父的姓。

此后，突厥发生内乱，其一族逃难来到唐朝。营州是唐朝在东北的前方根据地，各种民族的人聚居于此。安禄山能迅速摸透他人性情，并且通晓六国语言，他先是做贸易中介等来谋取生计，之后归于范阳节度使张守珪的麾下。

当时契丹反复侵入，范阳节度使的主要目标是对付契丹。安禄山被提拔为搜捕队长，经常率数骑进入敌营，捕获数十个契丹人而归，取得了不小的成绩，因此深受张守珪喜爱，成为其养子。之后，安禄山晋升为平卢讨击使兼左骁卫将军。

安禄山在朝廷出了名，并非由于光荣的事情。开元二十四年（736年），安禄山奉张守珪之命，前去讨伐契丹，他专恃勇猛而冒进，终于遭受大败。张守珪获得朝廷的批复，准备斩杀安禄山，然而实在是可惜他的骁勇。于是，张守珪决定改换方针，将安禄山护送到长安，以等待中央的裁断。

宰相张九龄坚决主张安禄山不可饶恕。但是，唐玄宗或许看中了安禄山，未采纳张九龄的意见，而是饶恕了安禄山，只是剥夺了其全部官职，以观后效。安禄山于命危时得救。

人的命运是未知的。四年后，开元二十八年（740年），安禄山成为平卢兵马使。一路提携安禄山的张守珪，却因前些年隐瞒部下与契丹作战失败的事情暴露，遭遇左迁，不久之后病死。另外，不容许饶恕安禄山性命的张九龄，则被李林甫陷害而被贬到地方，当年死去。

当上平卢兵马使后，安禄山开始发挥其处世的特长。他向朝廷派来的官吏赠送了丰厚的物品，因此，朝廷对他的评价变好。成为平卢兵马使的第二年，安禄山当上营州都督，被授予平卢军使的官衔。再下一年的天宝元年（742年），安禄山成为平卢节度使。接下来，天宝三载（从这一年开始，规定不再称"年"而称"载"），安禄山兼任范阳节度使，亲自坐镇其

治所幽州；天宝九载（750 年），安禄山又兼任了河北道采访

处置使；天宝十载（751 年），安禄山又兼任了河东节度使（治

所为山西省阳曲县）。

安禄山为何大有成就

当时，异族出身的节度使，除了安禄山还有很多。安西

（四镇）节度使高仙芝为高句丽人；从河西节度使转任朔方节

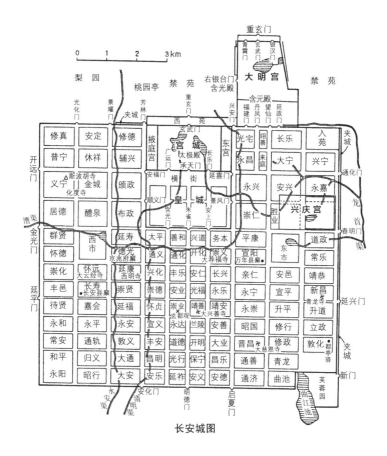

长安城图

度使的安思顺为安禄山继父的侄子，是突厥人；先是陇右节度使，之后兼任河西节度使的哥舒翰是突厥系的突骑施酋长的后裔，父亲为突厥人，母亲为胡人（于阗人）。他们都充分具备武将应有的素质。哥舒翰因与吐蕃英勇战斗，抵御入侵而驰名天下。

安禄山脱颖而出并且飞跃发展，当然有他凭本事成功应付契丹的原因，但是比起这个，更大的原因在于他处世精明，通过四处奔走，比其他武将更迅速地与中央拉近了关系，从而成功获得了唐玄宗的信任。与其他武将相比，安禄山入朝的机会也更多。天宝六载（747 年），安禄山兼任御史大夫（御史台长官，督察官吏），被赐予了长安的宅邸。

安禄山利用巨额贿赂，取悦宰相李林甫和皇帝的亲信，又进而利用中央越来越复杂的人际关系，来扶植自己的势力。不过即便是像安禄山这样的男子，也有不善处理之事。据说，他一来到李林甫的面前，即便是冬天也会全身冒冷汗，这大概是因为他在李林甫面前感到十分压迫，或是为了讨好李林甫而十分卖命。据说，唐玄宗是因为李林甫夸赞安禄山才开始信任安禄山的，由此说来，安禄山如此费心劳力也是有价值的。

自古以来，大臣要获得天子的恩宠，其公认的有效途径就是取悦后宫。安禄山似乎深谙此道。而这一次，安禄山的眼前出现了绝好的门路。他觉得只要这次伺候好，必定会受到唐玄宗器重。

第十一章　唐玄宗与杨贵妃

杨贵妃的身世

唐玄宗所宠爱的武惠妃之死，据说是受到她背地里指挥杀害的三个皇子的亡灵侵扰所致。武惠妃之死对唐玄宗而言是很大的冲击。此后杨贵妃的出现，为郁郁寡欢的唐玄宗带来了光明。

高力士奉命寻找能够替代武惠妃的女人，不论已婚、未婚。之后他报告说有合适的人，这个女人叫杨玉环，芳龄二十二岁。不过杨玉环已为人妻，而且是寿王纳的妃子。寿王就是唐玄宗与武惠妃所生之子，武惠妃正是因为想要使寿王成为皇太子，才使计让包括皇太子在内的三个皇子被废黜的。

高力士的这一报告，不仅改变了这个女人的命运，还改变了唐玄宗甚至是唐王朝的命运。唐玄宗令寿王同意此事，作为补偿，为他聘韦诏训的女儿为寿王妃。由于立即招已被儿子纳为妃子的女人正式进宫有失体面，因此，开元二十八年（740 年），唐玄宗暂且令杨玉环成为女道士，道号太真。天宝三载（744 年），杨玉环被暗中召入宫中，翌年，被赐予贵妃（女官，位列第一阶夫人的第一位，准皇后）之位。

唐高宗将父亲唐太宗的妃子之一武媚娘召入宫中，唐玄宗将儿子的妃子杨玉环据为己有。唐高宗将武媚娘从尼寺召入皇宫，唐玄宗则使杨玉环先成为女道士再进入皇宫。一个是祖父，一个是孙子，虽然顺序相反，但两人都以非常规的手段达成了目的。而且，武氏夺取唐朝的天下，杨氏倾国，这两个女人，都改变了唐王朝的命运。

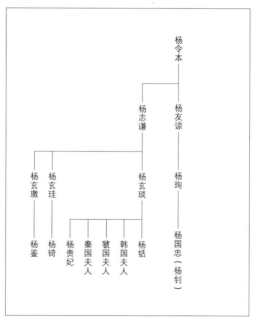

杨贵妃家系图

　　白居易（字乐天）的《长恨歌》以吟咏唐玄宗失去杨贵妃后的怨恨之情而有名，其中写道："汉皇重色思倾国。""倾国"是指绝世美人，不过像杨贵妃这样真的招致倾国的例子也很少吧。

　　那么，这个杨贵妃是谁家的女儿呢？虽说"不靠门庭，靠美貌"，但其出身还是值得关注的。

　　《旧唐书》中记载，杨贵妃的父亲是蜀州的司户（县里的经济科长）杨玄琰，但由于杨玄琰很早过世，因此她由叔父河南府士曹（士曹参军，掌管州里的工役）杨玄璬抚养。这个记录合乎情理。杨家原籍是蒲州永乐（山西省），据判断杨贵妃应该是在父亲于蜀州任职时出生的。

　　然而，也有人推测杨贵妃并非杨玄琰之女，而是杨玄璬的亲生女。因为在唐玄宗册立她为寿王妃时发布的文书中，称其为杨玄璬的长女。据说，唐玄宗决定封杨玉环为贵妃时，或

唐玄宗透过薄绢欣赏杨贵妃的美肌
（唐张萱绘《明皇纳凉图》）

许是为了给人杨贵妃与寿王妃并非同一人的印象，才称其为杨玄琰的小女、杨玄璬的养女的。这也有一番道理。这样一来，就不确定杨贵妃是杨玄琰还是杨玄璬的孩子了。

还有一个完全不同的说法，称杨贵妃出生于广西的偏僻乡村，由于天生貌美，而被一个叫杨康求的官吏收为养女。然而，这个养女之后被杨康求的上司杨玄琰要走，杨康求只得割爱。她被杨玄琰带来都城，并且进入寿王府。虽然这一说法与正史的记载相矛盾，但给人感觉也比较符合绝世美人的身世。

杨玄琰自不必说，即使是身为河南府士曹参军的杨玄璬，其地位也没有达到能够将女儿献给皇族的程度。或许关键还是她的美貌为她带来了幸运，而且使她进一步受到唐玄宗的宠爱。杨玉环十七岁成为寿王妃，二十二岁离开寿王府，成为女道士，二十六岁正式进入皇宫，二十七岁成为贵妃。

已迈入老年的唐玄宗得到杨贵妃后，似乎再度逢春。杨贵妃拥有符合时下审美的丰满肉体、娇艳的容颜、芳香的体味、优雅的舞姿、美妙的歌声，以及婀娜的举止，对唐玄宗而言，杨贵妃是无可挑剔的女人。相比这一系列描写，我们来看看《长恨歌》是如何描述的：

> 天生丽质难自弃，一朝选在君王侧。
> 回眸一笑百媚生，六宫粉黛无颜色。
> ……
> 云鬓花颜金步摇，芙蓉帐暖度春宵。
> 春宵苦短日高起，从此君王不早朝。

承欢侍宴无闲暇，春从春游夜专夜。

（规定皇帝于卯时，即早上六点出席朝会。）

而且，杨贵妃头脑灵活，能够迅速看透唐玄宗的内心，但又不会随意露出锋芒。她还擅长音乐，是琵琶高手。唐玄宗也喜好音乐，还能够自己作曲，很有才能，因此两人越发情投意合。武则天从被爱转变为去爱人，而杨贵妃一生始终是被爱的女人。

满门兴旺

杨太真被立为贵妃后，亡父杨玄琰被追授太尉、齐国公，母亲被封为凉国夫人，叔父杨玄珪、再从兄杨铦、杨锜分别被提拔为光禄卿、鸿胪卿、侍御史。此处存疑的是，连叔父杨玄珪和再从兄弟都承蒙恩典，而《旧唐书》中称为养父的叔父杨玄璬，却未见任何相关记载。这到底是怎么一回事呢？或许我们可以认为，册立寿王妃时的文书中称杨玉环为杨玄璬的长女是真实的，为了掩盖此事，朝廷特意不采取这种明显的方法赏赐杨玄璬。对此，我们只能暂且存疑。

再者，据《新唐书》的宰相世系表记载，杨铦为杨贵妃之兄，杨锜为从弟。不知哪种说法正确。

杨贵妃有三个姐姐，各个貌美有才。唐玄宗赐予这三人"国夫人"之号，分别称为韩国夫人（嫁给崔氏）、虢国夫人（嫁给裴氏）、秦国夫人（嫁给柳氏）。唐玄宗称杨贵妃的这三个姐姐为"姨"，非常尊重她们。就连唐玄宗的妹妹玉真公主等人也将这三人奉为上宾。

由于唐玄宗对杨贵妃的恩宠前所未有，因此，这三人与杨铦、杨锜五家的势力迅速强大起来。据说，地方官接待这五家介绍来的人，比接诏书时还要用心。五家收到了来自四面八方的堆积如山的赠礼。

唐玄宗游幸时杨贵妃必定陪同。当时流行女性骑马，杨贵妃也甚是喜爱。当杨贵妃骑马时，高力士便在一旁做执马辔或递马鞭的工作。

杨贵妃喜欢荔枝，为了将荔枝从岭南（广东省）送到长安，并且使其保持新鲜，途中的官吏们颇为辛苦。这个故事非常有名。

骊山"华清池"温泉
（唐玄宗与杨贵妃的游玩之地）

每年十月，唐玄宗就会前往华清宫，一直待到年末。华清宫是设于长安之东、临潼骊山北麓的离宫，有若干天然温泉涌出。《长恨歌》中写道：

> 春寒赐浴华清池，温泉水滑洗凝脂。
> 侍儿扶起娇无力，始是新承恩泽时。

说的就是那个华清池。诗词中写的是唐玄宗与杨贵妃初次欢好时的事。每年例行游幸时，以杨贵妃为首的杨家人都会陪同，真可称得上是满门兴旺。

李白与杜甫

李白（701—762 年，字太白）在杨贵妃最受宠的时期效力于唐玄宗。其出身不明，据说继承了西域外族的血统。李白与唐玄宗的妹妹玉真公主关系亲密，因而得以进入翰林院。翰林院是文人、学者、宗教家、技术专家供职待命的机关，以备天子咨询。李白的职位是翰林供奉。

然而，李白这个诗人酒后脾气大，据说还曾带着酒气来到御前，醉醺醺地叫高力士给他脱鞋。此外，他还在花街柳巷与贵族子弟争论，引起非议。

李白将杨贵妃之美比喻为牡丹花，写下了以下很有名的诗句。鉴赏牡丹也是开元年间长安流行风俗之代表。

> 云想衣裳花想容，春风拂槛露华浓。
> 若非群玉山头见，会向瑶台月下逢。

一枝红艳露凝香，云雨巫山枉断肠。
借问汉宫谁得似，可怜飞燕倚新妆。

名花倾国两相欢，长得君王带笑看。
解释春风无限恨，沉香亭北倚栏杆。

据说这三首诗是唐玄宗陪伴杨贵妃于兴庆宫（唐玄宗时代营造的宫城，由于位于太极宫的东南，因此称为"南内"）内的沉香亭赏牡丹时，李白在宿醉未醒还难受着的情况下执笔创作的作品。他将杨贵妃比作浓艳的牡丹花，赞叹杨贵妃之美连巫山神女也望尘莫及。但是他又将杨贵妃与汉成帝的宠姬赵飞燕相提并论，据说这惹怒了杨贵妃。赵飞燕是品行不端之人，受到时人谴责。据说，向杨贵妃煽风点火的是高力士。像李白这样放纵的诗人，终究是难以供职宫中。

杜甫（712—770年，字子美，号少陵）在《饮中八仙歌》中吟道：

李白斗酒诗百篇，长安市上酒家眠。
天子呼来不上船，自称臣是酒中仙。

李白天性乐观，纵情于山水之间，留下了为数众多的作品，显露出其奔放磊落的性格。

杜甫有一首《丽人行》，描写了杨氏一家的豪奢。这首诗吟咏的是在长安城东南曲江边上春游的美人之样态，美人就

是杨贵妃的三个姐姐。诗中先是描述了丽人们的体态与服饰之美:

> 三月三日天气新,长安水边多丽人。
>
> 态浓意远淑且真,肌理细腻骨肉匀。
>
> 绣罗衣裳照暮春,蹙金孔雀银麒麟。
>
> 头上何所有?翠微盍叶垂鬓唇。
>
> 背后何所见?珠压腰衱稳称身。

接着又点明这一行人正是虢国夫人和秦国夫人等:

> 就中云幕椒房亲,赐名大国虢与秦。

李白由于性格原因,虽然一时抓住了机会,但是最终与宫廷无缘。而杜甫是有修养的诗人,他认真地挑战进士考试,可惜连连落榜,好不容易凭诗得到唐玄宗赏识,而于唐朝为

张萱绘《虢国夫人游春图卷》
(虢国夫人是杨贵妃的姐姐)

官，可转眼之间，又因安禄山叛乱而跌入逆境。之后，杜甫效力于唐肃宗，但是很快就被贬到地方上，后又丢了官职，为求安居之地而艰辛度日。李白的诗是乐观的，而杜甫的诗大多是悲观的；李白擅长抒情诗，而杜甫擅长叙事诗。考虑对后世造成的影响，杜甫的诗应是更受重视的，不过李白的诗才的确是充满了唐人的豪爽。这两人并称为"李杜"，他们的诗不仅代表了盛唐诗歌，甚至代表了整个唐代的诗歌，这一点自不必赘言。

杜甫的《丽人行》大概是天宝十二载（753 年）春天时创作的作品，最后几句如下：

> 后来鞍马何逡巡，当轩下马入锦茵。
> 杨花雪落覆白苹，青鸟飞去衔红巾。
> 炙手可热势绝伦，慎莫近前丞相嗔！

诗中描述了最后登场的丞相权势之大，百姓一靠近就会挨严厉的训斥。这位丞相是谁呢？就是因与杨贵妃有血缘关系而出人头地的杨国忠。

杨国忠登场

杨国忠本名钊，与杨贵妃、杨铦、杨锜是一个曾祖父，因此与他们是堂兄弟、堂兄妹的关系。其母亲是武则天的男宠张易之的妹妹。杨国忠不学无术，嗜酒好赌，过着任性放纵的生活，受亲族鄙视。后来他发奋成为军人，前往蜀地，成为剑南节度使的幕僚。据说，杨国忠曾出入杨玄琰家，与其二女儿（后来成为虢国夫人）私通。

杨国忠返回长安并且被提拔为监察御史，这完全是因为他与杨贵妃同族。他一方面给人感觉言行轻率，另一方面却又表现得机智灵活。他取悦于势头正盛的宰相李林甫，协助李林甫打倒反对派，并在此过程中驯服了李林甫的心腹吉温，使其成为自己的爪牙。之后，杨国忠调任负责财政之官，并取得了很好的成绩。他在任期间左藏库〔宫中的仓库，掌管钱、帛、杂彩和天下的赋调（上贡的土产）〕里货币堆积如山，因此完全获得了唐玄宗的信任。

天宝九载（750年），杨国忠成为御史大夫兼京兆尹（首都长官），由唐玄宗赐名"国忠"，并且从这个时候开始，杨国忠开始反过来攻击李林甫，利用吉温瓦解李林甫的党派，反复进行虚虚实实的斗争。

天宝十载（751年），李林甫遥领朔方节度使（治所为宁夏灵武），将军务交给节度副使，即突厥人阿布思（汉名李献忠）。然而翌年，阿布思与安禄山一起讨伐契丹，因与安禄山关系恶化，遂率领部下掠夺仓库，并返回漠北。杨国忠拿阿布思事件攻击李林甫，使李林甫被罢免节度使一职。

不想着报复就不是李林甫。上一年发生了一件大事，剑南节度使（治所为四川成都）讨伐南诏而大败。南诏是西藏、缅甸系民族在中国南边的暑热之地云南建立的国家。开元二十六年（738年），尽管唐朝刚刚封其国王为云南王，南诏却借助吐蕃（西藏）势力背弃了唐朝。

此剑南节度使（鲜于仲通）是由杨国忠推荐任命的，杨国忠因为自己遥领剑南节度使而隐瞒了败北的事实，并采取了一些善后对策。然而，李林甫用心不良，他奏请唐玄宗派遣杨国忠亲自讨伐南诏，容不得杨国忠拒绝。出发时，杨国忠哭诉称必会为李林甫所害，唐玄宗可怜杨国忠，仅数月就将其召回。杨国忠幸免于难，不过云南地区败北，战死病死者达二十万，南诏越来越亲近吐蕃。

杨国忠撤回之后不久，李林甫病死，杨国忠转而升为右相（尚书右仆射）。二人之争以杨国忠的胜利而告终。李林甫的葬礼还未结束，安禄山就不断控诉，说李林甫与阿布思企图谋反，还将阿布思部落的投降者带至长安作证。这件事情好像是杨国忠操纵他人唆使安禄山诬告的。

唐玄宗听信了此事。他削去李林甫的官爵，命人开棺，从尸体上扒下显贵的装束，将其转移到庶人用的小棺材中。他还将李林甫的两个儿子及其他家人流放至岭表（广东省）。安禄山在此事上帮助杨国忠不少。

李林甫与杨国忠相争期间，安禄山绞尽脑汁亲近杨贵妃，并且取悦唐玄宗以获得宠信。李、杨的对立，给安禄山发展提供了好时机。天宝十载（751年），唐玄宗将位于长安亲仁坊的豪华壮丽的新邸宅赏赐给了安禄山。新邸宅内布置极尽奢华，珍奇无数，大量日用器具也全都是精心准备之物。要取悦厌烦政治、被杨贵妃迷得神魂颠倒的唐玄宗，简单的伎俩就已足够，因为杨贵妃喜欢具备胡人风貌的安禄山。宫中开始传出种种流言，唐玄宗却毫不介意。

与阿拉伯的对决

安禄山被赐予新邸宅的同一年，即天宝十载（公元751年），唐朝的西边发生重大事件。向西越过帕米尔高原(葱岭)，在中亚地区的怛罗斯，唐朝与伊斯兰教国势力进行对决。

7世纪前半期，穆罕默德统一阿拉伯半岛，建立了伊斯兰教国。作为其后继者的初期四代哈里发征讨叙利亚、埃及，又于同世纪中期消灭了萨珊波斯，向中亚发展，并且开始在小亚细亚对东罗马帝国施加强大压力。

此后，到了倭马亚王朝（661—750年）时，伊斯兰教国的领土进一步扩大。它在东方于帕米尔高原附近与唐朝的领土相接，到了8世纪，则将势力扩展至北印度，又在西方进一步将势力从北非扩展到伊比利亚半岛。取代倭马亚王朝的是有名的阿巴斯王朝（750—1258年）。

阿拉伯的伊斯兰教国（萨拉森帝国），在唐朝被称为"大食"（伊朗语"Tazik""Tazi"的译音，指阿拉伯人）。唐朝与大食于中亚的怛罗斯相战而大败，这场战争即有名的怛罗斯（Talas）河大会战（751年，天宝十载。"Talas"亦写作塔拉斯等）。怛罗斯河大会战发生在阿巴斯王朝初期，唐朝一方的大将是安西节度使（治所为新疆龟兹）高仙芝。

高仙芝乃高句丽人。他向西越过帕米尔，占领中亚地区的石国（今日的塔什干），目的是将此地区的游牧国家纳入势力范围。此时，阿巴斯王朝的呼罗珊总督艾布·穆斯林，派遣部将与唐军在怛罗斯河畔对战。结果，怛罗斯河大会战以唐军大败告终，据说唐军损失七万人。

此时，有一个叫杜环的人成为大食军的俘虏，并且在此后约十年间，被拘留在大食国。代宗宝应元年（762年），杜环经由海路返回广东，写下见闻记《经行记》。此书今日已失传，其部分内容于杜佑的《通典》等书中被引用而流传至今。

当时同样沦为俘虏的人中有抄纸工，他们被送到撒马尔罕，传授纸张的制造方法。可以说，中国的纸就是这样从撒马尔罕经由巴格达、大马士革，最终一直传到欧洲，取代原有的羊皮纸和纸莎草纸的。

以上是怛罗斯河战败的后话了。由于这次战败，延伸直至帕米尔西的唐朝势力被一扫而空。从此之后，唐朝只能统治帕米尔东的天山南、北路。

如此一来，唐朝的势力不论是在西南面的云南地区，还是在西方的中亚地区，都不得不后退一步。但是，唐玄宗既不关注对外发展受挫，对杨国忠与安禄山对立所产生的危险气氛也不甚留意，而是以杨贵妃为伴，享受着自我世界的春天。或许是与此呼应，国都长安也笼罩在四季常春的氛围中。

各国的使者

国都长安是政治中心，同时也是文化中心〔西方人将长安称为萨姆加迪（Tamghaj）之都胡姆丹（Khumdan）。据说，"Tamghaj"是"唐家子"的讹音，"Khumdan"是"京城"的讹音〕。若仅从中国本土考虑，长安略微偏向西北；若拓宽视野从唐帝国全域来考虑，就不存在这种偏向。不管怎样，由于此都城正是东亚文化圈的中心，因此即使略偏向某个方向也没有问题。

从武则天时代开始，唐朝的东北边便开始动摇，唐对西方的统治力也衰退了几分，但它依然是格外强大的国家。另一方面，唐朝的文化越发繁荣，开元、天宝时代正好进入其鼎盛期。

将唐朝势力赶出朝鲜半岛的新罗、以唐朝统治力未涉及的东北地区的东部为中心建立政权的渤海、阻碍唐朝于西边发展的吐蕃，以及击退向帕米尔以西扩大之唐朝势力的大食等，纷纷对政治上的纠纷佯装不知，还不断派出使者。

向唐朝天子献上贡品的异国人
（出自阎立本《职贡图》）

即便是日本，也像是忘了白村江（白江口）之战等，频繁地派遣遣唐使。可以认为，日本派遣遣唐使，除了为吸收唐朝文化，也为对朝鲜半岛的新罗进行牵制。并且唐朝还有一种吸引力，那就是，似乎一旦去了唐朝，就能够获取国际信息。其他国家也怀着各自的想法派来了使者，也许关键还是因为唐朝是当时强大的国家。

周边各国大多赶在正月元旦的朝贺仪式时派来使者。当唐朝有吉凶之事时，各国也常特派庆吊使者。诸国使者聚集到长安，感激在唐朝受到的礼遇，也正因如此，他们对自己在唐朝宫廷中的席次高低等问题非常敏感。

唐玄宗天宝十二载（753 年）正月元旦的拜贺仪式上，关于日本孝谦天皇派遣的遣唐使的席次，就产生了问题。原因是，各国的使者被分为东班与西班，日本作为西班第二，位列吐蕃之下，新罗作为东班第一，位列大食之上。当席次预先展示时，日本遣唐副使大伴古麻吕便毅然表示抗议，理由是新罗从古至今都是日本的朝贡国，可日本却反而位列新罗之下，这毫无道理。最终唐朝廷将新罗改为西班第二，日本改为东班第一。此事在《续日本纪》卷十九中可见，这种纠葛在当时并不少见。

大食与回纥（维吾尔）、突厥与突骑施之间，也因国使的谒见顺序而发生过争论。唐朝廷难以处理此事，便开东西二门，让两国的国使同时进来谒见，由此解决纠纷。回纥和突骑施都是脱离突厥的统治而独立的突厥系游牧民族政权。

如此关注在唐朝宫廷的席次，是因为各国都知道此处是外交的重要舞台，这也正是唐王朝拥有权威的证据。

仕于唐朝的外国人

很多人为了学习学术、技艺而从周边各国到长安游学。其中，有不少人一直不回国而留在唐朝，仕于唐朝。

唐朝实在是宽容，不问他们的国籍，而是根据其才能高低进行录用。日本的阿倍仲麻吕（698—770 年）于玄宗时代在唐朝受到恩宠和重用，这在历史上十分有名。

开元五年（717 年），阿倍仲麻吕作为留学生，与吉备真备和玄昉等人一起，加入了遣唐使多治比县守一行而来到唐朝。这一年，阿倍仲麻吕正好二十岁。他在唐朝起初叫朝臣仲满，之后改称朝衡或晁衡。根据研究阿倍仲麻吕的学者杉本直治郎先生的说法，阿倍仲麻吕在太学毕业后，参加科举考试，进士及第，后来获得了唐玄宗的信任，开始了官吏生活，他初

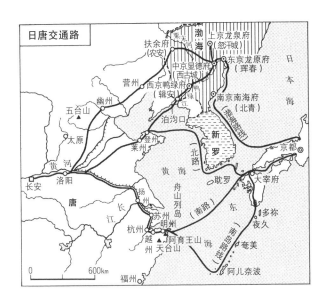

任左春坊司经局校书（东宫御所图书馆员），之后连续晋升。

开元二十二年（734 年），阿倍仲麻吕想要与遣唐使多治比广成一起回国，但未被允许，最终到天宝十二载（753 年）才得到玄宗允许，与遣唐使藤原清河同乘第一船而踏上归国旅途。此时，他已经是秘书监（秘书省长官，掌管宫中的图书）。但是，船遇上疾风，从奄美大岛附近被冲到南方，漂到了越南北部。阿倍仲麻吕与藤原清河一起返回长安，最终未能回国，于唐代宗大历五年（770 年）卒于唐朝。

> あまのはらふりさけみればかすがなる
> みかさの山にいでし月かも
>
> （远天翘首望，春日故乡情。三笠山头月，今宵海外明。）

阿倍仲麻吕的这首和歌，据说是在起航回日本时，于苏州黄泗浦所作。

关于阿倍仲麻吕，《旧唐书》《新唐书》及其他书中都有记载，他与当时的李白以及既是诗人也以画作闻名的王维等人交往亲密，在许多人的诗文集中都可见到阿倍仲麻吕。

王维（701？—761 年，字摩诘，以宫廷诗人、画家闻名。王维的诗可与李白、杜甫并称，他的画到后世受到重视，成为南宗画之祖）在《送秘书晁监还日本国》中抒发了与阿倍仲麻吕的离别之情：

积水不可极，安知沧海东。

九州何处远，万里若乘空。

向国唯看日，归帆但信风。

鳌身映天黑，鱼眼射波红。

乡树扶桑外，主人孤岛中。

别离方异域，音信若为通。

另外，藤原清河也没有达成回国的夙愿，他改名为藤原河清，效力于唐肃宗，卒于唐朝。

但是，日本盛传的阿倍仲麻吕、藤原清河等人留唐的故事也并非特别稀奇。以高句丽的实权人物子泉男生、波斯王子卑路斯、渤海王子大门芸这些王族为首，与唐朝交流往来的各国人中既有文官也有武官，人种也多种多样。

胡人来往

聚集到长安的不仅有这种知识分子阶层，还有各种各样的人，其中最引人注目的是胡人，他们向唐朝传播着胡人的风俗（称为"胡俗"）。胡人主要指中亚粟特地区的居民。他们通过丝绸之路频繁地来往于唐朝，从事商业活动。其中也有人定居在唐朝，进行高利贷活动来获得巨大利益。

李白在《少年行》中写道：

五陵年少金市东，银鞍白马度春风。

落花踏尽游何处，笑入胡姬酒肆中。

所谓"胡姬"，就是胡人女性。这些胡人不光是直接来自粟特地区之人。这一时期，伊朗人与突厥、回纥等居住于唐朝北方的突厥系民族通婚，因此，像安禄山这样被称为"杂胡"的混血儿自然也多。

不管怎样，大批皮肤白皙、金发碧眼，拥有不同于中国人的异国容貌的女性在长安和洛阳等大都市的酒楼中从事服务行业。她们跳舞，叫作"胡雏"的胡人少年吹笛，来逗乐客人。折襟窄袖的胡人服装（胡服）很流行。

另外，这个时代还流行贵妇骑马，这一点前文已述。相传杨贵妃和她的姐姐们也经常骑马。妇人骑马的习惯不知是跟突厥学来，还是跟胡人学来的，马背上的人通常身着胡服，而且看起来非常相配。可以认为这与胡俗的流行不无关系。

不仅一般风俗受到胡人的影响，宫中演奏的音乐也逐渐开始使用胡乐，快节奏的骨尘舞、胡旋舞，以及舞者戴着兽皮制头饰起舞的苏莫遮等西域舞蹈也很盛行。其中，也有传入日本并且保存下来的。

长安城

唐朝的长安城原为隋朝大兴城，是由东西约十公里、南北约八公里的城墙所包围的一片长方形区域，中央偏北是宫城区，其南边是皇城区。宫城是皇帝一家生活的地方，也包括处理朝政的正殿等，相当于日本平城京和平安京的"内里"，平城京和平安京就是模仿的长安城。皇城即官厅街，相当于日本的"大内里"。

长安城中有南北十一街、东西十四街，彼此相通。从宫城的正南方向笔直向北延伸的一条宽一百五十米左右的中央大道是有名的朱雀大街，以此为界，东边称为左街，西边称为右街。左右两街各自分为五十五坊，大的坊将近一平方公里（参照第 210 页《长安城图》）。

左右两街上，在大致靠中央的地方都设有市场，是长安繁华的中心。长安的商业全部集中于这两个市场，原则上一切物资买卖也都于此进行。国内的物资自不必言，就连来自南海、印度地区的舶来品也会从南方广东一带运来这里供市民消费，或者再运输到国内其他都市。

众所周知，长安的都市规划是渤海上京、日本平城京和平安京的模型。

关于长安的人口，未留下准确的统计数据，在鼎盛期开元、天宝时代，有人口超过百万的说法，目前似乎已成定论。实际上，本人也是"百万说"的提倡者之一。本人的依据是韩愈（768—824 年，字退之）有言"今京师之人，不啻百万"，在此不再做详细论证。总之，这百万人全部要消费，因此长安城中偶尔会出现粮食短缺，导致物价高涨。因此，玄宗时代所任用的财政家们的主要课题就是增加税收，以及如何准确、低价地将粮食和其他物资运输到长安。

这一时期出现了裴耀卿和韦坚等财政家。裴耀卿充实了黄河沿岸的仓储，并连续三年将大量的米运到长安，从而博得了好名声；韦坚通过运河将大量的南方珍奇物产运送到长安城。然而，人大多好了伤疤忘了疼，连年丰收时就忘了会粮食短缺。因此，唐朝廷并没有切实确立长久的对策。

顺便说一下，在唐代，户口增加最多的年份是天宝十三载（754年），有9069154户，52880488口人。

长安是宗教之都

长安也是个宗教都市，佛教在武则天时代受到保护而昌隆至极。太宗到高宗朝，玄奘、义净等人曾前往印度求法，另一方面，也有印度、西域的高僧到唐朝传法。玄宗时代，有名的印度僧人有善无畏（637—735年）、金刚智（671—741年）、

大秦景教流行中国碑
（西安西北博物馆）

不空（705—774年）等人。

　　说到当时的佛教宗派，此前传到中国却尚未取得大的发展的禅宗、律宗、华严宗、净土宗等都达到了完善的状态。此外，还有玄奘所传的法相宗，善无畏、金刚智、不空等人所传的真言宗，以及隋代以来的三论宗、天台宗等，也都很兴盛。尤其是禅宗与净土宗，作为最中国化的佛教，这两宗在其他诸宗派衰退后仍然持续兴盛。

　　正如其庙号"玄"字所示，玄宗尊崇道教，并大力保护道教，因此在玄宗时期，道教的势力变得与佛教不相上下。长安的街上有为数众多的寺院，也有鳞次栉比的道观，规模不输

描绘景教徒的壁画
（于新疆高昌故址发现）

寺院。

长安并非只有佛寺和道观，还盛行所谓的三夷教，即祆教、摩尼教和景教，它们各自建了独特的寺院。三夷教是从波斯传来的。萨珊波斯被萨拉森帝国消灭后，在波斯盛行的这三个宗教便从其根据地向东传播，并且于唐朝扎根。

祆教是诞生于波斯的拜火教，主要信众是寄居于唐朝的西域人，不过汉人似乎也在某种程度上传播此教。摩尼教可以说是波斯人摩尼以古老的巴比伦宗教为基础，将祆教、基督教、佛教引入其中而形成的宗教。摩尼教的信众主要是寄居于唐朝的回纥人。景教是基督教的一个派别，即被当成异端的聂斯托利派，因被驱赶出波斯而传到唐朝。

从整体来看，这些外来宗教并未对唐朝社会造成多么大的影响，不过，这证明了唐王朝对任何外国宗教都能毫不嫌弃地引入，从这个角度来看，这件事应受到重视。另外，伊斯兰教只受到广州（广东省）等地的阿拉伯人信仰，没有在汉人之间广泛传播的迹象。

由于佛教兴盛，建筑、美术也受其影响获得了很大的发展。各地纷纷建起佛家塔寺，并以精美的佛像和佛教绘画来装饰。优秀的画家也从西域而来，传来新的画风，可以认为这种新的画风受到了印度壁画的强烈影响。玄宗时代，寺观内的佛教绘画方面出现了大师吴道子（吴道玄）。另外，人物、风俗画方面有张萱，山水画方面有李思训、王维。

鉴真和尚东征

日本奈良朝的佛教，是全盘受到唐朝佛教的影响而发展起来的，这点自不必说。从隋朝到唐朝发展起来的佛教，是国家佛教，奈良朝佛教也是如此。奈良朝佛教界最大的事业，是圣武天皇基于镇护国家的思想而创立国分寺制度，建造东大寺作为总国分寺并铸造大佛，其源流可追溯至武则天时代设置大云寺、建造奉先寺的卢舍那佛和白司马坂的大佛，这一点前文已述。

被称为"奈良六宗"的三论宗、成实宗、法相宗、俱舍宗、华严宗、律宗是于唐朝形成的宗派，这一点自不必说，其中，鉴真传播律宗的事迹，能最有力地说明唐朝佛教与奈良朝佛教的关系。

鉴真的传记有《大唐传戒师僧名记大和尚鉴真传》，乃其弟子思托所写，但早已失传，只留下一些逸文片段。真人元开（即淡海三船，722—785年，奈良时代的汉文学者）撰写的《东征传》，是对思托的《大唐传戒师僧名记大和尚鉴真传》的概括，是今日最权威的鉴真传记。以下，我们将借用鉴真传记的知名研究学者安藤更生的成果进行叙述。

鉴真于唐睿宗垂拱四年（688年）生于扬州江阳县（江苏省）。他在扬州的大云寺出家，之后居于龙兴寺。大云寺是武则天时代各州设置的官寺之一，龙兴寺是中宗时各州设置的官寺之一。鉴真于唐中宗神龙元年（705年），从道岸律师受菩萨戒，接着又于景龙二年（708年），在长安实际寺从弘景律师受具足戒。此后将近十年，鉴真巡游长安、洛阳，进行修行，最后返回故乡，专心讲律授戒。开元二十一年（733 年），鉴真四十六岁时，据说在戒律方面扬州地区无人能出其右。

所谓戒律是指戒与律，也就是佛教的劝诫与僧人应遵守的规则。通过实践戒律，僧侣就能够普度众生。戒律应是僧侣的信条，然而，当时在日本佛教界，没有能够授戒讲律的优秀僧侣。

邀请鉴真到日本的是荣叡与普照。这两人接受邀请戒师的使命，跟随遣唐使多治比广成，于开元二十一年（733 年）来到唐朝。（吉备真备、玄昉、道璿等人也随行。）留学十年间，他们寻访多位高僧，终于在天宝元年（742 年），在扬州的大明寺遇到正在讲律的鉴真。二人恳请鉴真到日本讲律授戒，终于获得鉴真同意。这一年，鉴真已五十五岁。

艰辛渡海

随行者二十一人已定。除了荣叡、普照，留学僧玄朗、玄法等人也同行。他们计划不等遣唐使前来，就备民船渡航。但是，要渡航是极其困难的，首先的障碍就是国家政策是禁止渡航的。

第一次渡航事先便已败露。原因是朝鲜半岛出身的僧侣被伙伴排挤，于是向官家告密称一行人与海贼同谋。日本僧有四人被捕，船被没收。日本僧玄朗、玄法二人此后开始采取其他行动。

翌年，即天宝二年，鉴真一行人开始第二次渡航。他们率领能工巧匠共八十五人出港，但于扬子江口遇上风浪而失事，在经过马鞍山列岛、桑枝山时被官船所救，最终绕过阿育王山、天台山等灵场，暂时返回了扬州。

第三次渡航，由于荣叡被官吏以引诱鉴真，并且要将他带去日本的理由逮捕，因此计划尚未成形就失败了。第四次渡航发生在天宝三载，一行人考虑从福州（福建省）去日本，但从温州（浙江省）南行的途中被官吏逮捕，原因是鉴真的一位高徒反对他去日本因而告了密。一行人又被送回扬州。

第五次渡航是在天宝七载（748 年）。一行三十七人从扬州出航，遇到强烈的冬日季风，船漂到了海南岛。最终他们从雷州半岛绕行广西、广东各地，越过大庾岭，折回扬州。

此次渡航失败对他们造成了极大的打击。因为在前往扬州的途中，荣叡病死了。对普照而言，失去志同道合者的打击实在太大了。虽然鉴真想要去日本的决心不变，但普照已看不到渡航成功的希望，如果回扬州，自己又会因引诱鉴真并且企图渡航海外的罪名被捕。普照不愿再给鉴真添麻烦，最终跟鉴真和尚告别，独自前往明州（浙江宁波），于此地等待回国的机会。天宝九载（750 年），鉴真六十三岁，不幸的是，此时他已丧失了视力。

鉴真和尚东渡日本

鉴真能够达成东渡日本的夙愿，得益于此后遣唐使前来，鉴真得此机会搭乘遣唐使回国的船只前往日本。天宝十二载（753 年）正月元旦，日本派遣了一行人前来长安出席朝贺仪式，以藤原清河为大使，大伴古麻吕为副使，此前在唐朝留学十二年后回国并且大有作为的吉备真备也是副使。这个大伴古麻吕曾在唐朝的宫廷上对席次问题毅然表示抗议，这一点前文已述。

大使藤原清河等人告别之前，向唐玄宗提交了一份包括鉴真和尚及其弟子五人在内的名单，希望能邀请他们到日本。这大概是因为遣唐使从日本出发时就被托付了邀请鉴真一事，或者是来到唐朝后，从当时在阿育王寺等待回国的普照那里听闻并且认可了此事。

据说，当时唐玄宗允许遣唐使带上僧侣，不过要求其将道士也一起带上。但是，日本方面对被迫接受道士感到为难，因此撤回了己方的要求。之后，遣唐使决定在扬州会见鉴真，直接谈判，希望他下定决心。鉴真欣然答应，接受了邀请。

大使藤原清河一度让鉴真等人分开乘坐副使以下的船，但僧侣们上船后他又担心此事一旦公开，会成为严重的外交问题，于是又让僧侣们下船。

此时，性格刚烈的副使大伴古麻吕暗自独断，让僧侣们乘上了自己所在的第二船。于明州等待消息的普照也赶到了，他乘坐在副使吉备真备的第三船。在唐朝三十六年的阿倍仲麻吕得到唐玄宗的允许，搭乘藤原清河的第一船，此事前文已述。

天宝十二载（753 年）十一月，四艘船从苏州黄泗浦出港，途中的事不再赘述。鉴真搭乘大伴古麻吕的第二船于十二月二十日到达萨摩国，又在翌年天平胜宝六年（754 年）正月抵达平城京，进入东大寺。

普照所搭乘的吉备真备的第三船，到了夜久岛之后漂到纪伊，第四船也略晚些抵达萨摩。然而，大使藤原清河和阿倍仲麻吕乘坐的第一船，中途被冲到南方，然后漂到越南北部，这两人最终没能踏上故国之土。

天平胜宝六年四月，东大寺大佛殿前开设戒坛，鉴真为戒师，为圣武上皇、光明皇太后、孝谦女帝及以下百官授戒，这件事很有名。大佛开眼的大法要原本要以来自印度的所谓波罗门僧正为导师而进行，如今却推唐朝高僧为帝后的授戒师。渡航失败五次，耗费十二年的岁月终于来到日本的这位老和尚，也由衷地感到来到这个新的佛教国家是有价值的吧。

此后，帝后受戒的戒坛之土又被搬运至大佛殿之西，用以另行修建了戒坛院，留存至今。

天平宝字三年（759 年），鉴真创建了唐招提寺。直到今日，唐招提寺作为日本律宗的大本山，依旧遵守其传统。天平宝字七年（763 年）五月，鉴真卒，享年七十六岁。

鉴真来到日本以前，日本佛教界一直没有可以授戒的师僧，因此无法进行正式的授戒。要受戒的僧侣或自己在佛前立誓守戒，或由师僧授戒，由师僧授戒的情况，也只是极不完全的授戒。随着鉴真的到来，日本佛教界才开始进行正式的授戒，律仪规范得到了遵守。

鉴真的功绩不只这些。除了佛舍利三千粒，他还带去了律宗、天台宗的经典，成为日本天台宗的先驱；在书法方面，据说他带去了王羲之父子的真迹；他还向日本介绍了新的雕刻方式，构成唐招提寺派的源流；再者，他熟悉医药，整理了正仓院的药品；他还订正了一切经的误写等。总之，鉴真通过各种各样的事情，对日本文化做出了贡献。

《东征传》中记载，鉴真等人第二次渡航时，除了准备物品，还准备带去玉石匠、画家、雕刻家、刺绣工、石碑工匠等数十人，可惜失败了。如果此次渡航成功，那么给奈良时代的美术界带来的影响会更大吧。

各种问题

鉴真辛苦十二年，终于达成了心愿。这对日本而言是幸事，对鉴真而言也是幸事。

为何鉴真硬要如此辛劳地来到日本呢？我认为用一句话来总结，就是为了传授佛法。鉴真在唐朝已声名远播，其后继者也有很多。与其留在唐朝，鉴真或许更愿意接受新兴佛教国家日本的邀请，作为戒师竭尽全力地传道。当时，相比于佛教，唐玄宗更尊崇道教，唐朝佛教的前途未必光明。恐怕也有人认为，鉴真是看透了这种状态，才想要前往有发展前途的日本的。但这种观点似乎认为鉴真是从个人得失的角度考虑此事的，我认为没有意义。历经十二年不可言状的辛劳，而且赌上了性命，除了为了传授佛法，没有其他解释了吧。

鉴真东渡可与以下之事做比较：德川初期，明朝的隐元带着许多弟子东渡日本，创建黄檗山万福寺，对日本佛教界做出了贡献。但是，隐元是在明朝灭亡后，受到清朝的压迫而立志渡航的；而鉴真没有必须抛弃祖国的理由。两者看似极其相似，却大有不同。

再者，还有人认为鉴真就在日本有名，在唐朝不是了不得的人物，顶多称得上二流、三流人物。但是，这种说法不恰当。唐朝文献中也常常可以看到鉴真的事迹，作为僧侣，其地位之高可见一斑。只是此处有一事存疑，那就是如此伟大之人，也拥有众多弟子，为何过了五十岁，还未当上一寺的住持？他应该是常驻在扬州龙兴寺，经常被邀请到各处的寺庙讲律。这该如何解释？

要成为一寺的住持，必须有世俗的才能。鉴真过于纯粹，在这方面有所欠缺。而且，鉴真专攻的戒律，是以僧侣为对象，而并非以大众为对象。虽然他在佛教界是不可或缺的人物，但是对大多数人而言并非如此。也许是由于这些情况，鉴真才难以成为住持。我想说，也正因如此，日本才能招请来这么优秀的僧人。

不论是鉴真，还是隐元，日本人都极其热诚地欢迎他们。世界上的其他任何国家，大概都不会如此殷切地款待外国宗教家了吧。也许有人会说，日本人自古以来就对外国人殷勤备至，但这绝不是无差别的厚待，而是引进并厚待优秀人才。

鉴真虽然在唐朝是有名的高僧，但此后在中国似乎完全被遗忘了。昭和九年（1934 年）左右，在居住于天津的贸易商野崎诚近先生等人的提倡下，居住于北京、天津的日本人与中国人组建了"鉴真会"，但之后又由于中日战争的爆发而解散了。近年来，鉴真的存在再度被中国所知晓，应该说是井上靖先生的《天平之甍》创造的机缘。昭和三十八年，日本文艺家向中国赠送了鉴真和尚的干漆像（实物的二分之一）。

　　鉴真和尚出发是在天宝十二载（753 年），搭乘的是遣唐使的船，他能利用这次遣唐使的船是幸运的。那是因为，两年后唐朝发生了惊天动地的大乱，此后二十五年间日本都没有再派遣唐使。

第十二章　安史之乱

杨国忠诱发叛乱

天宝十三载（754 年），玄宗打算授予入朝的安禄山宰相之位。尽管任命书都已准备好，却因杨国忠反对而作罢。安禄山显露出不满之色。一定是在这时，做任命书之人将此事密告给了安禄山。安禄山意识到如果久留长安会有危险，从而火速撤回到范阳。

以前跟随李林甫，之后为杨国忠办事的吉温是个很狡猾的家伙。这一回，吉温则对安禄山假装忠诚，向他逐一报告长安的动静。吉温已是御史中丞。杨国忠察觉此事，找借口将他左迁。安禄山替吉温申冤，但是未能救下他，便另派心腹之人留在长安收集情报。杨国忠逮捕了这伙人，并准备将事情公开。安禄山的长子，也就是被任命为太仆卿的安庆宗向安禄山报告了这个情况，因此安禄山越发感到不安。

天宝十四载（755 年），玄宗将安庆宗招为荣义郡主的夫婿，叫安禄山前来出席婚礼。安禄山称病拒绝上京，但上奏表示要献上三千匹马，还打算为每匹马配备两个马夫，命二十二名蕃将（异族出身的武将。与此相对，中原的武将称为汉将）组成部队来护送。事到如今，玄宗也开始感觉有些奇怪。玄宗派出使者告诉安禄山不用献马，将于十月在华清宫等他，命安禄山前来。安禄山态度傲慢地对使者说："马不献亦可，十月灼然诣京师。"

然而，玄宗即便听到这样的消息也没有大为惊慌，并于十月照例前往华清宫，杨国忠也没有做什么特别的准备。这是怎么回事呢？

安禄山举兵

天宝十四载（755 年）十一月九日拂晓，安禄山反叛。参与密谋者仅有孔目官（掌管公文书之官职）严庄、掌书记高尚和将军阿史那承庆三人。

恰巧安禄山预先派到长安的奏事官（地方与朝廷的联络员）返回范阳。安禄山声称有敕书到达，命令将军们集合，随后宣布：

"有密旨，令禄山将兵入朝讨杨国忠，诸君宜即从军。"

诸将愕然，面面相觑，没有人敢提出异议。

安禄山能够动员的兵力大致有十五万，除了范阳节度使属下之兵，还包括数年来与安禄山战斗并且被安禄山纳为部下的契丹和突厥的骑兵。大军直向东都洛阳进发。

　　安禄山举兵的消息很快传到华清宫，整个离宫瞬间犹如被乌云笼罩。想来也会是这样的情况。杨国忠内心窃喜，诱发安禄山谋反，正中他的下怀。

　　被派出去打头阵的是封常清。封常清作为安西节度使，负责天山南路的防卫事务，由于他恰巧这个时候入朝，因此，朝廷将他任命为范阳、平卢节度使以代替安禄山，并且令其前往洛阳。

　　安禄山的军队以洛阳为目标，从河北平原以破竹之势南下。从范阳到洛阳的道路与如今变化不大，大抵沿着今日的京广铁路。由于河北处于安禄山的管辖之下，因此，叛军所通过的州县之长官要么打开城门迎接，要么弃城逃匿，叛军几乎未受到抵抗。

陕州城门

不过，安禄山在作战上也有弱点。他虽然兼任河东节度使，但是未能掌控河东（山西省）地区，不控制河东，便难以单独掌控河北。

唐朝方面也绝不会束手待毙，为防备叛军南下，唐朝于要地配备了有实力的武将。在怛罗斯河畔败于大食军的高句丽将军高仙芝被任命为总将，率兵五万从长安出发，驻屯于陕州（河南省）。陕州是处于长安与洛阳的中间、黄河南侧的城市。

叛军的行动意外地迅速。十二月三日，安禄山已经渡过黄河，攻陷陈留郡（河南省），进而向洛阳继续西进，十二月九日已攻陷荥阳。先前已到达洛阳的封常清出兵至洛阳东方之武牢，以抵挡叛军。然而这些士兵尚未正经地接受训练，转眼之间就被叛军的铁骑蹂躏而全线崩溃。而且，叛军的进攻很猛烈。封常清将军集合幸存的士兵进行防御战，但是完全招架不住，只好西逃。十二月十三日，举兵后仅三十四日，安禄山就

潼关的舟桥
（对岸是山西省风陵渡）

攻陷了东都洛阳。

向西败走的封常清，在陕州与高仙芝会合，一起撤退，固守潼关。潼关是从洛阳地区进入长安的必经要塞。追击而来的叛军于此处被阻止西进。

唐朝方面认为，封常清与高仙芝打了败仗，不能信赖，于是起用因病隐居在长安家中的河西、陇右节度使哥舒翰为总将，命其率兵八万前去讨伐安禄山，并且处斩了高仙芝、封常清两位将军。于怛罗斯河畔败给大食军，志在挽回名誉的高仙芝，最终就这样被杀。

哥舒翰〔父亲是突厥人，母亲是于阗人（胡人）〕与安禄山同为杂胡，但哥舒翰从前就与安禄山不和，反倒与杨国忠关系好。杨国忠之所以起用哥舒翰，正是出于以夷制夷的策略。

哥舒翰前往潼关，防备叛军来袭，然而，他的健康状况不怎么好，无法完全统制部下。假如那个时候安禄山有意攻打长安的话，恐怕潼关的防守就很危险了。不过，安禄山于天宝十五载（756 年）正月元旦称大燕皇帝，于洛阳安定了下来。正因如此，长安才能够保持太平。

平原太守颜真卿

对横扫河北全域的安禄山，毅然举起义旗进行对抗的，就是平原太守颜真卿。

平原位于山东省陵县，是在从天津经由济南（山东省）通往南京的津浦铁路略靠东之处。平原为郡治，管辖七县。太守是郡的长官，地位相当于日本的县知事。

颜真卿家历代出学者，五代祖颜之推著有《颜氏家训》，四代祖之兄颜师古参与编辑了《五经正义》。颜真卿本人于后世主要以书法家闻名，文化素养高，并且善做诗文。他参加科举中了进士，历任中央、地方诸官，以刚直知名。此前他一直身居中央，直到两年前招杨国忠厌恶而被调往平原。

幸运的是，平原偏离安禄山南进的路线。颜真卿据守平原城，并且联络邻近的诸郡，策划募集义勇军以瓦解叛军。

颜真卿迅速派遣僚属，快马加鞭向朝廷报告实情。玄宗非常高兴，说道："朕不识颜真卿作何状，乃能如是！"因此，颜真卿变得更加有名。南宋末年文天祥曾在诗中吟咏道："平原太守颜真卿，长安天子不知名。"

常山太守颜杲卿是颜真卿的堂兄。颜杲卿受到安禄山赏识，通过安禄山的推荐才得到如今的地位，然而他并不赞成安禄山谋反。颜真卿号召颜杲卿，颜杲卿断绝了与安禄山的个人关系，响应颜真卿。平原与常山的距离大约三百公里，但是堂兄弟联络密切。

　　常山是从河东地区向东翻越太行山脉，前往河北平原的交通要冲。安禄山的部下驻屯在位于常山西方的井陉口（也叫作土门），以防备官军从河东中央部的要地、太原地区向河北地区出击。因为安禄山未将河东地区纳入势力范围。作为朔方节度使驻屯于长安西北方遥远的灵武以防备突厥的郭子仪，迅速攻入了河东北部。郭子仪是华州郑县出身的武将，与其部将契丹人李光弼一同掌控河东地区，构建了官军的立足点。颜杲卿以计策突袭井陉口的驻屯兵，从叛军手中成功夺取了这一关卡。

　　井陉口失陷对安禄山造成很大打击。因为如果官军从河东地区向河北地区出击，那么对安禄山而言，洛阳与其根据地范阳的联络会被切断。由此，在河北诸郡中，十七郡脱离叛军之手，跟随安禄山的只剩下包括范阳在内的北部六郡。

　　但是，颜杲卿连喘口气的工夫都没有，常山就遭到守卫

张巡像

范阳的突厥人史思明与安禄山的派遣军夹击。颜杲卿并非武人，奋战没有成效，被捕送到洛阳，与同族一起被残杀。

颜真卿继续奋战，以颜真卿为盟主的河北诸郡继续奋战。死守河南雍丘、睢阳等地的张巡、许远也是如此。张巡乃真源令（县知事），起初守卫雍丘，之后协助睢阳太守许远而据守睢阳，与准备向河南地区扩大势力的安禄山军战斗。两人从天宝十五载（756年）开始，持续奋战了两年，其主要功绩是阻挡了叛军攻入唐朝的粮仓，也就是江南地区。

常山陷落后，叛军重振势力，不过，新任河东节度使李光弼从太原率精兵越过井陉口，夺回常山。紧接着，朔方节度使郭子仪前来救援，至此，形势完全改变。由于郭子仪、李光弼的军队大破想要攻占常山的史思明军队，因此，河北十余郡归顺唐朝，范阳与洛阳的联络再度断绝。

时值天宝十五载五月，就连安禄山也认真考虑要不要放弃洛阳并急速返回范阳。

长安陷落

郭子仪、李光弼以下诸将奋勇战斗，关键的中央却开始动摇。率领大军驻屯于潼关的哥舒翰与宰相杨国忠交恶，互相中伤，哥舒翰扬言要杀了杨国忠，杨国忠主张要除掉哥舒翰。不久，玄宗命令哥舒翰出潼关，夺回陕州、洛阳。因为传来消息称陕州地区叛军的兵力微弱。不过，这个消息貌似出自安禄山这一方的密使之口，玄宗中了计。

哥舒翰担心落入敌人的圈套，但如果不听从命令，只会使处境恶劣，无奈之下，只好率兵出潼关，结果中了计策而大败，就连潼关也被追击而来的叛军占领。这件事情发生在六月八日。哥舒翰军中发生兵变，哥舒翰被部将抓捕，并且交给了叛军（安禄山想用哥舒翰离间唐朝诸将，但是毫无效果，于是将他杀害）。

潼关陷落的消息让唐王朝不寒而栗，没有办法研究对策。最后，在杨国忠的提议下，唐朝廷决定逃到蜀地。由于杨国忠曾经遥领剑南节度使，以防万一，已事先命令节度副使做好了准备。

十三日凌晨，玄宗悄悄行事，离开宫廷向西而去。随行的有杨贵妃及其三个姐姐、皇太子李亨（起初名为李玙）以下皇子、皇妃、公主、皇孙、宰相杨国忠等朝廷首脑、宦官、宫人等。龙武大将军（禁卫军的一部分龙武卫的总指挥官）陈玄礼率部下进行护卫。

马嵬驿址
（杨贵妃死亡之地）

十四日，玄宗一行到达兴平县下的马嵬驿。将士饥饿疲惫不堪，因而很愤怒。恰巧这个时候，来了二十多个吐蕃使者，他们不知内情，拦住杨国忠的马，向他诉说没有粮食，无论如何想要些吃的。看到此番情景，士兵们喊道："国忠与胡虏谋反！"

形势很可怕。他们向杨国忠猛扑过去将其残杀，几乎是一瞬间的事。发生流血事件后，士兵们更疯狂，杀了杨国忠的儿子以及杨贵妃的姐姐韩国夫人和秦国夫人。他们进一步强烈要求杀了杨贵妃，说杨贵妃与奸臣杨国忠有亲属关系，不能让她待在陛下身边。

事态已无法控制。宦官高力士催促玄宗做出决断，玄宗也终于屈服。高力士在佛堂中用绳子勒死了杨贵妃。看到杨贵妃的遗骸后，士兵们平息下来。逃跑的虢国夫人也被逮住并被杀害。当时，杨贵妃三十八岁。《长恨歌》中写道：

> 渔阳鼙鼓动地来，惊破霓裳羽衣曲。
>
> 九重城阙烟尘生，千乘万骑西南行。
>
> 翠华摇摇行复止，西出都门百余里。
>
> 六军不发无奈何，宛转蛾眉马前死。
>
> 花钿委地无人收，翠翘金雀玉搔头。
>
> 君王掩面救不得，回看血泪相和流。

这下士兵们终于认可玄宗，护卫玄宗西行。然而，随行的皇太子李亨却被当地父老乡亲拦下车马，他们拼死留住皇太子。皇太子的长子广平王李予、次子建宁王李俶等人也执马镫，劝说皇太子另行采取行动，研究平定国难之策。于是，皇太子断了跟随玄宗的念想，决定于灵武之地实现复兴，而与其妃和皇子一起向西北行进。

收复之业

皇太子之所以选择灵武这个地方，是因为此地乃唐帝国西北边境的防卫要地。灵武是朔方节度使郭子仪的根据地，此处集结了党项血统诸部族出身的精兵。皇太子想凭借这些西北诸部出身的士兵来平定叛军。

到达灵武后不久，皇太子听从群臣的劝谏，继承帝位，即第七代唐肃宗，当时他四十七岁。唐肃宗改元为至德，尊身处成都的玄宗为上皇天帝。

由于玄宗逃出长安，叛军的势力再度兴盛。但是，安禄山自身不打算进入长安，而是派其亲信部下前往平定长安。郭子仪、李光弼两将军听闻潼关大败后，放弃在河北作战，率兵撤回河东，李光弼留在太原，郭子仪奔赴灵武，赶往唐肃宗身边，准备卷土重来。

郭、李两将军向西而去之后，河北诸郡仍然坚持战斗，但是逐渐被史思明等人的兵力压制。颜真卿也陷入孤立无援的境地，最终放弃平原城，渡过黄河向南败走。颜真卿撤退后不久，河北诸郡便全部落入叛将史思明之手。

至德二载（757年）正月，洛阳的安禄山被暗杀。他从进入洛阳时视力开始衰退，而且生了疽（恶性肿物），变得狂躁，时而无情地鞭打左右之人，因此失了威信。另一方面，他还与次子安庆绪失和。安庆绪陷于惶恐：父亲溺爱妾室所生之幼弟，幼弟可能取代自己成为后嗣，不仅如此，自己说不定什么时候会被杀。

唆使安庆绪杀掉安禄山的是曾为孔目官的严庄。就这样，恶霸轻易地被自己的儿子所杀。安庆绪即位，而且完全按照严庄的想法行事。史思明也瞧不起安庆绪，他撤回到范阳，坐拥安禄山储备的财宝与兵员，逐渐显现出凌驾安庆绪之势。至德二载二月，即安禄山被杀的次月，唐肃宗回到长安西方的凤翔。

唐玄宗逃亡蜀地
（出自《明皇幸蜀图》）

郭子仪成为官军的中心人物，被唐肃宗任命为总将。他牢牢控制勇将仆固怀恩、李怀光等部下，逐渐构筑起官军的地盘。至德二载十月，官军成功收复目标长安。由于郭子仪进言，仆固怀恩出使回纥，使得回纥前来救援，这件事对成功收复长安起了很大作用。回纥是突厥系的游牧民族国家，在蒙古高原有根据地，后取代突厥变得强盛。仆固怀恩是突厥族铁勒部出身的武将，他把自己的女儿嫁给回纥的可汗（君长），与其建立了牢固的关系，从而成功地使其出兵救援。

唐肃宗的长子广平王李予趁收复长安之势，杀到了洛阳，安庆绪闻风而北逃，李予进入洛阳城。另外，张巡、许远固守的睢阳城，由于城内粮食耗尽而最终陷落，两人在收复洛阳前不久落入贼手。

两京得以收复。唐肃宗从凤翔的行宫出发，十月二十三日，在民众迎接的欢呼声中返回长安。此时，距唐肃宗跟随

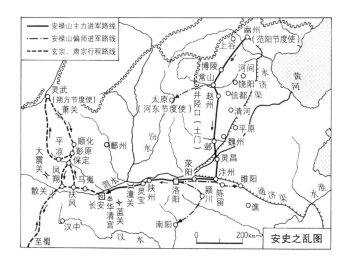

安史之乱图

唐玄宗离开长安，已过去一年零四个月。十二月，上皇（唐玄宗）回到长安。

史思明父子登场

安庆绪逃出洛阳，据守邺郡。史思明〔？—761 年。与安禄山同乡里，是营州出身的突厥人。与安禄山关系亲密，天宝十一载（752 年），由于安禄山上奏而成为平卢节度都知兵马使〕认为与安庆绪共命运是愚策，因而抛弃安庆绪，向唐王朝表明了恭顺的态度。但是，官军的实力不足以一举消灭叛军，史思明又转变了态度，前来救援安庆绪。翌年乾元元年（758 年）九月以来，于邺郡猛攻安庆绪的郭子仪以下九节度使的联合军遭受史思明的反攻，处境变得不妙，最终于乾元二年三月被击退。

叛军内部也有很大变动，史思明杀了安庆绪，收编其部众，返回范阳，自称大燕皇帝。史思明不久就离开范阳攻入河南，与李光弼战斗，于翌年乾元三年（上元元年，760 年）终于进入洛阳，此后一年多都占据洛阳。

然而，史思明进入洛阳，取代安氏父子领导叛军后，变得与安禄山一样蛮横。史思明猜疑心很重，一旦对部下稍有不满，就立马杀其满门，因此丧失了声望。而这时，他与长子史朝义也逐渐失和。原因是史思明宠爱姜室所生之子，令其守卫范阳，并且想要杀了史朝义，立姜室所生之子为太子。情况恰似安禄山、安庆绪父子。

史思明想与史朝义一起攻打关中，他令史朝义攻占陕州，但是失败了。他打算以此为借口处分史朝义，但与安庆绪不同，史朝义赢得了部下的人心。某部将察觉史朝义的苦衷，于洛阳西南方的驻屯地袭击史思明并将其抓捕，之后将其缢杀。上元二年（761年）三月，史朝义继承帝位。之后，史朝义杀了弟弟及弟弟的母亲，终于得到洛阳。

此后经过一年多，到了宝应元年（762年）十月，唐朝讨伐史朝义以收复洛阳。但是，单凭唐军之力，这是无法实现的，这次依靠的也是回纥的援兵。

宝应二年（763年）正月，北逃的史朝义由于其部将田承嗣、李怀仙等人反戈，于幽州东方之平州境内自杀。由此，安史之乱平定。此时距天宝十四载（755年）十一月已七年有余，唐肃宗已于上一年四月驾崩，皇太子广平王李予立，进入代宗时代。另外，唐玄宗比唐肃宗早十几日驾崩，享年七十八岁。

叛乱的消息传到奈良

淳仁天皇天平宝字二年（758年），安史之乱的消息传到日本，此事于《续日本纪》卷二十一中可见。这一年是唐朝乾元元年、唐肃宗即位的第三年，十二月，遣渤海使小野朝臣田守等人与渤海文王的使节杨承庆（渤海使者中的文人。被邀请至惠美押胜的府邸，与日本文人进行诗文的切磋）等人一起返回日本报告了这个消息。所以说，这个消息并非直接从唐朝传入的。他们详细叙述了整个过程，从天宝十四载岁次乙未十一月九日安禄山造反，举兵发动叛乱，自称大燕圣武皇帝开始，说到安禄山进入洛阳，派兵前往长安，以及天子逃到剑南，皇太子于灵武继承帝位，然后是天子返回西京，太上天皇从蜀地归来，好不容易消灭了叛徒。

特别是对以下事情，使者做了详细的报告：唐肃宗即位，唐玄宗逃到蜀地之后，平卢留后事徐归道派遣使者到渤海，乞求渤海派骑兵四万前来救援，但是渤海方面怀疑徐归道有异心，留下使者不让他返回，结果这个徐归道果然暗中支持叛军；接着，王玄志斩杀徐归道，自称权知平卢节度，他派遣使者到渤海请求协作，这一次也真假不明，因此渤海先留下了使者，并且派人进行调查，但调查人员尚未返回，因此真相依旧不明。

由于安禄山可能渡海东掠，因此，日本方面向大宰府帅船王及大宰大贰吉备真备发出指令，要求为此做好防备。平卢乃唐朝东北的要冲之地，治所营州也可称为安禄山的故乡，渤海十分清楚此地区的武将的动向，这一点很有意思。但是，他们尚不知晓安禄山已被杀。

渤海使杨承庆回国时，日本方面派遣了高元度等人作为送渤海客使。而且，这两人还被赋予了使命，迎接因此前搭乘的船在海上随波漂流而未能回国的遣唐大使藤原清河等人。高元度等人遵照命令护送渤海的使者后，前往唐朝，然后于天平宝字五年（唐肃宗上元二年，761 年），经由东海归国。唐朝方面也派出使者进行护送。据说，高元度归国时，唐朝方面也想让藤原清河回国，但是他们担心残敌尚未平定，回国的道路上多有困难，便作罢。

同一年，淳仁天皇命安艺国制造遣唐船四艘，命诸国进贡牛角七千八百只。牛角是制造弓弩所必需的材料。这都是因为答应了唐朝的委托。日本计划收集牛角，并派遣遣唐使送去。唐朝委托遥远的东方之国日本调度防具和武器，日本也准备接受委托，由此可知当时唐朝与周边诸国是同心同德的。但是，此事并未实现。

第十三章　唐室中兴的努力

叛乱平定

唐朝平定了前所未有的大乱，但却并非是以唐朝自身的力量（唐朝发动的军队力量中有众多异民族出身的武将）来平定的，这是有问题的。

在夺回长安和洛阳过程中大显身手的是回纥。唐朝毫不怠慢地报偿回纥，但回纥的欲望没有止境，而唐朝的软弱无力又招致吐蕃侵入。吐蕃从玄宗时代开始就每年入侵唐朝的西边。天宝十载（751年），唐朝在与大食的战斗中大败，紧接着发生了安史之乱，边境的守备变得薄弱，吐蕃就是在这一时期变得强悍的。接着，吐蕃表示要向唐朝派出援军。唐朝方面明知是谎言却仍请求吐蕃支援，于是吐蕃闯入唐朝境内，洗劫各地。

唐朝内部也有忧患。虽说唐王朝平定了叛乱，但并非是以武力压倒叛军的，尤其是在叛乱末期，主要靠离间叛将来削弱叛军势力。唐王朝还任命叛将为节度使，允许其管辖自己的势力区域。今日的河北、山东至河南的一部分曾属于叛军势力范围，几乎都被这类节度使占据。他们仍然拥有实力强大且有战争经验的部下，不把朝廷放在眼里。可以认为，"安史"这个巨大的军阀解体后，分裂成数个军阀，军阀首脑或部下将士中都有很多异族出身者。这些节度使的主要成员如下：

卢龙（治所为幽州，北京地区）——李怀仙

魏博（治所为魏州，河北省大名县地区）——田承嗣

成德（治所为恒州，河北省正定县地区）——李宝臣（原名张忠志）

以上称为河北三镇。此外还有：

淄青〔治所为青州，山东省益都县（已撤县改市）地区；之后为郓州，东平县地区〕——赐名李怀玉（李正己）

襄邓（山南东道，治所为襄阳，湖北省东部与河南省的一部分）——梁崇义

这些地方也是重镇。其中，淄青与襄邓虽说最初任命了服从唐朝的武将，然而后任的节度使却与河北三镇统一了步调，并且互通婚姻，联起手来脱离了唐朝的统治。

在安史之乱爆发以前，全国只有十个节度使，而且是为

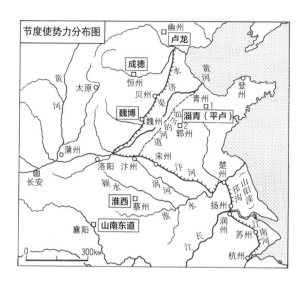

了防备边境所设置的。然而，叛乱爆发后，国内重要地方均新设了节度使，并由精通兵法的大官担任。最初一例是发生叛乱的翌年，即天宝十五载（756年）正月，任命南阳太守鲁炅为南阳节度使。此后各地均设置了节度使，但任命的都是官军诸将或高级官僚，因此淄青、襄邓以外几乎未发生问题。

此外，唐朝还有一项苦恼，那就是华北大部分地区受到叛乱的影响，来自该地区的税收锐减，再者，来自江南的粮食不能顺利输送，因此长安屡屡陷入粮食短缺的境况。如何才能确保税收，并且使粮食输送顺利进行呢？政府为此煞费苦心。

唐朝还在烦恼给在平定叛乱中大有作为的官军诸将什么样的待遇。继郭子仪、李光弼之后，又出现了为请求回纥前来救援而竭力奔走的仆固怀恩，其他诸将也夸耀自己的功勋而摆起了架子。唐朝的权威与叛乱前相比显著下降了，其中还出现了轻侮唐朝的一些人，意想不到的事件接连地发生了。

宦官横行

从玄宗时代开始，宦官的数量急剧增加。唐玄宗过着豪华奢侈的宫廷生活，结果是后宫侍奉的宦官达到惊人的数量，还出现了像高力士那样受到玄宗宠信、积蓄了大量钱财（拥有广大的土地，经营碾硙来取得利益。碾硙是制粉、精谷用的石臼，利用水力启动）的宦官。但是，在玄宗时代，宦官还是幕后人物，介于权臣、宠臣之间，只是通过与权臣勾结来扩张势力。然而，安史之乱爆发后，事情完全改变，此前一直处于幕后的宦官开始来到台前。李辅国便是这样的例子。

与朝廷安于长安城内时不同，辗转各地时，皇帝与亲信之间的个人关系变得极为重要。在这种非常时期，个人能力比平时更受重视，机灵、足智多谋的人物会被视若重宝。宦官李辅国等人在这方面确实是才能卓越。李辅国当上了判元帅府司马事。所谓元帅府是讨伐军司令部，皇太子广平王为天下兵马元帅，判元帅府司马事实际上是总司令部的长官。

代宗因是肃宗的长子而成为皇太子，不过，他在继承帝位之前也经历了相当多的曲折。他能够继承帝位是李辅国的功劳，因此在李辅国面前抬不起头。后来李辅国居功自傲，变得越发蛮横，代宗也开始无法忍受。于是，代宗通过利用李辅国的心腹，也就是宦官程元振，终于成功干掉了李辅国（宝应二年，即763年某夜，李辅国被闯入家中的盗贼砍下头颅与右臂而死。据说，盗贼事实上是代宗指使的刺客）。

　　程元振取代李辅国成为行军司马，并且当上了内侍监（宦官总监）。这之后程元振开始掌握权力。程元振向代宗进谗言，中伤平定叛乱有功的武将，将他们从官位上拽下来。在平定叛乱中称得上功勋第一的郭子仪以下不少人遭到他的毒手。武将们害怕程元振甚过李辅国，结果对唐朝失去了忠心。由于代宗本身就担心武将掌握势力会动摇帝权，因此，在这方面中了程元振的圈套。

将军郭子仪

　　异族出身的武将众多，而郭子仪是汉人，又是最高武将，麾下出了很多有能力的将军，代宗也对他尤其优待。此人度量非常大，凡事不拘小节，不过为守住自己的地位，也是相当小心谨慎。当他被身边的人中伤，被皇帝下令召回时，不论有什

郭子仪像
（南熏殿历代名臣像）

么事情，他都即日从驻屯地出发入朝。因此，皇帝也没有怀疑他的余地。不久，唐王朝连续发生重大事件，除了起用郭子仪来解决，别无他法。然后，郭子仪成功地处理了这些事件，他的地位自然变得稳固。

郭子仪儿孙满堂（八个儿子、七个女婿都是朝廷的高官，孙子也有数十人。据说，儿孙向他请安，他想不起谁是谁，只是点头），其第六子郭暧是代宗的女儿升平公主的驸马。这个公主因以巨额财产作为陪嫁而有名，但正因为是天子的女儿，因此派头很大。某日，公主与驸马发生口角。这时，郭暧如此说道："汝倚乃父为天子邪？我父薄天子不为！"公主柳眉倒竖，驱车回到宫中，向父皇告发。然后，代宗回答说："此非汝所知。彼诚如是，使彼欲为天子，天下岂汝家所有邪？"代宗安慰劝说一番，让公主回去。郭子仪听闻此事后，非常恐惧，将郭暧囚禁起来，自己入朝等待代宗的惩处。然而，代宗丝毫未受惊扰，对郭子仪说道："鄙谚有之：'不痴不聋，不作家翁。'儿女子闺房之言，何足听也！"据说，郭子仪回来之后，打了郭暧，表现出惶恐之意。此事被当作故事流传下来，显示出郭子仪的明哲保身之术，而代宗的用心也不同寻常。此后，郭子仪位极人臣，满门富贵荣华，一直活到了八十五岁。他被认为是长生不老的象征是理所当然的，不过这是后话。此时又再次发生了必须出动郭子仪的事件。

吐蕃袭击长安

广德元年（763 年）十月，长安突然遭受吐蕃的袭击。尽管边境警备的武将频繁地传来报告，但由于程元振没有判断力，因此报告在中途就被拦截而未传入代宗耳中。直至吐蕃逼近邠州时，程元振才告诉代宗。代宗以雍王李适（即后来的唐德宗）为关内元帅、郭子仪为副元帅，命他们出征至长安西方的咸阳，以防备吐蕃，自己慌忙逃到陕州。郭子仪一度退到长安东方重整势力，在吐蕃进占长安十五日后，将其击退。

这之后谴责程元振的声势高涨。代宗以作战失误为由，削去程元振的官爵，将其放归乡里。然而，听闻代宗已返回长安后，程元振不死心，男扮女装潜入长安，想要乞求代宗大发慈悲，因此被捕，随后死于流放边境的途中。

继程元振之后获得势力的是监督神策军而驻屯于陕州的鱼朝恩。乾元元年（758 年），郭子仪以下的九节度使于邺郡讨伐安庆绪时，鱼朝恩获得观军容宣慰处置使的头衔，被派遣为监军（在这之后，说到监军，限于宦官）。为何宦官能成为监军？这是由于武将们互相争夺势力，无法统领管制军队，因此朝廷想出以皇帝特别任命的形式，派遣侍奉左右的宦官到当地进行监督，即遥控。而且，使唤宦官很便利。就这样，宦官增加了新的职务。

邺郡的九节度使联合军败给安庆绪而撤退到陕州。此时，鱼朝恩也转移到陕州，于此地监督神策军。所谓神策军，原为玄宗朝时设置于临洮（甘肃省临潭县西南）地区的地方募集兵团，为了平定叛乱被转移到了内地。鱼朝恩于陕州迎接代宗，担任其警卫，并且使自己观军容宣慰处置使的头衔上被附加上了"天下"二字。

翌年，当吐蕃撤退，代宗返回长安后，鱼朝恩也跟随皇帝入京。神策军作为一地方军，从此以后成为北衙禁军的一部分。而且，由于战斗经验丰富的神策军成为禁军中最精锐的部队，鱼朝恩变得趾高气扬、专横跋扈，开始置喙军事、政治。

鱼朝恩自荐坐上了判国子监（国子学校长）的位置，因此事出了名。叛乱后的学校严重荒废，像鱼朝恩这样的实权人物亲自出马，迅速推进校舍的复兴，从这一方面来说是好事，但是也有对他的非难，认为宦官都无法行人事，进入礼教之府简直是骇人听闻。一开始听凭鱼朝恩任意妄为的代宗也逐渐束手无策。大历五年（770 年），鱼朝恩死到临头。

财政改革

代宗的统治历时十八年，相当于日本淳仁天皇天平宝字六年至光仁天皇宝龟十年。他在整个统治期间一直埋头于处理叛乱后的残局，但是仍然遗留了众多难题。

代宗为了报偿回纥，决定每年赐予回纥绢两万匹以外还允许其来唐通商，于是回纥每年来以马换绢。然而交易时回纥很狡猾，他们带来瘦弱或衰老的马。若唐人拒绝交易，他们就诉诸武力，闯入唐朝境内，因此虽然接受交易很愚蠢，但唐还是不得不这样做。结果是，唐朝陷入财政困难，甚至为支付马匹的价款而烦恼。

关于吐蕃屡次入侵一事，前文已述。郭子仪等人在代宗时代专门负责防御吐蕃，为此所需的军事费也是一笔巨款。

在唐朝境内，河北、山东和河南的部分地区，有实力强大的节度使胡作非为，唐王朝无法指望这些地方上缴税收。而这时，为了对付回纥、吐蕃等，唐王朝又不断新增花费，因此财政陷入困境。而且，汴河（通济渠）与黄河的交汇点附近，在叛乱过程中积满了泥土，变得无法通航。为此，唐王朝尝试采取从长江溯汉水而上，以陆路经由梁州、洋州进入关中（陕西省渭水盆地）的路线，但未成功。运河断绝后，众人才想起隋炀帝的功绩，仿佛现在才发觉似的。在这种时候，人们期待出现有计划能力与执行力的财政家。

首先被拔擢的是第五琦（长安人），他从肃宗时代到代宗时代，通过实施食盐专卖制，征收到了税收。据说，他是从颜真卿据守平原城时，其幕僚设计的制度中得到的启发。

刘晏继承了第五琦的食盐专卖制，并且疏浚了运河不通的地方，制造了适宜运河各部分的不同型号的船，还全面改革漕运实施方法，以此确保长安、洛阳的粮食，实现了物价稳定。第五琦、刘晏都于肃宗和代宗时代就任宰相之位，建立了自己的党派，有着非同寻常的势力。他们在与宦官勾结收集君王情报方面也毫不懈怠，第五琦与鱼朝恩、刘晏与程元振勾结之事已不是秘密。尤其是刘晏，他集聚大量有才之士作为部下，随意地驱使他们，并以此闻名。

刘晏自幼时起就擅长诗文，被誉为神童。为了执行掌管漕运的转运使的事务，他在运河沿岸的要地上设置了被称为巡院的机关，于巡院中配备了有才能的部下（从江淮到长安渭桥，于运河沿岸要地设置巡院。巡院的长官称为留后）。据说，其部下遵奉刘晏的命令就犹如他在面前一样，而且，他比谁都能更早地获知四面八方的动静。这大概是因为他的党派紧密团结，或者有秘密结社，而同僚又互相充当间谍，互相压制吧。其实不仅刘晏，当时的财政家几乎都有这样的一面。

刘晏对中央尤其注意。朝廷中一旦有什么应该庆贺之事，他必定比谁都更早地上奏朝廷表示祝贺。而且，刘晏比其他人都更早地向朝廷献上江淮地区的茶、柑橘之类的特产，这些东西只有献得早才有价值。为此，他花费重金，总是能够最先赢得荣誉。

通过刘晏的努力，漕运法得到改善，粮食被顺利地输送到长安。刘晏在漕运史上留下了功绩。

杨炎的两税法

继承代宗的是其长子皇太子李适，即德宗。即位时德宗已三十八岁。德宗一上位就简化宫廷生活，并且显示出要大力树立唐朝权威的决心和魄力。德宗死后继位的顺宗在位不足半年，之后是宪宗时代，德宗与其孙宪宗的时代正是唐朝旨在中兴而不断努力的时期。

德宗时代相当于日本光仁天皇宝龟十年至桓武天皇延历二十四年，宪宗时代是从延历二十四年到嵯峨天皇弘仁十一年。德宗、顺宗、宪宗三代，相当于从奈良时代末期到平安时代初期所跨越的四十一年。

德宗是个相当勤奋用功之人，但是好讲理、好争辩。他总是认为自己很辛劳，有过于自信之处。作为皇帝这个最高权力者，有这种性格并不是好事。而且，德宗猜疑心重，此后甚至怀疑皇太子而想要废了他。虽说如此，他却有轻信无稽之谈的弱点。

德宗拔擢的是杨炎（727—781年）。杨炎身躯凛凛，美须眉，并且善于写文章。

杨炎下令实施两税法是在被任命为宰相的翌年，即建中元年（780年），也是唐德宗继位的第二年。此时，唐初所制定的租庸调制已经崩坏，玄宗以后为取代租庸调制，开始以各种名目进行征税。杨炎将租庸调制改为两税法。

所谓两税法，即计算州县的必需经费与州县上交中央的经费，对当地居住者的土地征收田税（纳米粟），对财产征收户税（纳钱），分等级于春秋两期进行课税，对商人根据销售额征收商税（纳钱）。两税法不仅将当地有户籍之人，也将来自其他地方的移居者纳入了征税对象。

两税法并非完全是新制定的税法，而是将此前已执行的种种杂捐杂税以上述方式进行了统一。不过，当上宰相半年都不到的时间内，杨炎就制定了这样的税法，实力值得惊叹。

财政家的党派意识尤其强烈。为了将自己的制度坚持到底，必须排除反对派。杨炎向德宗进谗言，中伤其前辈刘晏，成功地夺取了其权力。德宗先将刘晏贬到地方上，之后将其杀害。

德宗压制节度使

通过两税法的实施，税收收入的基础确立，财政状态一时好转。德宗因此赢得势头，想要抑制不服从命令的节度使的势力，以恢复唐朝的权威。此时卢龙（幽州）、成德和魏博的河北三位节度使，以及淄青（平卢）和山南东道（襄邓）的两位节度使尤为强大，他们对中央的动向极为敏感。

在上述节度使中，德宗首先想要讨伐最软弱无力的山南东道节度使梁崇义。德宗打算利用位于山南东道东侧的淮西节度使李希烈前去讨伐，但是杨炎反对这个作战计划。他的理由是，李希烈是前节度使的养子，蒙受恩惠，却赶走了养父，这样的人不可信赖。后来证明，他的观点是对的。

杨炎学识渊博，才华横溢，并且具备大宰相的威严，即便对方是皇帝，也不放弃自己的主张，反倒将皇帝当作孩童对待。这破坏了德宗自信者的形象。因此杨炎被削去宰相之位，还被扣上一个严重的罪名——有觊觎帝位的野心，从而被流放至崖州（海南岛），并在途中被杀。作为两税法的制定者而留名后世的财政家杨炎，结局真是惨不忍睹。

建中二年（781年），李希烈奉德宗之命，讨伐山南东道，攻打梁崇义并且将他杀害。德宗的目的达成，但是，正如杨炎的预想，李希烈不再听从中央的命令。

这一年，河北的幽州、成德、魏博与河南的淄青也都各有各的问题。节度使死后，各地自行推举前节度使的子弟或者有实力的武将作为新节度使，并要求唐朝承认。但德宗没有承认，原因是德宗想要以此为契机，从中央任命派遣节度使。对此，地方上进行了反抗，德宗断然派出讨伐军，首先攻打魏博节度使的治所魏州（河北省大名县），不过没有取得进展。

节度使们互相联姻，紧密地联系在一起，以应对唐朝廷。

不久，幽州的朱滔、魏博的田悦、成德的王武俊、淄青的李纳一致独立称王，并且推朱滔为盟主。接着，淮西的李希烈也称王，并与淄青的李纳合作，从根据地蔡州北上。如果就这样放任不管，那么洛阳会有危险。当时是建中四年（783年）正月。

颜真卿赴死地

宰相卢杞是德宗的参谋。据说此人生性阴险狡诈，巧舌如簧，很会迎合德宗的心意，但是其貌不扬，面色如蓝，一副恶人的长相。不可思议的是，德宗完全信赖这个臭名昭著的奸臣宰相。

当时，卢杞上奏说应避免对淮西行使武力，派人说服李希烈才是上策，并且认为为玄宗、肃宗、代宗三代效力的忠直刚毅之士颜真卿乃最佳人选。正为筹措军事费发愁的德宗认为卢杞的提案是个好主意，从而立即采纳了这个提案。

颜真卿时年七十五岁，任太子太师，地位虽高，但却是个闲职。颜真卿曾数次进入中央政府，被任命为刑部、吏部尚书等，但是更多的是被派往地方，曾有过持续十一年的地方官任职经历。颜真卿曾与权臣和宦官中有实力的人物产生矛盾，吃了亏而愈发走下坡路。不过他文名高，而且作为书法家，同一时代无人可比肩，是大家公认的书法第一人。即便是今日，颜真卿仍受到高度评价，他的书法与王羲之的传统书法相对，是复古的，又是革新的。

颜真卿受君命后，毅然前往李希烈身边，坦荡地劝说李希烈应该归顺唐朝。但是，李希烈并未听从。最终，颜真卿被

扣留两年有余，于贞元元年（785 年）被李希烈的部下缢杀，
享年七十七岁。

颜真卿像
（出自朝鲜版《历代君臣图像》）

德宗终于不得不下定决心讨伐淮西，他对听从唐朝命令
的节度使下达命令，从南北攻打李希烈。此时政府为支付军费
大伤脑筋，于是想出征收间架税、除陌钱的办法。间架税是房
产税，除陌钱也叫作交易税。政府试图通过这些临时税收来解
救危机，然而，由于只想着征收高额的税收，并且以强权来执
行，所以百姓纷纷谴责。而且，淮西讨伐军面临的形势也很
不利。

因此，德宗考虑投入泾原节度使麾下的兵力。泾原节度使
将治所设置在处于长安西北方的泾州，专门防备吐蕃入侵。建
中四年（783 年）十月二日，泾原的五千兵力抵达长安。然而，

与期待相反，泾原兵在长安严重受到慢待，这使他们怒不可遏。士兵们直指宫城，蜂拥而入，试图制止的节度使成了乱兵的俘虏。德宗与妃子、皇太子、诸王、公主们好不容易才逃出宫城，当日便逃往长安西北方的奉天县，即今日乾县。

十月三日半夜，叛军推举引退到长安的原泾原节度使朱泚为首领。朱泚起初仅仅打算亲自出马维持长安的治安，但是不断被部下劝说继承帝位，最终也有了此意，自称大秦皇帝。因一些理由而对唐朝心怀不满的人士纷纷拥立朱泚。

奉天县城并不怎么坚固。朱泚亲自攻打，围攻历时一月有余。德宗向正进攻魏州的官军告急。诸将中，李怀光率兵日夜兼程赶到，击破朱泚军，终于挽救了奉天县城。人们异口同声说，若晚三日抵达，奉天城也许会落入贼人之手。李怀光乃郭子仪麾下的骁将，出身渤海靺鞨。

这个时候，随行至奉天县城的卢杞劝谏德宗，命令李怀光立即追击朱泚军，其实他是担心这个以武功自豪的将军会威胁自己的地位。德宗听信卢杞所言，叫李怀光入城，连慰劳的话都没有，就部署追击命令，并且表现得若无其事。

但李怀光留下兵力，并不打算行动。而且，他再三上表，揭露卢杞之罪，谴责卢杞的声势高涨。卢杞此后又插手作战上的事情并且招致大败，德宗也无法再庇护他，最终将他调到地方上。

罪己诏

德宗虽然是个非常自信的人，但遇事不顺遂时，就不知道如何才好了。

翰林学士陆贽（754—805 年）是一位见识高远的人物。他建议德宗，如今之情形，除了下诏谴责自己以感动人心之外，别无他法。也就是说，要进行自我批判。德宗听从了这个建议。

翌年（784 年）正月元旦，德宗发布了罪己诏，发出大赦令，改元为兴元，以振奋人心。德宗同时废止了受到严厉谴责的不合理税项间架税和除陌钱，宽恕了李希烈以下违抗朝廷命令进行反叛的节度使们。除了朱泚一人，其他人都被宽恕了。罪己诏的文章出自陆贽之手，这篇文章被称为古今之名文。在那样的情形下，诏书的内容很重要，文章也必须出色。

诏书很有效果。成德、魏博、淄青节度使废止王号，上表谢罪。但是，淮西的李希烈不为所动，最终继承了帝位，国号大楚，彻底与唐朝对抗。

李怀光接受了追击朱泚的命令后，驻屯于咸阳，并不行动。不仅如此，他甚至与朱泚携手合作。如此一来，奉天县城终究无法防御叛军。于是，发出罪己诏之次月，德宗向南翻越终南山，逃避至梁州（陕西省南郑县）乡下。

通过官军的奋战，朱泚被驱逐出去，这一年七月，逃出长安后的第十个月，德宗返回长安。朱泚西逃后被杀，李怀光也于贞元元年（785 年）败死，始于泾原兵变的骚乱终于平息。

德宗抛弃了恢复唐朝威信的理想，而与现实妥协，由此，天下好不容易保持了太平。李希烈于贞元二年（786 年）被部将所杀之后，淮西暂时恢复和平，但不久，后任节度使吴少诚又反抗唐朝，颜真卿白死了，讨伐淮西一事又回到了起点。

中兴的努力也表现在对外上。一旦国内有事，回纥和吐蕃就会立即乘虚而入。

尤其是吐蕃，吐蕃在朱泚叛乱时提出援助唐室，但不仅未照约定行事，事后还要求补偿。唐朝未答应其要求，吐蕃便屡次进攻唐朝西北边，使唐朝大伤脑筋。最终，吐蕃攻陷了天山北路的北庭、天山南路的安西节度使管区。

回纥也依然是恼人的存在。唐肃宗时将公主赐予其可汗和亲，没承想这成了惯例，每当立了新可汗，回纥就希望公主下嫁。而且这一时期回纥可汗更迭频繁，不断地举行婚礼。虽然在某种程度上和亲的目的达到了，但是唐朝又不得不为巨额的婚嫁费用头疼。

回纥的可汗希望得到唐朝公主，是想以唐朝皇帝的女婿的身份，向近邻诸部族显示优越感；同时回纥也想借此获得种种物资，比如陪嫁的豪华日用器具。回纥通过这种方式与唐朝交流往来，并且借此在当时的北方游牧民族中保持较高的文化水平。

唐朝对追随吐蕃的南诏也采取怀柔政策，但是，南诏总是衡量着唐朝与吐蕃向自己施加的压力强度，时而依附唐朝，时而依附吐蕃，一直未能如唐朝所愿。

宪宗继承中兴之业

德宗驾崩后，皇太子继承帝位，即顺宗。然而，顺宗因病失了声，在位仅六个月有余，就让位给了皇太子。宪宗立，当时二十八岁。宪宗还是太子时就被人盛赞英明。自永贞元年（805年）八月开始，宪宗在位将近十五年，他继承了祖父德宗的方针，为树立唐朝的权威而努力。宪宗施政的重心在于抑制节度使的势力，这与德宗时代相同。

宪宗即位之初，成功讨伐了不听从中央的回归命令的西川节度使（治所为四川成都）刘辟，紧接着又讨伐了不履行入朝约定的镇海节度使（治所为江苏镇江）李锜，将他捕杀。刘辟和李锜都是文官出身，尤其是李锜，出自皇族，因此这两人有别于军人出身的世袭节度使，容易处理。但是，宪宗因此充满了自信，这样就使事情变得不好收拾了。

元和四年（809年），成德节度使（治所为恒州）死亡，其子王承宗擅自成为留后(代行者)。在河北三镇(幽州、成德、魏博)有一个惯例，那就是先以节度使正室所生的长子为副大使，一旦节度使死亡，副大使立即取而代之，代行军务。在这种情况下，宪宗想要断然革除河北诸镇的世袭制。

宰相裴垍与翰林学士李绛欲劝阻宪宗，强调河北三镇并非西川、镇海那样简单，宦官左神策军中尉吐突承璀却迎合宪宗，希望亲自率军前去讨伐。当时的翰林学士之一白居易也反对，但是宪宗并未听从。

这个时候，淮西（治所为蔡州）也发生了同样的问题。于是李绛等人上言，表示淮西有别于河北，是孤立的，因此应该首先使淮西屈服，再镇压河北。然而也未被听取。

吐突承璀前去讨伐成德，屡屡败北，未取得成果。不久，淮西节度使死亡，这是一个绝好的机会，但是讨伐军耽搁在成德，于是不得不承认他们所立的留后。而河北的镇压也半途而废，成德的王承宗谢罪，朝廷以此为契机停止了征伐。

平定淮西

此后，魏博（治所为魏州）归顺，而平卢（治所为郓州）、幽州依然不听从命令。另一方面，淮西节度使死亡，其子吴元济处理军务，并且背叛唐朝进攻至洛阳附近。元和十年（815年），宪宗下定决心讨伐淮西。魏博与唐朝协作，成德与平卢受淮西委托，屡次上表，希望唐朝廷宽恕淮西。宪宗当然不会听从。这里要特别提到平卢，平卢说是协助官军讨伐淮西，背地里却援助淮西。这是因为平卢与淮西接近，一旦淮西被平定，那么接下来被打击的就是平卢，平卢此时感到了不安。

宰相武元衡全权负责讨伐淮西一事。平卢节度使李师道认为，只要杀了武元衡，朝廷对淮西的讨伐就会停止。六月三日凌晨，李师道派刺客于长安街头袭击武元衡，将其杀害。同时，坚决主张讨伐淮西的御史中丞裴度，也在别的场所遭到袭击，伤到头部。

裴度成为宰相，被全权委托讨伐淮西一事。不久，传来消息称暗杀武元衡的是成德王承宗的手下，因此，宪宗细数王承宗之罪，决意惩罚成德。此后，当宪宗隐隐约约知晓平卢之所作所为时，已为时晚矣。由于要镇压淮西、成德两镇，因此，朝廷没有闲暇来查明实情。

虽然有不少人进谏称很难同时讨伐淮西和成德，但是宪宗不听。宪宗将裴度派遣到前线，疯狂地持续讨伐淮西和成德。元和十二年（817年）十月，官军袭击了淮西的治所蔡州，抓捕吴元济送到长安，宪宗将吴元济斩杀。三十年间官军从未进入的蔡州回到官军的手里，中央派遣了淮西节度使。至此，宪宗压制节度使的工作算是完成了一部分。

成德的王承宗与平卢的李师道知道此事后很惊慌。王承宗提出归顺，并最终被宽恕，而李师道犹豫不决，因此受到讨伐，不久就被部将所杀。就这样，元和十四年（819年）二月，平卢被平定。

如此一来，经过德宗和宪宗的努力，抗命的节度使一时被挫了锐气。然而，翌年元和十五年（820年）正月，宪宗突然死去，享年四十三岁。据说宪宗是因为服用长生不老药而致命，实际却是被宦官暗杀的。

理想主义与现实主义

宪宗死后，各方势力更倾向于满足暂时的和平。因为要想恢复唐室的权威，就必须付出巨大的牺牲，朝廷已经认识到自身的实力，在与节度使的关系不恶化的前提下，更愿意姑且维持和平。对此，不管怎样都要恢复唐室权威的理想主义者并不妥协。宪宗之后，经过穆宗、敬宗二代，到了文宗时代，这两派的对立尤为尖锐，彼此展开了激烈的斗争。

理想主义者的领头人物是李德裕（787—849年，父亲李吉甫是宪宗朝的宰相），他也是极端民族主义者。与此相对，牛僧孺（？—847年）等人是和平主义者，主张维持现状。实际上，斗争的本质是官僚贵族之子李德裕等人与科举出身的实力派牛僧孺等人的反目对立，因此两派的斗争已脱离了纯粹的主义主张之争，其重点放在了击败反对派上。

他们互相将对方称为邪党，反复进行丑恶的暗斗，想要将对方的势力驱逐出中央。其结果，李德裕被赶出中央，作为西川节度使从事应对吐蕃、南诏的工作，而位于中央的牛僧孺则处处妨碍李德裕的工作。后来李德裕重回中央后，当然就要彻底清除牛僧孺等人之党派，疯狂地进行报复。这一斗争持续了四十余年，称为"牛李党争"。文宗曾有一句名言感叹牛李党争："去河北贼易，去朝廷朋党难。"所谓"河北贼"是指不听从命令的河北三镇。另外，李德裕等人的极端民族主义，也体现在他们说佛教是外来宗教而进行排斥这个方面。

他们为了打击反对派而不择手段。讽刺的是，倡导理想主义的李德裕派却与扎根宫廷的宦官势力勾结，陷害对手，因此越发助长了原本就蛮横的宦官的气焰。

文宗无法再忍受宦官横行。文宗的祖父宪宗和兄长敬宗都被宦官所杀，父亲穆宗和文宗自己也都有受宦官拥立的黑暗经历。太和九年（835年），文宗与宰相李训商量，想要除掉宦官。李训出谋划策，散布消息称在宫苑的石榴树下，甘露从天而降，企图等待宦官从内廷出来看甘露时进行伏击，从而一举歼灭宦官。但此计划被识破，李训反而被杀，史称"甘露之变"。此后文宗沦为受制于宦官而只能自我怜悯的可怜人。

文宗之后，唐朝还有六个皇帝，维持了将近七十年的余命，正如"余命"字面所说，唐王朝只剩苟延残喘。

白乐天与韩退之

安史之乱后，从代宗到文宗末年这八十年，按唐诗的时代划分称为中唐。中唐相当于唐朝在政治上为了恢复其权威而不断努力的时期。这一时代的文化，虽然没有盛唐时璀璨，但是具有独特的味道。

作诗方面有白居易（白乐天，772—846 年），写文章方面有韩愈（韩退之，768—824 年）。据说白居易的先祖出身西域安国（布哈拉）地区。白居易历任中央和地方诸官，累官至刑部尚书（司法大臣）。白居易的诗以平易通俗为宗旨，由于能巧妙地捕捉人情的微妙之处，因此虽然格调不高，但在当时受到广泛传诵。若论对日本和新罗造成的影响，白居易远远在李白、杜甫之上。

将白居易的《白氏文集》带到日本的，是仁明天皇承和六年（839 年）归国的遣唐使藤原常嗣。《白氏文集》中的诗文有部分流传了下来，并且被广泛吟诵。有这样一段有名的轶话：

嵯峨天皇对小野篁赋汉诗："闭阁只听朝暮鼓，上楼遥望往来船。"小野篁答："圣作甚佳，惟'遥'改'空'更妙也。"由于"空"字与白乐天的原作相同，因此，嵯峨天皇十分佩服。

再者，还有这样一件传闻：渤海使者曾称赞菅原道真的诗与白乐天的诗很相似，菅原道真听了之后欢天喜地。在日本，唐诗的代表人物并非李杜，而是白乐天。

韩愈在作诗方面也很有实力，可与白乐天比肩，不过他在写文章方面更有名。由于他并非出身名门，因此尽管进士及第，却在吏部的录用考试中多次落选。后来，他晋升至吏部侍郎，不过在这期间竟二度左迁至岭南。

南北朝以来所盛行的四六骈俪体（四六文），受烦琐的韵律规则与惯用故事成句的制约，为了形式美而牺牲了内容。韩愈排斥四六文，提倡复兴一直盛行到两汉时代的古文，并亲自以自由的句法书写通俗易懂的文章，指引新的文章之道。

韩愈的主张虽然得到同时代的柳宗元（773—819 年，字子厚）等人的支持，但是并未发展到改变时代潮流的地步，直到北宋的欧阳修继承其思想后才出现了成果。另外，韩愈还排斥佛教和道教，因为中国古代没有佛教和道教。在排斥外来的佛教这一点上，韩愈与李德裕等人的极端民族主义有关联。有一个有名的事件，韩愈直言谏书，反对宪宗迎接佛舍利入宫，后来宪宗以其文章偏激为由，将韩愈贬为潮州刺史。

与提倡回到古代的韩愈不同，杜佑（735—812 年）具有与时俱进的思想，他是活跃于德宗、宪宗时代的财政家。杜佑著有《通典》二百卷，目的在于阐明中国历代的官制制度。此处笔者稍做补充，在解说历史理论方面，还有一本《史通》应受关注。《史通》共二十卷，乃活跃在武则天时代到玄宗时代的刘知几（661—721 年，字子玄）所著。

社会、经济种种之相

这一时期，在社会、经济方面也可以看到各种各样的现象。贵族、官僚、寺院的庄园越来越壮大。随着两税法的实施，国家正式承认了土地私有，因此土地兼并已没有了任何限制。越来越多的均田农民投身到这些庄园中，租种土地，成为奴隶。

另一方面，除了贵族、官僚、寺院，随着节度使等武人实力增强以及后文所述的商业发展，也出现了拥有资本的商人和由均田农民成长起来的庄主等。在庄园中，有很多人从事制粉、精米、制油业，或从事高利贷活动，积累了巨额财富。

随着唐室丧失权威，地方分裂成为趋势，因此地方上反倒发展了起来。经过安史之乱，长安、洛阳等地渐渐衰退，扬州、益州、建康、杭州、广州、泉州等地因未受叛乱影响而兴起。其中的扬州又被称为"扬一"，是当时繁华程度和财力都数第一的大城市。而且，此地同广州、泉州、杭州等地一样，有许多大食人、波斯人、印度人和南方诸国人往来贸易。

除了以上几个大城市，节度使治所所在的地方城市也很发达。在地方城市中，县治以上的城市各自在特定场所设市（市场），同行、同类的商店聚集起来经营；县治以下的小城市和村落中，商店的设置则没有规则，这些地方定期开办市场，称为草市。

农村的物产通过市运到城市，农村无法获得的生活必需品和手工业原料等货物又通过市供给到农村。交易媒介是铜钱、帛、金、银等，铜钱使用得最广泛。唐朝的铜钱中铸造得最多的是开通元宝（又称为开元通宝）。

唐代，尤其是中唐以后，民间对茶的需求不断增长。这一时期除了黄河流域，茶已被广泛栽培，饮茶得到了普及。陆羽所著的《茶经》，也说明了茶有多么流行。茶以抹茶、煎茶等形式被饮用。茶商中有不少人与盐商一样积累了大资本。

德宗时代开始对茶征税，此后，茶税与盐税一同成为重要税收基础。

还学生最澄

到了平安时代，最澄（767—822 年）与空海（774—835 年）将天台、真言两宗传到日本，他们是在德宗至宪宗这个时期前往唐朝的。

最澄与空海这两个僧人于桓武天皇延历二十三年（804 年），跟随遣唐使藤原葛野麻吕至唐朝。当时最澄三十八岁，空海三十一岁。最澄是所谓的"还学生"，以短期参观考察为目的；空海是以留学生的身份被派遣的，留学生的留学时间较长。

最澄所乘的第二船于唐德宗贞元二十年九月到达明州，空海所乘的第一船于十月抵达福州。翌年贞元二十一年，唐朝发生了戏剧性的变化，正月，德宗亡，顺宗立，接着，同年七月，顺宗因病而让位给宪宗。

最澄必须在短时期内取得丰硕成果。因此，在遣唐使入京期间，最澄去往台州参拜龙兴寺，谒见了修善寺的住持僧道邃，当时恰好遇上台州刺史陆淳邀请道邃至此地讲天台法门。陆淳知道最澄求法之志后，非常欢迎，动员了龙兴寺二十个学生为他书写经疏。紧接着，最澄参拜佛陇寺，从住持僧行满受天台教义，向禅林寺的翛然学禅。他还于越州（浙江绍兴）龙兴寺向灵岩寺的顺晓学习密教。最澄总共在唐八个多月，翌年五月，他搭乘遣唐使回国的第一船，从明州出发归国。

给予最澄诸多便利的台州刺史陆淳是当时第一流的学者，并且是顺宗还是皇太子时的宠臣之一。他给予异国僧人的热情支持，显露出当时唐人的性情。这与此前鉴真东渡时得到的民间经济援助一样值得铭记。尽管停留时间短暂，最澄却带回来大量贵重物品，包括多达二百三十部四百六十卷的经疏，如果没有这样的支持，是不可能做到的。

延历二十五年（806年），天台宗作为一宗派被正式承认。最澄入唐求法的努力取得了成果。

留学生空海

空海去唐朝时搭乘的是第一船，橘逸势也一同乘坐。遣唐使一行于十二月进入长安。翌年二月，遣唐使一行启程回国后，空海转移到西明寺。西明寺是位于右街延康坊西南角的一座大寺，以名胜牡丹闻名。从二月到六月这大约四个月的时间里，空海遍访城内名刹，谒见高僧而受教。

六月，空海拜访了青龙寺的惠果阿阇梨（传播真言密教正统的第七祖，七祖是指龙猛、龙智、金刚智、不空金刚、善无畏、一行、惠果），惠果阿阇梨将真言教义全部传授给了空海。阿阇梨在传授教义给空海半年后，即同年十二月，因年老生病而圆寂，空海可谓在绝好的时期来到了长安。这不仅是空海的幸运，也是日本佛法的幸运。另外，与西明寺相反，青龙寺位于左街的东边、新昌坊南门之东。

空海在长安住了一年零两个月，作为传播真言密教正统的第八祖，携带二百余卷经典，汉文、梵文的新译经论及诸种曼荼罗之类的法器，于最澄归国的第二年，即宪宗元和元年（大同元年，806年），搭乘遣唐判官高阶真人远成的船而归国。

空海归国后，因从唐朝带来的丰富收获而引起各方关注。此前归国的最澄也经常向他借阅经籍，或是亲自向他求教。另外，最澄还曾从空海在高雄山寺（神护寺）接受金刚、胎藏两界灌顶，这件事也很有名。弘仁七年（816年），真言宗独立。

空海在远渡唐朝之前就已经书法精湛，停留长安期间，掌握了当时唐朝盛行的书法。传说有一个叫韩方明的人向空海传授了笔法。此事的真假另当别论，比较墨迹便可清楚地知道，空海受到当时长安流行的颜真卿书法的强烈影响。这样说来，空海与继承颜真卿书法的柳公权（778—865年）大致同时代，准确地说，空海年长四岁。

归国后，空海的书法对嵯峨天皇的书法风格产生了影响，嵯峨天皇将空海视为书法上的好对手。空海、嵯峨天皇、再加上与空海一起归国的橘逸势，即是所谓的"三笔"。他们在唐人书法的影响下竞技，形成了日本书道发展的基础，这一点值得关注。

最澄也天性喜好书法，入唐前就研习了《集王圣教序》等，他也收集了一些书道资料带回日本。近年来，因为受到了唐人书法强烈的影响，且有别于空海的书法，最澄的书法也获得了不少人的高度评价。另外，据说最澄和空海归国后，还向日本传播了唐朝流行的饮茶嗜好。

由于唐文化的影响，在日本，唐朝的学术和文艺变得十分盛行，这是不争的事实。汉文学是贵族必须学习的，因此迎来全盛时期。这一时期，敕撰的汉诗文集有《凌云集》《文华秀丽集》和《经国集》，个人的诗文集有空海创作的《性灵集》等。

顺带再简述一下，最澄、空海之后，天台僧圆仁（794—864 年，慈觉大师）、圆珍（814—891 年，字远尘，智证大师）也相继去了唐朝，致力于密教的修行。他们在归国后，将密教引入了天台宗，集天台密教之大成。

圆仁于仁明天皇承和五年（文宗开成三年，838 年）加入遣唐使藤原常嗣一行，远渡唐朝，承和十四年（847 年）归国。

圆仁留唐求法的生活大致历时十年之久，其周游的范围也很广。详情可以通过他的《入唐求法巡礼行记》知晓。另外，他遭遇了唐武宗会昌五年（845 年）发生的所谓"会昌灭佛"，蒙受了还俗、驱逐的迫害。

圆珍于文德天皇仁寿三年（宣宗大中七年，853 年）乘坐唐朝船只远渡唐朝，天安二年（大中十二年，858 年）归国。

第十四章　渤海与日本

始祖大祚荣

通过派遣遣唐使，日本得以知晓当时的国际形势，并引入唐文化。遣唐使一开始走北路，即沿着朝鲜半岛的西岸到达山东半岛，但自从与新罗的关系恶化之后，变为走南路，即渡过东海，到达长江口。渤海建国并向日本派遣使节后，又增加了另外一条路线，那就是经由渤海国与唐朝交流往来。

渤海建国是在武则天圣历元年（698年）。唐朝的势力曾一度发展至朝鲜半岛，后来却由于新罗的攻势而逐渐后退，好不容易在辽东稳定下来。那个时候，唐朝强制契丹人和高句丽的遗民移居到后来安禄山所在的营州附近，并进行监督，这些人若放任不管，会有大麻烦。然而，契丹人对负责监督的唐朝都督的暴政进行了反抗，发动了叛乱。他们攻陷营州，杀了都督，打击了唐朝的讨伐军，并一度围攻了幽州。叛乱发生一年多后，唐朝利用东突厥，终于成功平定了契丹人。

圣历元年，大祚荣受到叛乱的刺激，率领部下逃亡到东方，集合高句丽人和靺鞨人，击退唐朝的讨伐队，自立称"震国王"。这就是渤海国的开端。"震"这个国名，源自《易经》，《易经》有云"帝出乎震"[①]，"震"是指东方。据此可知，大祚荣或者他身边的人具有相当高的汉学素养。虽然中国东北地区东部的靺鞨族也在大祚荣的统治之下，但这个国家的统治阶级中还是高句丽遗民居多，这一点从前后的事情中可以想到。

大祚荣是高句丽人还是靺鞨人，这个疑问尚未解决，不过即便大祚荣是靺鞨人，那也是在高句丽文化中成长起来的，这一点几乎没有疑问。先前所述的契丹人叛乱过程中自不必言，叛乱平定后，唐朝到辽东地区的交通也处于断绝状态，其结果，唐朝在辽东的势力荡然无存。

这个形势对于努力建国的大祚荣是有利的。知道无法完全控制渤海后，唐朝改变态度而采取怀柔政策，因此，大祚荣令其次子大门艺入侍唐朝，进行和亲。后来，玄宗先天二年（713年），唐朝派遣鸿胪卿崔忻册封大祚荣为渤海郡王。于是，震国在此后一般被称为渤海国。

渤海国十五代

初代高王大祚荣之后，其子孙相继立，渤海国共历十五代，持续了两百二十八年，直到926年被新完成统一的契丹国

---

① 　非《周易》所载，应出自《易传》之《说卦》。——译者

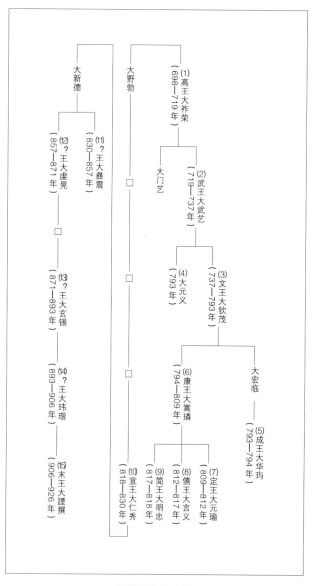

渤海王朝世系图

所灭。也就是说，唐朝灭亡后，渤海国仍存续了近二十年。渤海国存在的这两百多年，相当于日本文武天皇二年到醍醐天皇延长四年。

大祚荣的长子——第二代武王大武艺（719—737年在位）建元为仁安。这表现了一种意识，那就是，渤海国虽然向唐朝朝贡，但它却是独立国。从那以后，渤海国代代建立年号。大武艺时代与第三代文王大钦茂（737—793年在位）时代，渤海国的领土扩大，国家实力逐渐增强。大钦茂时代，国王被唐朝封为渤海国王，于是，其国名副其实地成为渤海国。

渤海国的领域，西边大抵至今日长大铁路线的西方一点，东边包括沿海州，南边包含朝鲜半岛的北部，北边受到黑水靺鞨势力阻碍，大抵以松花江、黑龙江一线为界限。

文王大钦茂时代达五十六年，在这一时期，都城从当时的地方（即后来的中京显德府）迁移到东北方的上京龙泉府。此后，都城又从上京迁移到位于东南的东京龙原府。上京龙泉府的遗址现存于吉林宁安的东京城。另外，第五代成王大华玙时，都城又从东京迁回原来的上京，从此之后以上京一直为都城，直到渤海国灭亡。上京又名忽汗城。

第十代宣王大仁秀时代，这位渤海"中兴之主"严重压制与渤海处于敌对关系的黑水靺鞨，渤海国进入了国势最为强盛的时代。在《新唐书·北狄传》的"渤海条"中，渤海被记载为"海东盛国"。

渤海在存续期间内，对引入唐文化显示出极大的热情。以大祚荣令其次子入侍为开始，渤海不断向唐朝派遣留学生和留学僧，这方面与日本及新罗没有差别。渤海的统治阶级中有很多高句丽遗民，可以想象他们早就开始尊崇佛教。正如日本奈良、平安时代的文化，渤海的文化也是以佛教为基调，从唐朝引入的。

渤海的官制和都城规划等，一看便可清楚地知道完全是在模仿唐朝。三省六部被直接引进，尚书省变为政堂省，长官为大内相；中书省变为中台省，长官为右相；门下省变为宣诏省，长官为左相。唐朝的尚书省设有六部（吏、户、礼、兵、刑、工），同样，政堂省设有六司。六司分为忠、仁、义（左三司）和智、礼、信（右三司），受左仆射、右仆射统辖。渤海以宣诏省为左省、中台省为右省，这也令人想起唐朝将门下省称为左省、中书省称为右省。此外，渤海还直接引进了一台、五监、九寺、卫府的制度。在地方制度上，显然也设置有州和县等。

上京龙泉府作为首都的时间最长，其都市规划可以说完全是从唐都长安的规划中得到的启发。参考昭和八年、九年（1933年、1934年）日本东亚考古学会的调查，这一点就更加清楚了。另外，上京城址中发现了十处寺院遗址，还发现了砖佛和壁画的残片等，通过这些情况，可以充分想象到这个国家引入了佛教。

渤海遣日使漂至出羽

圣武天皇神龟四年（727年）九月，渤海国第一次向日本派遣使节。第二代武王大武艺派遣的高齐德等八人来到出羽国。实际上渤海国共派遣了正使以下二十四人，但是一行人漂到了虾夷地，正使等十六人被杀，高齐德等八人幸存而来到出羽国。

高齐德一行前往都城奈良，于翌年，即神龟五年正月呈递了国书。国书的内容于《续日本纪》卷十中可见，其中写道："武艺忝当列国，监总诸藩，复高丽之旧居，有扶余之遗俗。但以天涯路阻，海汉悠悠，音耗未通，吉凶绝问。仁亲结援，庶叶前经，通使聘邻，始于今日。"（扶余是公元前1世纪—5世纪，中国东北地区中部的一个强大兴盛的国家。属濊貊之一，与高句丽关系亲近，从3世纪开始因处于鲜卑与高句丽之间而衰退。）此处要注意的是"复高丽之旧居，有扶余之遗俗"与"仁亲结援"这两处内容。前一处内容的意思是收复了高丽（高句丽）的旧领地，并且保有与高句丽亲近的扶余的故地。渤海国知道日本与此前被唐朝所灭的高句丽关系好，想说明自己是高句丽的接班人。后一处"仁亲结援"想表达的意思并不十分清楚。单纯地看，这只不过是在说希望与日本结成和睦的关系，互通友好。不过，若用心一读，就会发现似乎说的是一些具体的事情。

那么，到底渤海对日本有什么请求呢？那个时候，渤海与唐朝之间的关系极为冰冷。武王大武艺想要讨伐北方的黑水靺鞨，令弟弟大门艺承担这个任务。然而，大门艺没有听从，并且逃到了唐朝。由于大门艺是入侍唐朝之人，因此他知道唐朝会积极地庇护黑水靺鞨。大武艺要求唐朝交出弟弟，但是唐朝没有反应。渤海向日本派遣使节是在因弟弟大门艺事件而与唐朝的关系变得不妙时。

再者，日本也有日本的考虑，例如新罗问题。百济、高句丽灭亡前后，新罗虽然连年向日本派遣使者，但在政治、文化方面却是越来越靠近唐朝，对日本则越来越疏远，表现得自傲自大。因此，日本对新罗开始心怀不满，并且似乎想要用渤海国来弥补。

圣武天皇在渤海遣日使归国时，向武王大武艺授予玺书。玺书中写道："恢复旧壤，聿修曩好，朕以嘉之。宜佩义怀仁，监抚有境，沧波虽隔，不断往来。"圣武天皇派遣引田朝臣虫麻吕作为送渤海客使，引田朝臣虫麻吕于天平二年（730年）八月回国，献上来自渤海国王的贡物。天皇将贡物献给天智天皇以下六陵，并且祭祀了藤原不比等之墓。这是日本的水军于白村江（白江口）大败给唐军，而从朝鲜半岛含恨撤退后的第六十七年。人们情绪高涨，希望通过与渤海交流往来而向大陆扩张，这种迹象十分清楚。

另外，大门艺所引起的渤海与唐朝之间的不和未见好转，到了开元二十年（732年），大武艺甚至派遣其将攻打登州（山东蓬莱），杀了当地的地方官。唐朝令大门艺讨伐兄长，同时派使者到新罗借援兵。翌年，唐朝令新罗攻打渤海南方边境，由于遭遇大雪，新罗士卒半数以上冻死，因此最终无功而返。新罗与唐朝的关系就这样恶化。即便渤海曾想过通过与日本互通友好来牵制新罗，也是合情合理的。

渤海来日本进贡三十五次

渤海前来日本进贡达三十五次。其中，最后一次是在渤海国被契丹国消灭之后，因此，准确地说是三十四次。渤海国三十五次的进贡每回都各有所图，其中应特别关注的是第二次与第四次。

第二次进贡的使节是第三代文王大钦茂派遣的，圣武天皇天平十一年（739年）十一月，使节到达出羽国，次月进入奈良献上国书。这次的使者送回了此前从唐朝归来的途中遇难而漂到昆仑（越南海岸？）的遣唐判官平群朝臣广成。这个平群广成于天平五年（733年）跟随遣唐使多治比真人广成去往唐朝，当时一起去往唐朝的还有努力促成鉴真和尚东渡日本的荣叡、普照等留学僧。

大使一行完成使命后从苏州（江苏）出航，途中遭遇疾风，乘坐第三船的平群广成等人漂到昆仑，同船者多数被蛮人所杀，平群广成等人折回长安，被准许经由渤海国回国。于是，他们从山东半岛的登州去往辽东半岛，从那里到达渤海国都城，不仅受到优待，后来还被渤海国送回日本。

渤海国的使节也遭遇大风，正使一行四人溺死，平群广成由副使送归日本。相对于此前遣唐使采取的外海道，平群广成所行的路线应该称为内海道，由此，日唐交通上又增加了一条不同的路线，这具有很大的意义。

第四次渤海遣日使于淳仁天皇天平宝字二年（758年）九月到达越前国。文王大钦茂的使节杨承庆等人与遣渤海使小野朝臣田守等一同前来。这个小野田守是个强硬之人，他在前几年被派遣到新罗，之后对新罗的失礼感到愤怒而断然归国。

杨承庆一行二十二人于十二月入京，翌年正月完成入觐之礼，杨承庆递交的国书中称"高丽国王大钦茂"，这与以前不同。（平安时代，称渤海为高丽的例子有很多。）日本想着与高句丽（也就是高丽）的旧交，期待渤海国成为高句丽的后继者。渤海自然领会到日本的心思，所以以此回应日本。然而，其寓意不仅如此，我认为渤海国还寄希望于日本能牵制新罗，因为新罗支持唐朝并且从南边威胁渤海国。

新罗问题

不仅是渤海依靠日本，日本也重视渤海的存在，以压制新罗。

随着新罗对唐朝的隶属关系加深，从圣德王（702—736年在位）末年开始，新罗对日本的态度变得疏远、自大。天平四年（圣德王三十一年，732年）五月入京的新罗使者提出请求，希望将新罗使者来日本的期限定为三年一次，这个请求获得允许。此后第三年，即天平六年（734年）十二月，新罗派遣的使节告知日本新罗国改国号为"王城国"，因此使节被驱逐。更甚者，新罗对日本于天平八年（736年）四月派遣的使者阿倍朝臣继麻吕有失常礼，不受使旨。

新罗的这种态度，与渤海国兴起所带来的日本与渤海的互相让步有关系，大概也与以下事实有很大关系，即新罗为唐朝牵制渤海，因这个功劳而受到重视。开元二十一年（733年），新罗进攻渤海南边，作为报偿，唐朝于开元二十三年确保新罗开垦浿水（大同江）以南之地。

圣德王时代以后，新罗也依然派遣使者，时而表现出恭谨的态度，日本与新罗的关系看似一时好转。然而，天平胜宝五年（753 年），派遣到新罗的使者小野朝臣田守以新罗王的态度侮辱了日本的地位之理由，谴责新罗的无礼，断然归国。此后，小野朝臣田守带着宣告圣武天皇驾崩的使命，大概于天平宝字二年（758 年）前往渤海，并且在这一年内与渤海使一起回国。正是这个时候，渤海国传来了唐朝安史之乱的消息，此事前文已述。

小野田守归国翌年，即天平宝字三年（759 年），日本商议讨伐新罗。截至天平宝字六年，日本准备了大规模的兵船，做了一系列战争筹备，结果讨伐之事却停止了，计划的中心人物惠美押胜（藤原仲麻吕）兵变被斩。讨伐新罗是高句丽和百济归化人子孙的策动，因为他们对新罗怀有怨恨，再加上唐朝爆发了安史之乱。而且，讨伐新罗十有八九不是日本单独的计划，而是在与渤海国合作之下进行的。

唐朝与日本的中介

日本对渤海的期待之一就是充当唐朝与日本的中介。日本尤其热切地希望引入唐朝的文物、获得大陆的信息，因此，渤海的出现实在是可喜。渤海的出现是对通过遣唐使与唐朝直接进行的交流往来的补充。事实上，新罗曾为日本充当过这样的角色。新罗不理睬日本后，日本就希望渤海填补这个空缺。渤海没有辜负日本的期待，虽然也有不和谐因素，不过大抵来说，渤海对日本是恭顺的，满足了日本的期望。

爱马球的唐代贵族
（洛阳出土的土偶）

首先，清和天皇贞观元年（859 年）十二月，渤海的使节将唐朝的长庆宣明历〔徐昂所撰的太阴历。清和天皇贞观三年（861 年），日本下诏废止大衍历，颁行长庆宣明历〕传到日本。长庆宣明历创制于唐穆宗长庆二年（822 年），渤海国大概是引入了长庆宣明历并且颁行于本国。日本从清和天皇贞观三年开始使用长庆宣明历，使用了八百二十三年，直到德川纲吉于贞享元年（1684 年）参考元代的授时历编撰新历。这是渤海国直接对日本文化做出贡献的实例。

此外，日本奈良朝时渤海带来鞨鞨乐（渤海乐）；朝廷中盛行的打毬〔马球（polo），起源于西方并传播开来〕① 之类的

---

① 目前世界上对马球的起源尚无确切说法。——译者

游戏，也可以说是通过渤海引进的宫中娱乐项目。

在获取大陆的情报方面，渤海也不辞辛苦地充当中介，这一点从渤海传播安史之乱相关信息这件事上可知。前文已述，平群朝臣广成在从唐朝回国的途中，因搭乘的船只失事而漂到南方，是渤海国第二次前来日本进贡的使者将平群朝臣广成护送归来；而天宝十二载（753 年），遣唐使藤原清河从唐朝归来的途中失事，在海上漂流而未归国，日本同样派遣使者经由渤海国，去迎接藤原清河。

再者，日本还曾委托渤海国向入唐的日本留学僧送去砂金。渤海的使者也会带回入唐留学僧的报告书和贡品。

从朝贡到交易之变化

渤海为了政治目的开始与日本互通友好，不久，逐渐转变为以贸易利益为目标。使者一开始总共有二三十人左右，最多时也只有七十余人，但后来逐渐增加，到了光仁天皇宝龟二年（771 年），来到出羽国的第七次进贡的使者共有三百二十五人，动用十七艘船，规模十分宏大。其中，朝廷允许大使以下四十人入朝。一般认为，这三百二十五人中包含很多商人。

此后，渤海使一行的人数也未变少，因此日本朝廷对接待渤海使者一事也感到困扰。首先，日本朝廷不知道他们抵达哪个港口。虽然可以推测出发港大抵在今日沿海州的波西耶特湾一带，但是到达港却遍及日本海岸各地（北起虾夷地、出羽国，西至长门），其中到越前的时候最多。日本曾命令渤海国来航至大宰府，但实际上只有一次入港至大宰府。由于海流的关系，让渤海使从太宰府入港其实是无理的要求。

进入平安时代后，日本将渤海遣使的期限定为六年一次，对使节的数量则没有限制。这大概是因为困扰于频繁的迎送。然而，渤海国称六年一次间隔太长，请求缩短期限，最终这个限制也不复存在，最频繁时渤海使者七年来了四次。

渤海国带来的是土特产，有大虫皮、罴皮、熊皮、黑貂皮和人参、蜂蜜等。这些土特产作为给朝廷的贡品以及给朝臣的礼品而被记载下来，大概被带来交易的也是这些物品。

日本给渤海国的礼品为绢、丝、绝、绫、绵、彩帛、黄金、水银等。大概商人们交易的也是这些东西。

渤海使者带来的毛皮，在日本平安朝的贵族中引发疯狂的热潮。由于太过流行，朝廷开始根据官位限制穿着毛皮。《延喜式》（藤原时平等人奉醍醐天皇之命编撰的法令集，延长五年，即927年撰进）的条文中记载：官阶五位以上才可以穿着虎皮，参议以上或非参议三位以上可穿着豹皮，参议以上可穿着貂裘（貂皮衣）。除此以外，朝廷还曾一度下令禁止穿着毛皮。

黑貂皮衣尤其贵重，它在西洋女性之间也很流行。延喜二十年（920年），来日本的渤海使裴璆穿着黑貂皮衣正要晋谒天皇时，遇见了醍醐天皇的皇子重明亲王，重名亲王乘坐鸭毛车（以鸭子羽毛装饰车厢的牛车），里里外外穿了八件黑貂皮衣，裴璆见此大吃一惊，此事于《江家次第》等书中可见。

黑貂在《和名抄》中训读为"布流岐"（furuki），《源氏物语》"末摘花"篇目中也可见此说法。"furuki"这个词可以说是蒙古语"bulga"、达斡尔语"bulaga"的译音。一般认为，这个外来语大概也是通过渤海与黑貂一起引入的。

渤海的文人

渤海使者中，诗文精妙的文人不在少数。这些人与日本文人相互切磋诗文，举办竞技会，这刺激了日本的文学发展。奈良朝时，于淳仁天皇天平宝字二年（758年）来到日本的第四次渤海使节杨承庆、杨泰师等一行人，就曾在惠美押胜（藤原仲麻吕）的私邸受到招待，与日本文人进行诗文切磋。

据记载，到了平安朝之后，日本朝臣也曾在鸿胪馆（接待外国宾客的客馆，也兼作公家许可的贸易市场）举行雅宴，与渤海使者切磋诗文。渤海方面也好像知道文人在日本很受欢迎，从而派遣的都是有文化之人。其中尤其有名的是嵯峨天皇弘仁五年（814年）作为第十七次的渤海使节来日本的王孝廉、清和天皇贞观十三年（871年）到来的杨成规、阳成天皇元庆六年（882年）到来的第三十次渤海使节裴颋，以及醍醐天皇延喜八年（908年）到来的裴颋之子裴璆。他们与日本朝臣共赴雅宴的情况都被记录了下来，在日本流传。

与仰慕唐朝文化，并且希望向唐朝文人进一步靠拢的同好交流，当然给平安时代的唐文化带来了很大的刺激。比起唐朝本土的一流文人，与实力不分伯仲的同好竞技不是更为合适、更为有效吗？

在第三十次渤海使节裴颋归国之际，菅原道真和岛田忠臣等人相会于客馆，即兴创作了赠答诗，并将其集结成册，由菅原道真作序。据说，裴颋赞赏菅原道真的诗，说他的诗"似乐天"，使得菅原道真十分高兴。《菅家文草》中记载了《见渤海裴大使真图有感》这首诗：

> 自送裴公万里行，相思每夜梦难成。
> 真图对我无诗兴，恨写衣冠不写情。

这首诗是菅原道真看着裴颋的肖像，想念裴颋而创作的，知道以上情况后再读这首诗，会更加有意思。

还有，当醍醐天皇延喜八年来到日本的裴璆归国时，大江朝纲感叹道：

> 前途程远，驰思于雁山之暮云，后会期遥，霑缨于鸿胪之晓泪。

这句话感动了裴璆，此事作为一段佳话流传了下来。

在唐朝周边，像日本与新罗、日本与渤海这样彼此关系亲密的国与国，既互相竞争，互相刺激，又同时吸收着唐文化。在唐文化光芒的笼罩下，日本、新罗和渤海就像是一所学校里的同班同学一样。

第十五章　唐朝衰亡

政治混乱

文宗死后，六代皇帝立，唐朝又持续了六十余年。其中，文宗、武宗的叔父第十六代宣宗（846—859年在位）略有不同，其他五个皇帝则十分粗暴。

在宫廷内，宦官越来越有势力，皇帝相继由宦官拥立。宦官甚至被说成是"定策国老门生天子"，意思是宦官是科举的考官，皇帝是考生，这个称谓讽刺地说明了皇帝如果不被宦官看中，就无法继承帝位。正因为是这种状态，所以皇帝不可能有精力去抑制节度使的势力。

唐朝的实力衰退后，地方上越来越呈现出分裂的趋势。节度使原本就被赋予了兵马权、财政权。由于越来越多的节度使不向中央交税，唐朝的税收一直在减少，因此唐朝自然在其势力所及地区严格地征税。

另一方面，在有野心的节度使中，也有人除了正规的税收，还献上更多的钱、绢及其他物资，以讨皇帝的欢心。作为报偿，他们被授予高等官爵，从而相对于其他节度使更占优势。而他们献上的钱、绢多数情况下被用于皇帝个人的奢侈消费，未转入国库。政治混乱正是体现在这些地方，人们变得不安，对唐朝的信赖逐渐减弱。

武宗开成五年（840年），安史之乱后将近九十年与唐朝有紧密联系的回纥遭受了黠戛斯的突袭，一下子瓦解了。黠戛斯属于突厥族，在此之前隶属于回纥。回纥受到唐朝的影响，具有高度的文化水平，但是，回纥的贵族逐渐变得奢侈，与被统治阶级之间逐渐变得不融洽。遭到突袭后，回纥的部落四散，余众东逃南下被唐朝降服。

因此，唐朝已经不再受到回纥的压迫。吐蕃也与唐朝缔结和约而不再进行侵略，只有南诏依然进攻唐朝西南边，唐朝的对外关系与以前相比缓和了很多。但是，这些都晚了，唐朝已经积弱难返，回天无力。

武宗是个性情急躁、行动率直的青年天子。他召回了正在地方上任职的李德裕，将其任命为宰相。他还尊崇道教，自己也入了道教。受到道士赵归真的反佛鼓动，会昌五年（845年），武宗毅然对佛教进行大规模镇压，称为"会昌灭佛"。

武宗下令长安、洛阳各自保留四座寺庙，每寺留僧三十人；天下各州则只留一座寺庙，区分为三个等级，分别能住二十人、十人、五人。此外一切佛寺，不论大小全部摧毁，僧尼全部还俗。据称，灭佛的结果是，四千六百座佛寺、四万余座招提和兰若（小规模的佛寺）被摧毁，僧尼还俗者达二十六万零五百人，朝廷没收寺田数千万顷、奴婢十五万人。被称为三夷教的祆教、摩尼教、景教也受到这次镇压的牵连而被禁止。

这次大镇压是在极端民族主义者李德裕的提议下而进行的，受到了道教的暗中支持。然而，武宗驾崩，叔父宣宗即位后，政策完全改变。宣宗即日便将李德裕贬到地方上，又将其党派依次左迁，对佛教的镇压也停止了。这样无理由的镇压使唐朝严重丧失权威。

另外，日本入唐僧圆仁遭遇了会昌灭佛，此事前文已提到。

兵变与叛乱不断

军阀的官兵一旦遇到待遇不公就会立即发动兵变。地方民众处于贫困且不安的状态，一旦出现强有力的指导者，也会发生叛乱。

宣宗大中十三年（859 年），浙东发生裘甫之乱。裘甫率领地方上的无赖、亡命之徒三万人，撼动了浙东、浙西之地。唐朝起用声望颇高的安南都护经略使王式为浙东观察使，命他负责平定叛乱。王式前往浙东之越州（浙江绍兴），极力避免将北方的兵力调入江南，而是解放了作为俘虏被转移到江淮地区的吐蕃人和回纥人，将其组织成骑兵队，并且召集该地区的民兵，以他们为中心力量，翌年成功平定了叛乱。尽管如此，由于这次平乱多多少少也获得了北方节度使兵力的援助，江南的军队数量还是增加了。

裴甫之乱后第十年，徐州（江苏铜山）发生庞勋之乱。庞勋是武宁节度使的牙兵首领，武宁节度使的指挥部设在徐州。所谓牙兵就是节度使的直属部队，用以加强防卫。为了防备南诏入侵，牙兵被远派至南方的安南，其主力是出了名的骄兵悍将。他们因过了轮流的期限却仍然没有收到返回的命令而愤慨，于懿宗咸通九年（868 年）在桂州（广西桂林）拥立庞勋为首领并且返回北方。

叛军于所到之处进行掠夺，并经由湖南、浙西进入淮南，攻陷徐州，随后集合淮水流域的群雄，打败了唐朝的讨伐军，撼动了淮北、淮南地区。唐朝最终命突厥沙陀部的朱邪赤心率领其部下前来救援。朱邪赤心率领沙陀的骑兵进行奋战，打败了庞勋，这时距离叛乱发生仅过了一年。

沙陀部是突厥的一支，曾隶属于吐蕃而居于甘州（甘肃张掖），经常担任吐蕃的先锋，以劲勇而闻名。然而后来，沙陀部开始被吐蕃怀疑，宪宗元和三年（808 年），沙陀部落三万余人完成向东方艰苦的迁移，归附灵州节度使。于是，唐朝令沙陀部安居于盐州。

懿宗对朱邪赤心论功行赏，于云州（山西大同）设置大同军，任命朱邪赤心为节度使，为他取名李国昌，接着又任命他为振武节度使。

黄巢崛起

懿宗在位十五年间，兵变与叛乱始终不断，懿宗之后，十二岁的少年皇帝僖宗照例由宦官拥立。僖宗资质愚昧，长大成人后也一点不见好转。一旦臣下进谏，僖宗就会胡乱生气，命令对进谏的臣下处以死罪等，群臣毫无办法。只有玩乐是僖宗拿手的，他尤其热衷于蹴鞠与斗鸡，假若以蹴鞠录用进士，没准能看到他精神百倍地夺取状元。僖宗就是这样的人。

但是，即便僖宗贤明一些，事到如今又能如何呢？事态已经如此恶劣，懿宗以来，皇帝的宫廷生活尤其奢侈，军事费也数额巨大，黄河流域连年歉收。这些情况却没有被如实上报，朝廷无视实情，选择了继续向百姓征税。社会动荡不安，许多穷困的农民流亡成了盗贼，横行山野，到处引发骚乱。其中，来自山东的黄巢洗劫了大半个唐帝国，扰乱了社会秩序，决定了唐朝的命运。

黄巢是一个私盐贩子，生于冤句（山东菏泽西南）。唐朝规定食盐专卖，盐税是唐朝的主要税源。黄巢年轻时想要成为官吏，有数次参加科举而失败的经历。他拥有一帮舍生忘死的部下，紧密团结在他周围行动，这十分难得。他生性侠义，擅长骑射，虽说科举考试落榜，但是相当有教养，因此被伙伴推选为头领。

乾符二年（875年）六月，同为盐商的王仙芝于长垣挑起事端。王仙芝生于濮州。翌年，他攻陷濮州、曹州，大败官军。大概就是这个时候，黄巢响应王仙芝而崛起。苦于生活困难的农民蜂拥而起投向黄巢，数月内就达到数万人。黄巢从河南去往安徽，攻打各处。黄巢与王仙芝一直统一行动，直到翌年十二月攻打蕲州。

当时，唐朝采取怀柔政策，派遣中使（宦官）给王仙芝授予官职。王仙芝高兴地接受了告身（任命书）。但是，黄巢没收到任何消息，因此他十分愤慨（唐朝准备任命王仙芝为左神策军押牙兼监察御史，黄巢似乎也期待着朝廷的任命。在叛乱进行过程中，黄巢曾要求唐朝授予官职）。黄巢对王仙芝的不争气感到愤怒，痛打了王仙芝，结果伤了他的头部，其他伙伴也激动起来开始骚动。在这种状态下，王仙芝也无法接受官职，于是他转而攻陷郑州。从此之后，两人分别采取行动。作为唐朝来讲，给王仙芝授予官职是镇压叛乱的关键，可惜处理不周，因而错失良机。

翌年，王仙芝于黄梅败给唐军而被杀。黄巢此时在攻打亳州，王仙芝的残党便都投向黄巢，拥立黄巢称王。黄巢号称"冲天大将军"，正如字面所示，意思是气势冲天。

黄巢进入长安

黄巢从安徽前往江西、福建。乾符五年（878 年）十二月，黄巢攻陷福州。翌年，黄巢军遭到镇海节度使（治所为浙江杭州）高骈的追击，于是前往广东。乾符六年五月前后，黄巢军包围广州。

这个时候，黄巢开始与唐朝进行谈判，他的条件是成为岭南（广州）节度使。然而，在唐朝，广州是与大食进行贸易之地，因此有人强烈反对让黄巢成为岭南节度使。黄巢的希望落空，不过，朝廷授予黄巢"率府率"的官职，即太子东宫侍卫长官（正四品）。黄巢大为愤慨，于这一年九月攻陷广州，抓捕节度使，洗劫了附近的州县。居住于广州蕃坊〔外国人的居留地，蕃坊是指蕃人（外国人）居住的坊市（街市）。唐宋时代蕃坊设置于外贸港广州、泉州等地，其中住的大多是阿拉伯人〕的十万多名外国人皆被杀。

进入长安的黄巢部队

但是，黄巢也有弱点，由于广州天气暑热，他的士卒纷纷患上疫病而死。

攻陷广州一个月后，黄巢不得不从广州撤退。黄巢军从广东经过湖南、湖北、江西、浙江、安徽、江苏，进入河南，于广明元年（880年）十一月攻陷洛阳。他在此时已表现出要树立政权的意志，自称"天补大将军"。十二月，黄巢军击破唐军，进入长安。

僖宗慌忙逃往蜀地。黄巢将留在长安的唐朝皇族全部杀光，登上含元殿，占据皇帝之位，国号大齐。

　　但是，黄巢政权的统治没有经济基础，只限于长安周边。而且，由于之前多次征发和掠夺，黄巢自然不得人心。翌年四月，唐军一度夺回了长安，当时长安人民表现出的狂热欢迎态度可以视为对黄巢的情感背叛。但是，长安很快又被黄巢军夺回。据说那个时候，黄巢杀了长安八万人以示报复，城里血流成河。

　　于是，唐朝想到运用平定庞勋之乱的经验，利用突厥沙陀部的兵力来平定黄巢军。

　　朝廷请来朱邪赤心（李国昌）之子李克用（856—908年。五代后唐的实际建国者，被授予太祖之庙号。李克用很勇猛，有一只眼睛很小，被称为"独眼龙"），命他用武力夺回长安。经李国昌、李克用父子两代，突厥沙陀部在内蒙古至山西省北部的势力已十分壮大。李克用接受了命令，率领被称为"鸦军"的黑衣军，南下击破了黄巢军，终于在中和三年（883年）四月，成功收复了长安。朝廷奖赏李克用，授予他河东节度使（治所为山西省阳曲县）的官职。

　　不过，唐朝也不是完全信任李克用。唐朝廷的武力越是薄弱，越是会认为周围都是居心叵测之人。为了抑制李克用过于壮大，唐朝廷利用了朱温这个人。朱温生于河南，原属于黄巢军，后来归顺了朝廷。中和二年（882年）九月，朱温举同州（陕西省大荔县）降唐，尽管没有了不起的功绩，却很快被赐名"全忠"。翌年七月，朱温被任命为宣武节度使驻屯汴梁。

　　另外，中和四年（884年）六月，黄巢在位于其故乡东方的瑕丘被部下所杀，黄巢之乱终于平定。翌年中和五年（885

年）正月，僖宗返回长安。无论如何，事情终于尘埃落定。

黄巢之乱历经十年，不仅蹂躏了安史之乱时未遭到破坏的江南沃土，而且从根本上推翻了唐朝的贵族官僚统治，使其不可能重建。从六朝一直持续到唐朝的门阀贵族自此丧失了社会地位。

唐朝魅力不再

从入唐僧中瓘那里，日本知道了黄巢之乱造成唐朝疲敝。尽管如此，宇多天皇宽平六年（894 年），日本仍决定派遣参议菅原道真作为遣唐使、纪长谷雄作为副使前往唐朝。两者都是当时出类拔萃的文人。事实上，当时距离仁明天皇承和五年（838 年）派遣藤原常嗣为遣唐使，已经过去了五十七年。仁明天皇承和五年相当于唐文宗开成三年，天台僧圆仁远渡唐朝就是在那个时候。

然而，菅原道真受命后，以入唐僧中瓘报告的唐朝疲敝以及海路困难为理由，建议中止此次出行（此文章于《菅家文草》中可见，文中记载有"国之大事，不独为身……"）。菅原道真的建议被采纳，从那以后，遣唐使被废止。自己被任命为遣唐使，却以海路困难等为由建议废止遣唐使，这是何等需要勇气的事情。如果是他人的事情，也许还容易说出口，而菅原道真却是如此无所顾忌地言及自己之事，这在日本是少有的例子吧。关于日本派遣遣唐使的目的，我们可以想到以下几个方面：通过与唐朝互通友好，知晓国际形势；因为日本与新罗的关系，若新罗与唐朝互通友好，日本就也必须与唐朝互通友好；引进唐朝的文物等。不过，如今新罗已经趋向衰亡，不足为虑，而唐朝的国际地位也下降了，剩下的只有文化问题。日本这个时候计划派遣使者，似乎只是执着于这一点。但是，当菅原道真建议废止遣唐使时，也并没有人反对，于是日本便决定不再派遣遣唐使了。也许，人们已经感受不到国势衰退的唐朝的魅力了吧。而且，日本大概是觉得，要引入唐朝文化，通过渤海就可以在某种程度上得到满足。

晚唐六十余年，社会混乱，连文化也衰退了。诗人方面出了杜牧（803—852 年，号樊川，杜佑之孙）、李商隐（812—858 年，字义山）等，他们也不过勉强留有盛唐时代的印迹。

长安治安恶化后，有不少文人迁移到地方城市，书画、古器等文化财产也随之分散到地方城市。

唐朝灭亡

平定黄巢之乱时立功的武将之中，河东节度使李克用、宣武节度使朱全忠实力显著，且他们互相嫉恨、仇视，一直持续着斗争。而这时，凤翔（陕西）的李茂贞也在利用凤翔离长安较近的便利，于宫廷内培植势力，想要号令天下。

僖宗驾崩后，其弟昭宗（867—904 年在世，888—904 年在位）由宦官拥立，李克用、朱全忠、李茂贞三者互相竞争，想要挤进宫廷。朝臣中有些人被他们收买，向他们详细报告了朝廷的机密。三人都策划着想将昭宗拉进自己的阵营，昭宗数次避难，长安已经荒废。

在三者的竞争中，扼运河咽喉、拥有丰富物资的朱全忠逐渐显示出优势。他征服近邻，拓展势力范围，锉掉了李克用、李茂贞的锋芒，并巧妙地向宫廷内部伸展势力。接着，当昭宗想除掉宦官而力不足，从而向朱全忠寻求帮助时，朱全忠便率兵进入长安，相当彻底地消灭了宦官。天复四年（904年），朱全忠又逼迫昭宗迁都洛阳，随后令部下杀了昭宗。这一年，昭宗三十八岁。907年，昭宗之子哀帝立，朱全忠以接受哀帝让位之形式继承帝位，国号为梁。唐朝在历经二十代、二百九十年后灭亡了。

结 语

隋唐延续了三百二十余年，尤其是延续了二百九十年的唐朝，对东亚诸国造成了极大的影响。这些国家引进唐朝的律令制，并以此巩固了国家的基础。与此同时，他们还竞相引入唐朝所盛行的宗教、文化、艺术等，并且努力进行消化。在当时的情况下，诸国引进的这些事物除了包含中国特有的成分，还掺入了很多西方地区，尤其是波斯、阿拉伯、印度等地的要素，国际色彩浓厚，这使得诸国更易接受。

东亚诸国一旦引进唐朝文化，就将它作为本国的文化悉心培育，这也是值得关注的事实。让我们以渤海国为例来看一下。这个国家在唐朝灭亡后第二十年，也就是926年，遭受契丹袭击，一下子就灭亡了。契丹建国是由唐朝的刺激所引起的，这是公认的。

然后，失去国家的渤海贵族们，被迫集体迁移到辽东半岛的辽阳，在此地服从于契丹的统治（契丹消灭了渤海国，并设置东丹国来统治遗民，翌年，契丹将东丹国迁移到辽东，渤海的贵族大官大量迁移了过去）。一百八十余年间，他们继续保存了以佛教为基调的唐朝文化。他们还接受了鉴赏牡丹的习俗，并且使这个习俗延续了下来。他们坚强地为继续过着与唐人一样的生活而努力。

即使在 12 世纪初，契丹被来自东北部的女真金国消灭之后，渤海的遗民们在金朝统治之下也依旧如此。他们仕于金朝，其文化教养受到重视。实际上，这些人中间出现了代表金代的一流文人。当然，他们时常受到地处中原的五代各国和宋朝的影响刺激，不过其基础是在唐朝的影响下建立的，这一点是无法否定的。

但是，也不必认为渤海是难得的特例。日本也是在隋唐时代，尤其是唐代所培育的中国文化的基础上不断实现发展的。而且，在悉心保存其文化这个方面，哪个国家和日本比都相形见绌。

首先是年号。大化的年号无疑是受了唐朝的影响，从那以后，日本连续使用年号一千三百五十年以上。然而，朝鲜、越南自不必说，即使是其源头中国，也从很久以前就不再使用年号了。如今日本成了唯一使用年号的国家。

再想想正仓院，今日仍然完好地保存着数千余件天平时代的国家珍宝，例如圣武天皇日常玩赏的服饰、乐器、日用器具及刀剑、书法、绘画，等等。中国当然不用说，与日本处于相同立场的东亚各国几乎没有留下什么东西，唯有日本将这些文物完整地保存了下来，这是十分值得骄傲的事情。诸如此类的事情数不胜数，这里不再赘述。

日本也将唐朝称为"诸越"或是"空"，关于其由来，江户落语①中登场的横町的隐居先生如此说道："因为将诸多的物品搬越到日本，所以叫作'诸越'。导致对方空空如也，因此称为'空'。"

虽说是落语，但也不能小看。事实上，江户时代的学者中，也有人像这样来说明"诸越"与"空"的由来。不过，将两者置于因果关系下来进行比较说明，这一点应该说是隐居先生的睿智。这个先暂搁一边，我想说的是，每年秋季参观奈良国立博物馆举办的正仓院展时，我都很赞同这位隐居先生的意见。

---

① 日本传统曲艺形式之一，与中国的传统单口相声相似。——译者

相关年表

隋				日本	
① 文 帝	开皇	元年	581年	杨坚（即隋文帝）取代北周建立隋朝	581年 敏达十年
		九年	589年	隋文帝灭陈，平定南北	585年 用明
		十八年	598年	高句丽侵犯隋朝辽西。隋朝讨伐高句丽失败	587年 崇峻
		二十年	600年	倭国使者到达隋朝	592年 推古女帝
② 炀 帝	仁寿	四年	604年	皇太子杨广（即隋炀帝）杀灭隋文帝而即位	593年 （圣德摄政开始）
	大业	元年	605年	讨伐林邑。开凿通济渠、邗沟	600年 推古八年
		三年	607年	隋炀帝修筑长城。倭国派遣小野妹子	607年 推古十五年
		四年	608年	小野妹子归国。小野妹子再次前往隋朝。隋朝开凿永济渠	608年 推古十六年
		五年	609年	讨伐吐谷浑，确保丝绸之路	
		六年	610年	征伐流求。开凿江南河	
		八年	612年	隋炀帝亲征高句丽失败	
		九年	613年	隋炀帝亲征高句丽。杨玄感反叛	
		十年	614年	隋炀帝亲征高句丽失败	
		十二年	616年	隋炀帝逃至扬州离宫。李渊成为太原留守	
		十三年 （义宁元年）	617年	李密占据洛口仓。李渊举兵进入长安，立隋炀帝之孙代王（即隋恭帝），掌握实权	

续表

	大业	十四年（武德元年）	618年	隋炀帝被杀。李渊（即唐高祖）建立唐朝。李密降唐，之后反叛而败死	（圣德摄政结束）
	唐				
①高祖	武德	元年	618年		
		四年	621年	秦王李世民降服窦建德、王世充	
		五年	622年	穆罕默德从麦加逃到麦地那（伊斯兰教纪元）	
		六年	623年	平定刘黑闼、徐圆朗等	
②太宗	贞观	九年	626年	玄武门之变。秦王（唐太宗）成为皇太子，之后接受唐高祖禅让而继承帝位	629年 舒明
		四年	630年	东突厥衰败。四夷君长尊称唐太宗为"天可汗"	
		八年	634年	吐蕃初次入贡	
		九年	635年	讨灭吐谷浑	
		十四年	640年	降服高昌。著《五经正义》	642年 皇极女帝
		十七年	643年	太子李承乾反叛。晋王李治立为太子	
		十九年	645年	玄奘从印度归来。唐太宗亲征高句丽失败	645年 孝德
		二十年	646年	日本大化改新	646年 大化二年
		二十一年	647年	再次讨伐高句丽失败	

续表

		二十三年	649年	唐太宗崩，太子李治（即唐高宗）继承帝位		
③高宗	永徽	六年	655年	武则天成为皇后	655年	齐明（皇极重祚）
	显庆	二年	657年	讨灭西突厥		
		五年	660年	攻灭百济		
		六年	661年	远征高句丽	661年	（中大兄称制）天智
	龙朔	元年				
		三年	663年	白江口（白村江）之战。百济复兴失败		
	总章	元年	668年	李勣攻陷平壤，高句丽灭亡	671年	（大友）
④中宗	永淳	二年	683年	唐高宗崩，太子李显（即唐中宗）继承帝位	672年	（弘文）
	弘道	元年			673年	天武
⑤睿宗	嗣圣	元年	684年	武太后废中宗，令豫王李旦（即唐睿宗）继承帝位，自己独断政治	686年	持统女帝
	文明	元年				
	光宅	元年				
周						
则天皇帝	天授	元年	690年	武太后继承帝位，改国号为周（武周革命）。命诸州设置大云寺		
	天册万岁	元年	695年	义净从印度归来		
	圣历	元年	698年	大祚荣自立为震国王（渤海国）		

续表

④中宗（复位）	神龙	元年	705 年	武则天退位，中宗复位。国号恢复为唐。武则天崩。命诸州设置中兴寺（即后来的龙兴寺）	707 年　元明女帝
	景龙	三年	709 年	太平、安乐两位公主树朋党而相争	
		四年		韦皇后、安乐公主毒杀中宗。临淄王李隆基杀韦皇后、安乐公主。睿宗复位	
⑤睿宗	唐隆	元年	710 年		
	景云	元年			
	太极	元年		太子李隆基接受唐睿宗禅让而即位（即唐玄宗）	
	延和	元年	712 年		
⑥玄宗	先天	元年			
		二年	713 年	太平公主谋反，被平定。封大祚荣为渤海郡王	715 年　元正女帝
	开元	元年			
		九年	721 年	宇文融针对逃亡户口上奏对策	
		十一年	723 年	初置长从宿卫（即后来的彍骑）	724 年　　圣武
	天宝	元年	742 年	安禄山成为平卢节度使	
		三年	744 年	杨太真被召入宫中（翌年成为贵妃）	749 年　孝谦女帝
		十年	751 年	唐军与大食军于怛罗斯相战而大败	
		十一年	752 年	宰相李林甫死，杨国忠成为宰相	
		十二年	753 年	唐朝僧人鉴真搭乘遣唐使的船只东渡日本	
		十四年	755 年	安禄山于幽州反叛，侵入洛阳	

续表

⑥玄宗		十五年	756年	安禄山称大燕皇帝。唐玄宗逃出长安前往蜀地。杨贵妃、杨国忠等被杀。太子李亨（即唐肃宗）于灵武即位		
⑦肃宗	至德	元年			758年	淳仁
		二年	757年	安禄山被其子安庆绪杀害。唐军获得回纥的援军而夺回长安、洛阳		
	乾元	二年	759年	史思明杀害安庆绪，于幽州称大燕皇帝		
		三年	760年	史思明进入洛阳		
	上元	元年				
		二年	761年	史思明被其子史朝义杀害		
		三年	762年	唐肃宗崩，太子李豫（即唐代宗）即位。唐军获得回纥的援军而夺回洛阳。李白卒		
⑧代宗	宝应	元年				
		二年	763年	史朝义自杀，安史之乱平定。吐蕃侵入长安，郭子仪将其击退		
	广德	元年				
		二年	764年	刘晏在漕运上做出成绩。此后回纥、吐蕃连年入侵	764年	称德女帝（重祚）
	大历	五年	770年	杜甫卒	770年	光仁
		十四年	779年	唐代宗崩，太子李适（即唐德宗）即位		
⑨德宗	建中	元年	780年	宰相杨炎制定实施两税法。刘晏被杀		
		二年	781年	杨炎被杀。郭子仪卒	781年	桓武
		四年	783年	淮西李希烈逼近洛阳。颜真卿被派遣去劝降。朱泚独立		

续表

	兴元	元年	784年	唐德宗暂时避难至梁州		
⑨德宗	贞元	元年	785年	颜真卿被杀		
		六年	790年	吐蕃攻陷北庭		
		十年	794年	册封云南王异牟寻为南诏王		
		二十年	804年	太子失语。最澄、空海、橘逸势入唐		
⑩顺宗		二十一年	805年	唐德宗崩，太子李诵（即唐顺宗）即位。顺宗退位，太子李纯（即唐宪宗）即位。最澄归国		
	永贞	元年				
⑪宪宗	元和	元年	806年	空海、橘逸势归国	806年	平城
		五年	810年	讨伐成德王承宗失败	809年	嵯峨
		十年	815年	贼人杀害宰相武元衡		
		十二年	817年	淮西平定		
⑫穆宗		十五年	820年	唐宪宗被宦官杀害。太子李恒（即唐穆宗）即位		
	长庆	元年	821年	与吐蕃和盟	823年	淳和
⑬敬宗		四年	824年	唐穆宗崩，太子李湛（即唐敬宗）即位。韩愈卒		
⑭文宗	宝历	二年	826年	唐敬宗被宦官杀害。穆宗次子李昂（即唐文宗）即位		
	太和	四年	830年	牛李党争激化	833年	仁明
		九年	835年	甘露之变		
	开成	二年	837年	开成石经完成		

文宗	开成	三年	838年	日本僧人圆仁乘最后一次的遣唐使船只入唐		
		五年	840年	唐文宗崩，太子李瀍（即唐武宗）即位。點戛斯突袭回鹘（回纥），回鹘四散		
武宗	会昌	五年	845年	会昌灭佛		
		六年	846年	唐武宗崩，皇太叔李忱（即唐宣宗）即位。白居易卒	850年	文德
宣宗	大中	七年	853年	日本僧人圆珍入唐	858年	清和
		十三年	859年	唐宣宗崩，太子李漼（即唐懿宗）即位。裘甫骚扰浙东各地。南诏改国号为大礼		
懿宗	咸通	三年	862年	徐州兵变		
		九年	868年	庞勋反叛		
		十四年	873年	唐懿宗崩，太子李儇（即唐僖宗）即位		
僖宗	乾符	元年	874年	王仙芝反叛		
		二年	875年	黄巢响应王仙芝而反叛	876年	阳成
		六年	879年	黄巢攻陷广州。翌年开始返回北方		
	广明	元年	880年	黄巢进入长安		
	中和	二年	882年	黄巢的部将朱温投降。朱温被赐名全忠		
		三年	883年	李克用打败黄巢，收复长安		
		四年	884年	黄巢之乱平定	884年	光孝

昭宗	光启	四年	888 年	唐僖宗崩，皇太弟李晔（即唐昭宗）即位	887 年	宇多
	文德	元年				
	乾宁	元年	894 年	日本决定废止遣唐使	897 年	醍醐
	天复	四年	904 年	唐昭宗于洛阳被朱全忠杀害。太子李柷（即唐哀帝）即位		
哀帝	天祐	元年				
		四年	907 年	唐哀帝退位，唐朝灭亡		

解　说

爱宕元

　　首先，谨以此篇纪念本书的责任编者，且几乎写下了本书全篇内容的外山军治先生。先生已于1999年9月逝世，享年八十九岁。作为本系列丛书的第五卷，本书刊行于1967年2月。当时，笔者还是大学四年级的学生，已提交了毕业论文，并且即将面临研究生入学考试。笔者久仰先生的大名，但却未曾见过先生。研究生入学后，笔者开始出入人文科学研究所，而且成为研究所的一名助教，从而经常有机会与先生见面。笔者所接触到的先生是一个充满幽默感、善言辞、个性温厚的人。先生在战前曾多次去中国东北部调查史迹，临别之际的赠言激起了身为后辈的笔者对中国历史遗迹的憧憬。先生在社会各界的广泛人脉，或者说先生的人品对本书的出版无疑有着很大的帮助，这一点在本书初刊时附加的月报五《关于鉴真》这篇文章中已清楚地显现了出来。

　　本书刊行于 1967 年，执笔是在始于 1966 年 5 月的无产阶级"文化大革命"的过程中。这一时期，中国卷起了教条主义意识形态万能的政治风潮，毛泽东思想被极左地夸大解释，在这样的风暴中，文科学术研究几乎都停止了，知识分子在自我批判的激流中颠簸不停。学术杂志上登载的论文，皆出自于为时下的意识形态服务的御用学者，这些论文无视史实，只是一个劲儿鼓吹意识形态，毫无意义。考古学发掘调查也只是在勉强继续进行，由于《文物》和《考古》等主要的学术杂志陷入被迫停刊的状态，这个时期发掘的若干重要的考古学成果，都只有一部分极其有限的信息传到我们这些海外国家。因此，本书中提及的隋唐时代的新出土文物，只有 1960 年发掘的永泰公主墓的精美石椁线刻，这也是不得已之事。十分令人遗憾的是，本书未引用 1963 年由人民美术出版社所出版的《永泰公主墓壁画集》。此后不久，高松塚古坟的壁画被发现，或许还有人记得它被专门用来与永泰公主墓壁画比较。但是，作为绘画艺术，不用比较，两处壁画的水平差异就很明显了，这告诉我们不可轻易讨论大致同时代的中日文化水准。此后，中国的考古学发掘出了隋唐时期令人震惊的成果，本书后记即以介绍这些成果为主。

显示隋朝中央集权力量的遗迹

　　隋末的大叛乱时，群雄之一的李密占据洛口仓和回洛仓这些巨大的谷物仓，得到大量的兵粮，由此形成强大势力。这些仓城是隋代设置的大运河的中转仓，通过文献可知，洛口仓和回洛仓都是挖掘黄土所形成的巨大仓窖群，分别由三千窖、三百窖组成。1969 年于洛阳发掘的含嘉仓城是设置于陪都洛阳城内的国家粮仓，经确认，在其东西六百多米、南北七百多米的城墙所包围的区域内，有二百几十个窖。最大的窖直径为十八米，深十二米。从若干个窖底出土了已炭化的谷粒以及详细刻有纳入含嘉仓的谷物（皆为税米）的交纳地、运送手续、相关官吏、管理机构的砖。关于上述的洛口仓，虽然我们知道一部分得到了发掘，但是发掘报告未公开发行，通过弄清含嘉仓的窖藏实际状态，也可以充分想象一下拥有不可思议的贮藏能力的洛口仓。另外，这些仓城也如实地向我们展示出隋这个统一国家强有力的收税能力，也就是说，隋朝时中央集权已贯彻于全国。

长安的唐城规划与文化的国际性

20 世纪 70 年代以后，唐代相关的考古学发掘成果无论是质量上还是数量上，都达到了十分惊人的程度，大大地充实了先前以文献为中心的唐代史研究。

首先让我们来看一下考古学上关于长安与洛阳两都城的新知识。长安城地表的城址几乎未残存，但人们通过地质钻探调查，确认了地下的城基部，而且还发掘出了东南西三个方向的九处城门遗址。调查结果显示，城郭规模实测值为东西 9621 米、南北 8651 米，相较于从前依据文献所做的复原图，南北长了四百米以上，平面图更近似正方形。而且，调查还确认了通向朱雀大街的罗城正南门明德门遗址，由此确定了都城规划上的中轴线，重新复原了具有准确的左右对称性并且极其规整的都城整体面貌。再者，调查还明确了城门大多为三门洞，而只有明德门具有五门洞，其东西长 55.5 米，南北长 17.5 米，构造雄伟，作为大唐帝国的都城正南门十分合适。都城的大门通常开三个门洞，中间的门为皇帝专用的出入口，平日关闭，左右的门在日出到日落期间开启，以供官民通行。城墙基厚有的是 9 至 12 米，但也有不少地方比较薄，只有 3 至 5 米，根据基部的这个厚度，可以推测城墙的高度不过大致是其两倍，即 6 至 10 米，与都城整体规划的大规模相比，略为逊色。当时的政治中枢部，即宫城区与皇城区，埋没于现在西安市中心底下，因此，事实上不可能进行大规模发掘，唐代的遗迹大部分并未找到。不过，靠宫城东北而增设于城外的大明宫距市区略偏远，未过度城市化，主殿含元殿和麟德殿等遗迹留存甚好，近年来，中国正在进行保存与整修。

罗城内发掘的唐代遗迹不多，有与弘法大师空海有缘的青龙寺，此外还有西明寺和实际寺等。尤其是青龙寺，因其整个寺庙区域几乎都被发掘了出来，使得唐代佛寺的伽蓝配置得以具体呈现，所以十分珍贵。以唐代遗迹闻名的慈恩寺大雁塔和荐福寺小雁塔则仅残留塔砖，而且经过后世数次修补，伽蓝早已消失，现存的明显是后世所修建的。顺便说一下，大雁塔从前就可以登顶到最上层，小雁塔也于近些年在对明代地震中毁坏的上部两层设置了铁栅栏后可以开始登顶了。

长安城的发掘中，尤其受关注的是 1970 年于西安南郊何家村发现的一千多件珍奇窖藏文物，其中包含金银器二百七十件。金银器的造型极其丰富多彩，有中国固有的"鎏金龟纹桃形银盘"、西方波斯色彩浓厚的"伎乐纹八棱金杯"、仿造北方游牧民族骑马时携带的皮袋制成的"鎏金舞马衔杯纹仿皮囊银壶"等，生动地展现了唐代文化的国际性。而且，其中还运用了各种焊接技法和利用机床进行切削的高级金属加工技术，在技术史上也备受关注。何家村窖藏文物中包含五枚和同开弥的银钱，据此，可认为其埋藏年代在717年日本第八次派遣遣唐使以后。出土所在地何家村是唐代长安城内位于西市东南的兴化坊之地，有一种说法是，拥有如此多财宝之人应该是相当有权势者，此人应该是在兴化坊内拥有邸宅的邠王李守礼，也就是唐高宗与武则天之孙、章怀太子之子，这一说法很具有说服力。何家村的文物是在窖藏状态下出土的，根据这一点，可以认为当时是紧急避难的情况，由此可以想到756年安禄山叛乱、763年吐蕃侵犯唐朝，或783年泾原节度使朱泚的兵乱，当时长安被占领，财宝的所有者在紧急逃亡时将它们埋藏了起来。但是，在这几种情况下，长安城都很快被收复，财宝的所有者也应该返回了，财宝却没有被挖出而一直被搁置于地下，这令人难以理解。于是，也有一种说法将何家村的窖藏文物与后述法门寺塔基中大量出土的金银器相关联，认为何家村的窖藏文物是埋藏于佛寺塔基之物。不过，历史上没有记录显示兴化坊中存在有名的佛寺。何家村出土的窖藏文物留下了不少谜团。

洛阳的都城规划与其作为陪都的意义

　　洛阳城是基于南北二城的规划而修筑的，被比作"天上银河"的洛河自西向东贯穿城中央。由于洛河的河道迁移，洛阳城曾遭受巨大破坏，城郭整体复原作业未能像长安城那样完美进行，但也大概地描绘出了洛阳城的整体面貌。洛阳城的北城南墙与南城北墙几乎已全部被洛河的水流冲走，就连地下的基部也未残留下来，南北两城合起来实测值为：东墙为 7312 米，西墙在南城部十分弯曲，为 6776 米，北墙为 6138 米，南墙为 7290 米。据推测，当时洛河的河流宽度包含河浜部在内为 1500 至 1750 米，所以洛阳城南北的实际长度为减去这部分后得到的数值，整体规模比长安城小一圈。

　　与洛阳城相关的最大的发掘成果或许是前文所述的含嘉仓城的发现。全国各地所征收的税米是利用主要河川与大运河运送到两京的。洛阳城所处位置可以经由大运河、黄河、洛河，直接运进大量税米，这正是隋炀帝时期新修筑洛阳城作为长安的陪都的一大理由，而具备莫大贮藏能力的含嘉仓城是营造洛阳新城时不可或缺的附属设施，明确含嘉仓城的全貌具有重大的意义。另一方面，通过水路向长安输送税米有一大难关，从洛阳地区向西约 150 公里，黄河上游有三门峡激流，从此处逆流而上是极其困难的。因此，时人在三门峡的峡谷山石中开凿了与黄河并行的运河，以实现水运的便利，但是，运河很快就淤塞而变得无法航行，这部分必须专门依靠陆路运输，而这导致成本增加。从这层意义上来说，洛阳含嘉仓在财政上的地位十分重要。中华人民共和国成立后，在三门峡上建设了黄河第一个大坝，以致隋唐时代的相关漕运设施大多被淹没在大坝湖的湖底，不过近年来人们已发现了开元时期开凿的运河和纤夫用的一部分栈道。与洛阳城相关的其他发掘成果有宫城正殿含元殿遗址、殿前乾元门遗址、宫城正南门应天门遗址，由此，人们判断出洛阳城营造上的南北中轴线走向。据此可知，洛阳城并非正南正北，而是向西偏离了几度。此外，南城的东南地区发现了白居易履道坊内的邸宅遗址，这也受到了关注。白居易热爱洛阳，晚年定居在洛阳约有二十年。这是现阶段唯一能够在两京大致确定的唐人邸宅。

从扶风县法门寺出土令人惊异的文物

1985 年，在东临西安的临潼发现了庆山寺塔基地宫，出土了用于供养舍利的精致银制棺椁等金属器和陶瓷器 127 件。其中，有一块舍利塔记石碑刻有开元二十九年（741 年）关于塔重建的铭文，根据这一文字资料，人们弄清了其埋藏年代。另外，1987 年，在西安西北 120 公里的扶风县法门寺出土了质量上和数量上都令人惊异的金银器类。法门寺的砖塔因大雨而毁掉一半，因此能看到塔基下的地下室，人们从这里发现了包含许多精巧的金银器在内多达数千件的一级文物。根据同时发现的衣物帐碑（列出埋藏品清单的石碑）与真身志文碑（刻有法门寺缘起的石碑），人们弄清了它们是咸通十五年（874 年）以当时的皇帝唐僖宗及前一任皇帝唐懿宗为首的皇族为了供养佛舍利而捐献的物品。也就是说，法门寺出土的这批文物尽是当时最高级的绝品，其中包含从前只是通过文献才了解到的唐代秘色青瓷"五花形碗"，这一大发现填补了陶瓷器史上的空白。法门寺的佛舍利自古以来受到极大尊崇，唐代时法门寺距离都城长安又比较近，因而法门寺的佛舍利备受唐朝历代皇帝尊崇，大约每三十年，唐朝皇帝就会举行一次国家仪式，迎送法门寺佛舍利到长安宫中，都城中人不论贵贱，都热烈欢迎供养佛舍利。武则天也在 660 年与 704 年两次迎送法门寺的佛舍利到都城中。此外，围绕着法门寺的佛舍利，还发生过一件比较出名的事，主导古文复古运动并且旨在以新的形式复活传统文化的韩愈曾上书《论佛骨表》，反对当时的皇帝唐宪宗迎送佛舍利到都城中，他痛批当时尊崇佛教教祖佛陀遗骨的风潮，认为佛教是与中国固有的儒教传统不同的异质胡教，宪宗为此龙颜大怒，将韩愈左迁为潮州刺史。

比较前文所述何家村出土的盛唐时期的金银器、庆山寺出土的同时期的金银器、西安杭底寨出土的稍晚时期的窖藏银器，以及法门寺出土的晚唐时期的金银器，可知随着时代变迁，金银器的器形也在变瘦变薄，其中还混合了越来越多的铜等贱金属以增加分量，金银器逐渐丧失了贵金属本来的光泽与魅力，脆弱感变强。可以说，这些工艺品很好地反映了唐朝的国力在安史之乱后全面衰退的历史状况。的确，唐代后半期的历史发展主要是在走下坡路，这一点早就被文献证明了，而通过大量的出土文物，可以从视觉上追溯唐代的这种历史变化，这是本书执笔时人们几乎无法想到的。

"进奉"的金银器

　　近年来还出土了其他一些金银器，也很值得关注，进奉金银器便是其一。安史之乱以后，为了强化国内治安而于各地设置的节度使、观察使，或身为地方长官的州刺史，为了晋升至中央的高位京官，将在任职地横征暴敛而来的相当一部分所得加工成了金银器，作为贿赂送给了皇帝以下的中央枢要，以期待自己荣升至权力中枢。这一点根据进奉金银器的器底内侧刻有官职、姓名及文字"进"或"进奉"可以判定。例如，文献中记载，827年，淮南节度使王播进奉银碗三千四百口与绫绢二十万匹。像这样一人就进奉了大量的财物，但是出土的进奉金银器却大部分是单品。这可能是因为地方上进奉给皇帝之物，由皇帝重新赏赐给了臣下，所以分散了。目前有十几件明确为新出土的进奉金银器，时期最早的是751年专知诸道铸钱使、兵部侍郎兼御史中丞、知度支事杨国忠进奉的银锭四个与大小银盘各一件，最晚的是863年诸道盐铁转运使李福的鎏金双凤衔绶纹圈足银方盒。

　　节度使、盐铁转运使等高级使职或州刺史等地方长官假称这些进奉财物是通过节约经费而产生的剩余即"羡余"，因此返还中央；实际上这些进奉财物是通过克扣佣兵的给养，或是向农民额外征收苛捐杂税而掠夺来的，用于进奉的只不过是其掠夺所得的几十分之一，剩下的几乎全被他们用来中饱私囊。唐代后半期，以佣兵为中心的兵乱多发，地方治安状态急速恶化，紧接着唐王朝又因为黄巢之乱而在事实上崩溃，这样的情况无疑也是以进奉为代表的官僚之间进行的权钱交易所引起的，权钱交易滋生了腐败，而腐败又导致了内部政权的瓦解。

唐十八陵与盗掘

　　唐代相关考古学新成果中重要的有帝陵以及皇族、贵族和高级官僚的古墓的发掘。唐陵总称"关中十八陵"，高祖献陵、敬宗庄陵、武宗端陵、僖宗靖陵以外的十四陵并非是以版筑技术人工修筑的坟丘，而是利用大致独立的自然山体所营造的，因此呈现出极其壮大的外观。唐陵中规模最大的是第二代皇帝唐太宗的昭陵，昭陵以海拔 1188 米的山为陵墓的主体，陵园周长约 60 千米，面积约两万公顷，陵园内确认有 167 座陪葬墓。陪葬墓中有 57 座已弄清了墓主的姓名和身份，这 57 座陪葬墓都有墓前神道碑或从墓内出土的墓志铭等文字资料。这些贵重的神道碑和新出土的墓志铭收集在 1978 年建于李勣的陪葬墓区域内的昭陵博物馆中，已可集中参观。唐陵中整备得最完好的是第三代皇帝唐高宗与武则天合葬的乾陵，其陵墓主体为梁山，南面有笔直延伸三千米以上的神道，神道两侧有精美的石雕群，石人石兽相对伫立，整个唐陵的整体构造一目了然。第五代皇帝唐睿宗的桥陵、第六代皇帝唐玄宗的泰陵，近年来也在进行整修。不过，包括唐陵在内，中国尚未对大部分的历代帝陵进行学术性发掘调查。原因在于，发掘后如何对大规模的地下墓室进行保护和保存是一大问题，此外，大部分帝陵确已被盗掘，几乎无法期待出土有价值的文物。顺带提一下，历代帝陵中已被发掘的只有北魏宣武帝景陵、东魏孝静帝陵、北周武帝孝陵、唐僖宗靖陵、明神宗定陵、清光绪帝崇陵等几处。而且，这也是在近些年这些帝陵被盗掘之后，立即采取应急措施而进行的发掘调查。虽然调查明确了地下墓室的构造等，但是由于帝陵已被盗得一干二净，几乎未出土有学术价值的文物。例如唐僖宗靖陵，其中只发现了幼稚拙劣的十二幅壁画与将 7 世纪末的贵族墓的神道碑用作石材的棺床。发掘者称看出了唐朝的晚期症状，然而也许事实并非如此单纯。

如前文所述，唐僖宗为了供养佛舍利，向法门寺捐献了那么多珍奇的金银器等，那么他的陵墓内也理应随葬有豪华的附葬品，或许我们应该认为，唐僖宗靖陵的附葬品几乎已被盗尽了。20 世纪 80 年代以后，中国在社会主义体制下引入市场经济，由此一心想发展经济，导致拜金主义盛行，在内地古墓众多的农村地区，便流传着这样一句话："要想富，掘古墓，一夜成为万元户。"因此，到处都有古墓被盗掘的情况发生，唐陵也未能幸免于难。不过，唐陵规模太大，而且即使能够暗中花费大力气挖掘宽大的通道侵入墓室内，值钱的东西也已经所剩不多。或许是知道了这一点，有人盯上了陵前神道上立着的石人石兽，这类犯罪行为越发猖狂。1997 年，第十三代皇帝唐敬宗的庄陵与第十五代皇帝唐武宗的端陵连续遭受重大损失。尤其是在唐敬宗的庄陵中，五尊石人的头部被切断盗走，后被广州的购赃者以每尊四万元的价格买走。这些石人头一旦拿到海外，价值将翻至百倍到一百五十倍，这是最近的行情。庆幸的是，犯人们被逮捕，但五个石人头只找回来一个。

后来，中国在犯罪现场的陵前破例进行公开审判，对两个主犯判决死刑，而且在现场立即执行了枪决。在众人围观下进行处刑的目的是以儆效尤，不过，正如《中国文物报》中披露的那样，此类犯罪之后还是频繁发生。

对于 1960 年发掘的乾陵陪葬墓永泰公主墓的华丽壁画和石椁线刻，本书中已做介绍。而在 1970 年，人们发掘出了同为乾陵陪葬墓的章怀太子墓与懿德太子墓，并且还于其中发现了丰富多彩的壁画，新发现的壁画各达四百平方米，其规模超过了永泰公主墓。章怀太子墓的壁画包含出行图、马毬（马球比赛）图、客使图、仪仗图、侍女图、四神图等五十余组图，懿德太子墓中的壁画包含阙楼图、仪仗图、列戟图、驯豹图、侍女图、四神图等四十余组。与过去所知的敦煌壁画等边境的绘画大为不同，这些壁画是由当时侍奉皇家的一流画师所绘，生动地向人们展示了 8 世纪初的绘画水平是何等高超。中华人民共和国成立以后，仅西安附近就发掘出了两千几百座隋唐墓，全国则达到数倍。这些墓中出土了多种多样的三彩俑，总数多达数万件，使得人们能够对三彩俑的造型和发色等样式进行详细的编年，这成为判定隋唐墓的时代所不可或缺的指标。

吐鲁番文书等文字资料

考古发掘的出土文物十分贵重，是对基于文献资料的历史研究的补充。出土文物中除了壁画、器物、俑，及其他多种多样的附葬品，还有一些新出土的文字资料，这些文字资料为我们提供了丰富的历史信息。1900 年初发现的敦煌文书，对深入研究唐代史，特别是均田制、租庸调制起到了很大的作用，这一点在本书中也已提及。另一方面，已知吐鲁番文书的数量相当大，但由于残片较多，且出土地点不明，因此文书残片的拼接作业进行得不太顺利。不过，1959 年以后，吐鲁番地区对古墓进行了有组织的发掘和调查，且坚持了二十年以上，出土了一千六百多件汉文文书。这些文书中有衣物疏（衣裳等附葬品清单），以及被葬者的告身（辞令书）的誊本等，还有被二次利用做成被葬者的冠带或鞋靴的废旧故纸。由于这些文书埋于干燥地带，因此保存状态良好，发掘人员将其小心地一张一张剥开后，发现其墨迹基本完全可以识别。作为唐代一手资料的大量吐鲁番文书的发现，为唐代史研究的进一步深化做出了贡献。1981 至 1991 年，《吐鲁番出土文书》刊行，共十卷，此后人们便可以了解其具体内容了。本书作者执笔时，只是得到了一些关于新出土的吐鲁番文书的零碎信息，当然大部分内容都无法言及（本书中只有与吐鲁番文书直接相关的"均田制与府兵制"这一项内容是由砺波护先生执笔的）。

在一手文字资料中，墓志铭也具有重要的价值。中华人民共和国成立之后，新出土的历代墓志铭数量变得十分庞大，其中最多的是唐代人的墓志铭。不仅有新出土的墓志铭，中国近年来还陆续刊行了一些各地博物馆收藏的墓志铭资料和图书馆收藏的墓志铭的拓本，其中唐代的墓志铭也占了过半，达到六千多件。这些墓志铭被埋入墓中，石碑上都刻有被葬者的本贯、家世、生前为官的经历、殁年、葬所。墓志铭只是个人的记录，即使对每个都进行分析，资料性价值也没有那么高。但是，当墓志铭的数量达到这种程度时，人们就可以从各种角度对其批量处理，就可以得到根据以前的编纂文献无法获知的唐代史新知识。这些墓志铭群作为重要的文字记录，弥补了文献资料的不足，在唐代史研究方面的利用价值很高，使得唐代史的叙述范围逐渐变得更加广泛，内容则变得更加细致。

1966 年，执笔本书之前不久，外山军治先生出版了他的新书《则天武后》（中公新书九九）。传统上对武则天的评价向来较低，该书则从独特的角度叙述了这位中国史上唯一的女皇帝的生涯，书中还相当委婉地将武则天与日本的光明皇后进行了比较。而在本书中，外山军治先生则更加具体地，将中日的这两位女性从政治行为到个性进行了一番详细的比较，并且认定光明皇后是一位将女帝武则天视为理想的女杰。本书一方面继承了泷川政次郎先生和森鹿三先生的学说，一方面也加入了著者自己的见解，列举了光明皇后有意模仿武则天的事例，例如官厅名的改称、四字年号、大云寺与国分寺、龙门奉先寺的卢舍那大佛与东大寺的大佛，以及对谋反者贬姓，等等。在日本，尤其是中世以后，光明皇后与慈母观音的形象重合，逐渐定型为与向往武则天的女杰完全对立的女性形象而流传下来。本书所提出的对两者比较考察的独特视角，在本书出版时几乎被日本古代史领域默杀。然而，最近出土了十万多件"长屋王家木简"和"二条大路木简"，通过对木简进行解读与分析，研究人员弄清楚了在长屋王的邸宅中，设有光明皇后的皇后宫。长屋王是光明皇后的政敌，他反对非皇族出身的藤原光明子被立为皇后，因谋反罪被诛杀。光明皇后毫不害怕长屋王作祟，诛杀政敌后还在其邸宅中设置皇后宫，这样的女人无疑是个女杰，其真实的样子已显露无遗。研究者在 1996 年 2 月 9 日的报纸评论中解读与分析称"能够想象光明皇后拥有中国则天武后那样的权力主义性格"，著者如果注意到这一评论，一定会心情畅快吧。这一点未能在著者生前得到确认，着实遗憾。

（爱宕元　京都大学教授）

出版后记

　　《隋唐世界帝国》是讲述隋朝和唐朝两个朝代的历史书籍。在上下五千年的中国历史中，隋唐可以说是最为繁荣强盛的时期，是中国两千多年封建社会的黄金时代。经过了魏晋南北朝的长期分裂而迎来的这两个大一统皇朝，在政治、军事、文化、经济、科技方面都达到了前所未有的高度。

　　同时，隋唐也可以说是一个兼收并蓄、海纳百川的时代，有着自信雍容的气度、开放进取的精神，不仅吸收了各民族的文化精华，更是创造出了恢弘博大的绚烂文化，将中华文明推向了历史的巅峰。它不仅影响了后世的中国文明，更对周边国家产生了深远的影响，特别是对一水之隔的日本，影响之大可以说是深入骨髓。日本直接将中国的东西嫁接在本土之上——

来了个大化改新。从此以后，日本的社会制度、语言文化、服饰着装、生活习惯等，都深深地烙上了隋唐时代的印记。甚至可以说，没有隋唐，日本也不会是现在的日本。

因此，在这个意义上，隋唐帝国被公认为一个世界性的开放帝国，想来在这方面再没有比日本学者体会更深刻的了，而这大概就是本书取名"隋唐世界帝国"的原因吧。

本书在日本多次再版，畅销不衰。两位作者，都是中国史研究领域的日本著名学者。一位是外山军治先生，一位是砺波护先生。作者所述皆以丰富多样的资料为依据，内容轻松有趣，叙述通俗易懂，考据严谨细致，且相对于市面上常见的中国历史学家写的历史书籍，切入角度不同，论述视野更加宏大，加入了更多的新鲜内容。

相信由这样的日本权威历史学者，从其独特的视角书写的这本隋唐史经典著作，一定能让读者从不同的角度对隋唐时期的历史有更深一层的理解。

由于本书中采用了大量古典文献为史料，加之内容的丰富多样，因此在本书的出版过程中，译者和编者都遇到了不同程度的挑战，尤其是古典文献的回译问题。在此过程中，我们付出了巨大的努力，也希望我们的工作能够给读者带来有益的收获。

不过，由于编者水平有限，本书难免有各种疏漏，敬请广大读者批评指正。

服务热线：133-6631-2326　188-1142-1266

读者信息：reader@hinabook.com

后浪出版公司

2020 年 9 月

图书在版编目（CIP）数据

隋唐世界帝国 /（日）外山军治编著；卢超平译
. -- 成都：四川人民出版社，2020.9（2022.1 重印）
ISBN 978-7-220-11958-3

Ⅰ . ①隋… Ⅱ . ①外… ②卢… Ⅲ . ①中国历史—隋
唐时代—通俗读物 Ⅳ . ① K240.9

中国版本图书馆 CIP 数据核字 (2020) 第 143969 号

四 川 省 版 权 局
著 作 权 合 同 登 记 号
图字：21-2020-327

CHUGOKU BUNMEI NO REKISHI (5) ZUITO SEKAI TEIKOKU
BY Gunji TOYAMA
Copyright © 2000 CHUOKORON-SHINSHA, INC./Touji TOYAMA
Original Japanese edition published by CHUOKORON-SHINSHA, INC.
ALL rights reserved
Chinese (in Simplified character only) translation copyright © 2020 by Ginkgo (Beijing)
Book Co., Ltd.
Chinese (in Simplified character only) translation rights arranged with
CHUOKORON-SHINSHA, INC. through Bardon-Chinese Media Agency, Taipei.
本书中文简体版权归属于银杏树下（北京）图书有限责任公司。

SUITANG SHIJIE DIGUO

隋唐世界帝国

编 著	[日]外山军治
译 者	卢超平
选题策划	后浪出版公司
出版统筹	吴兴元
编辑统筹	张 鹏
特约编辑	段 然
责任编辑	蒋科兰
装帧制造	墨白空间·张 萌
营销推广	ONEBOOK

出版发行	四川人民出版社（成都槐树街 2 号）
网 址	http://www.scpph.com
E - mail	scrmcbs@sina.com
印 刷	天津中印联印务有限公司
成品尺寸	143mm×210mm
印 张	11
字 数	228 千
版 次	2020 年 9 月第 1 版
印 次	2022 年 1 月第 2 次
书 号	978-7-220-11958-3
审 图 号	GS（2019）6106 号
定 价	48.00 元